Wittgenstein: Second Edition

First edition published in the U.S.A. by J. B. Lippincott Company 1973
Copyright © 1973, 1981, 1983, 1985 by William Warren Bartley, III

First printing of this edition 1985
Second printing 1988
Third printing 1994

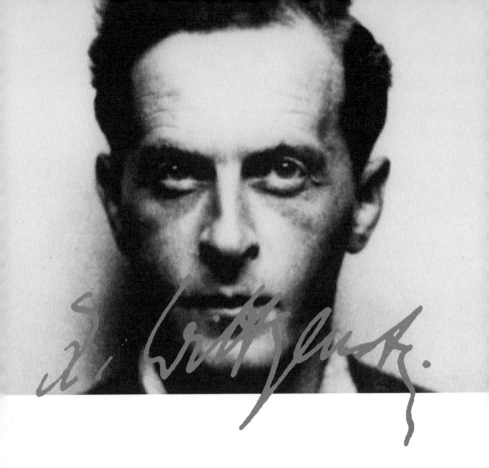

비트겐슈타인
침묵의 시절

1919~1929

윌리엄 바틀리 3세 William Warren Bartley III 지음 | 이윤 옮김

P 필로소픽

∽❦목차❦∽

일러두기

• 본문의 주는 모두 저자주이며, 서지주와 해설주로 나누어 서지주는 후주로,
  해설주는 각주로 처리했다.

서문

월터 카우프만Walter Kaufmann[*]

모든 위대한 철학자는 철학의 새로운 방향을 제시하는데, 오직 비
트겐슈타인만 두 번이나 방향 제시를 하였다고들 말한다. 한 번은 1차
대전 직후에 출간된 《논리철학논고》로써 그랬고, 그다음은 2차 대전
후에 유고로 출간된 《철학적 탐구》에서 최종 형태를 갖춘 사상을 통해
서 그렇게 했다. 초기 저작은 논리실증주의에 영향을 주었고, 후기 저
작은 영어권 국가에서 약 25년간 번성한 분석철학에 영향을 미쳤다.
다른 어떤 철학자도 20세기 영미 철학에 그에 필적할 만한 영향을 주
진 못했다. 하지만 비트겐슈타인은 독일어로 글을 썼던 오스트리아인
이었다. 그의 삶과 개성은 수수께끼 같았다. 특히 후기 철학을 발전시
켰던 결정적인 기간의 몇 년은 더욱 그러했다.

비트겐슈타인의 생애에서 이른바 '잃어버린' 시간에 관한 바틀리
의 연구를 알고 난 후, 나는 그에게 이 책을 쓰도록 권유했다. 의심할
여지 없이 그것은 흥미롭고 중요할 터였지만, 바틀리가 발견하게 될
범위를 예상하지는 못했다. 그의 발견은 일부 독자들에게 센세이셔널

* 월터 카우프만(1921~1980)은 프린스턴 대학교의 철학과 스튜어트 교수였으며, 이 책
초판을 담은 시리즈의 편집자였다.

한 충격을 줄지도 모른다. 책을 펴자마자 우리는 한 남자에 대한 저자의 탐구에 흥분하게 된다. 남자는 역사를 바꾼 책을 출간한 후 작은 마을의 초등학교 교사를 하면서, 커다란 영향력을 행사한 자신의 사상에 관한 견해를 스스로 바꾸었던 사람이다. 바틀리의 설명이 그리는 초상은 인간적이지만 — 너무나 인간적이지만 — 비트겐슈타인에 대한 저자의 존경은 의심할 여지가 없다. 비록 분량이 적고 비트겐슈타인의 철학에 대한 사전 지식 없는 독자들도 이해할 수 있게 쓰였지만, 이 책은 그의 인간됨과 사상의 발전 과정을 이해하는 데 중요한 공헌을 한다. 사실 나는 모든 위대한 철학자가 철학에 하나의 새로운 방향을 제시했다고는 믿지 않는다. 이러한 일차원적인 은유는 플라톤이나 아리스토텔레스의 중요성, 또는 스피노자, 헤겔, 니체의 중요성에 대한 이해를 돕지 못한다. 만일 어떤 철학자의 사상이 즉시 일단의 학파에게 수용되어 오직 한 방향으로만 발전한다면, 이것은 그 사상이 차원이 낮고, 풍부함과 심오함이 결여되어 있음을 보여준다. 만일 자신의 영향력 때문에 고통스러워한다면 — 비트겐슈타인이 그랬다 — 그것은 위대한 철학자의 징표일 수 있다. 그는 20세기의 가장 영향력 있는 철학자였을 뿐 아니라, 우리 시대의 가장 주목할 만한 인간이기도 했다. 바틀리는 그를 단지 사슬의 고리 가운데 하나로 보지 않으며, 사유를 배제하고 인간됨에만 집중하지도 않는다. 그가 제시하는 것은 비범한 인간에 대한 간결한 지적인 전기이다.

1985년 개정판 서문

본서의 이번 개정판은 대체로 1983년의 독일어 및 스페인어판을 따르고 있다. 이 텍스트는 몇 가지 점에서 미국 및 영국의 초판과는 다르며, 이탈리아어 및 프랑스어판과도 다르다.[1]

추가한 내용 중 가장 중요한 것은 비트겐슈타인의 동성애에 관한 후기이다. 이 후기는 비평가들에 대한 대답을 담고 있다. 또한 철학의 기원과 내용을 설명할 때 심리학 및 심리학적 상세 정보를 활용하는 것에 대한 문제를 제기한다. 그리고 비트겐슈타인의 철학 사상에 대해 심리학적 설명을 제시하려는 몇몇 시도를 반박한다.

또한 이번 기회에 사소한 오류를 전반적으로 수정하였고, 오스트리아 학교개혁운동이 비트겐슈타인에게 미친 영향에 관한 짧은 절을 추가하였다. 그리고 각주와 참고문헌을 크게 늘려서 초판 출간 이후에 나온 비트겐슈타인 자신의 저작 및 그에 관한 책과 논문 가운데 중요한 것들을 인용하였다. 새 참고문헌도 추가했다.

지금 이 작은 책은 언젠가 출간되기를 바라는 아직 끝나지 않은 더 큰 연구의 작은 부분이다. 여러 권에 달하는 더 큰 연구는 비트겐슈타인에 관한 더 방대한 연구뿐만 아니라 칼 포퍼Karl Popper 경과 폰 하이에크의 저작에 대한 비판적 연구와 그들의 전기를 포함한다. 이 세 인물의 삶과 사상은 긴밀하게 연결되어 있다. 세 사람 모두 1889~1902년 사이에 빈에서 태어났다. 하이에크와 비트겐슈타인은 친척간이고, 하이에크와 포퍼는 가까운 친구 사이다. 세 사람의 경력은 빈에서 출발하여 영국에 이르렀다. 그리고 셋 모두 이성의 범위와 한계에 대한 근본적인 질문에 집중적이면서도 매우 다른 방식으로 관심을 가졌다.

1985년 2월
W. W. 바틀리
후버 전쟁·혁명·평화 연구소
스탠퍼드 대학교

머리말

내가 너희에게 이르노니 사람이 무슨 무익한 말을 하든지 심판 날에 이에
대하여 심문을 받으리니 네 말로 의롭다 함을 받고 네 말로 정죄함을 받으
리라.

-마태복음 12:36~37

I

루트비히 비트겐슈타인은 1889년 빈에서 태어나 1951년 영국의
케임브리지에서 사망했다. 그는 20세기의 가장 영향력 있는 철학자
가운데 첫손에 꼽히는 인물이다.

이 책에서 나는 그의 전기 및 후기 철학, 즉 1921~1922년의《논리
철학논고》의 사상뿐만 아니라 사후 출간된 저작(가장 중요한 것은《철

학적 탐구》이다)에서 전개된 사상 모두를 다루고자 한다. 하지만 전기적 측면에 대해서는 제한적으로만 초점을 둘 것이다. 1차 대전 이전 및 1929년 직업철학자로 복귀한 이후 빈, 맨체스터, 케임브리지에서의 잘 알려진 비트겐슈타인의 삶에 대해서는 반복하지 않았다. 오히려 나는 1차 대전 이후 10년 동안의 그의 삶에 집중하였다. 이 시기는 아무런 기록도 쓰이지 않은 미스터리 기간이다. 내가 이것을 강조하는 이유는 두 가지다. 하나는 내가 이 시기의 비트겐슈타인에 대해 알고 있는 내용이 뭔가 중요한 것으로서 그를 더욱 잘 이해할 수 있도록 기여할지도 모른다는 점이다. 다른 하나는 내가 우연한 계기로 이 이행기가 그의 삶에서 여러 방식으로 가장 중요한 시기라고 믿게 되었다는 점이다.

이 연구는 비트겐슈타인의 후기 관심사에 빛을 던져줄 1920년대 그의 발전에 관한 새로운 정보를 포함하므로, 전문가들의 관심을 끌 것이다. 하지만 나는 철학자가 아닌 독자들도 이해할 수 있는 방식으로 설명을 풀어나가고자 했다.

따라서 나는 우리가 관심을 가지고 있는 인물이 빈에서 가장 유력한 상류 부르주아 가문 출신이라는 것을 말해야 한다. 그는 오스트리아의 철강 산업의 창시자이자 문화 후원자(특히 미술과 음악계의)였던 카를 비트겐슈타인의 여덟 자녀 가운데 막내였다. 어린 시절 루트비히는 가정교사에게 교육을 받았고, 청소년기에는 린츠에 있는 중학교K. K. Staats-Oberrealschule에서 수학했다. 당시 그의 꿈은 아버지와 같은 엔지니어가 되는 것이었고, 1906년 그는 베를린-샤를로텐부르크에 있는 기술고등학교에 입학하여 세 학기를 다녔다. 1908년 그는 영국 맨체스터 대학교로 가서 공학 공부를 계속했고, 항공학 분야에서 선구적인 연구를 했다. 공학 분야에서의 수학 작업은 수학의 기초와 논리학에 대한 그의 관심을 일깨웠다. 1911년, 위대한 독일 논리학자인 고틀로프 프레게의 조언에 따라 케임브리지로 가서 버트런드 러셀로부터 상담을 받았다. 1912년 2월 1일 무렵에는 맨체스터 대학교에서 자퇴하고, 케임브리지 트리니티 칼리지의 학생이 되었다.* 이후 2년 동안 그는 케임브리지에 현기증 날 정도로 뚜렷한 인상을 남겼고, 대학에서 가장 뛰어난 철학자인 무어 및 러셀과 우정을 쌓았다. 또한 비밀 사교모임인 '사도'의 핵심 멤버로 뽑혔다. 이 모임에는 무어와 러셀, 그리고 블룸즈버리그룹의 남성 멤버 대부분이 이미 가입해 있었다.[1]

비트겐슈타인은 1차 대전 발발 직전 1년 동안 노르웨이의 오두막에 혼자 은거하면서 논리학을 연구했다. 전쟁이 일어나자, 그는 오스트리아군에 자원입대하여 적절한 과정을 거쳐 장교가 되었다. 전쟁 기간 중 그는 짧은 철학 저작인 《논리철학논고》의 원고를 완성했다. 이 책은 오늘날 20세기 가장 위대한 철학적 성취 중 하나로 간주된다.

전쟁이 끝난 후 비트겐슈타인은 잠시 철학에서 방향을 바꾼다. 그는 정원사나 호텔 짐꾼 같은 기묘한 직종에서 일했고, 6년간은 하

---

* 비록 비트겐슈타인의 수리논리학과 러셀의 패러독스에 대한 관심사 및 러셀 본인과의 첫 번째 접촉이 일반적으로 1911년부터 시작되었다고 말해지지만, 러셀과 필립 저데인 Philip Jourdain 사이의 서신은 그것이 그보다 훨씬 전에 시작되었음을 암시한다. 저데인은 자신의 노트에 1909년 4월 20일에 있었던 러셀과의 긴 대화를 기록했다. "러셀은 내가 비트겐슈타인(러셀의 패러독스를 '풀었던')에게 주었던 답변에 담긴 견해가 러셀 자신의 견해와 일치한다고 말했다." I. Grattan-Guinness, *Dear Russell ─Dear Jourdain: A Commentary on Russell's Logic, based on his correspondence with Philip Jourdain* (New York: Columbia University Press, 1977), pp. 112-115 참조. 그러한 접촉은 전적으로 서신에 의한 것이었을 것이다. 왜냐하면 러셀은 1913년 2월 19일에 비트겐슈타인을 저데인에게 '인사시켰다'고 오톨라인 모렐Ottoline Morrell에게 쓴 편지에서 밝혔기 때문이다.

오스트리아 지역의 초등학교 교사로 재직했다. 1920년대 후반에 전문 철학에 대한 그의 관심이 다시 불붙었는데, 이것은 부분적으로 빈 학파의 수장인 모리츠 슐리크와의 우정에서 비롯되었다. 그는 1929년 케임브리지로 돌아와서 곧 박사학위를 받고 트리니티 칼리지의 펠로로 선출되었다. 1939년 무어의 후임으로 케임브리지 철학 교수가 되었고 1947년까지 재직했다(병원의 잡역부 및 연구소 기술자로서 민간 군무원으로 복무한 기간에는 단절되었다). 은퇴 후 그는 보다 많은 시간을 저술에 힘썼다.

비록 그는 많은 글을 썼지만, 짧은 서평을 제외하면 생전에 출간된 철학 저술은《논고》와《아리스토텔레스 학회 회보》에 기고한 짧은 논문뿐이다. 그의 문헌집행자literary executors들은 사후에 다른 철학 저작들을 출판해왔다. 가장 중요한《탐구》는 1953년에 출간되었다. 많은 제자들도 그의 강의를 상세히 기록한 것들을 출간하였다.

외모 면에서 비트겐슈타인은 중키에 여위었고 푸른 눈에 금발이었다. 그의 꿰뚫어보는 눈빛과 강한 집중력은 기이한 존재감과 결합되어 비범한 카리스마적 성격을 부여했다. 이 때문에 광적으로 헌신적이고 충성스런 많은 학생들을 자기편으로 끌어들였다. 1930년대 중반에 그는 출간보다는 강의를 통해 강력한 제자 그룹을 형성하는 데 성공하였다.

비트겐슈타인은 로마 가톨릭 세례를 받았고, 장례식도 로마 가톨릭으로 치러졌다. 1차 대전 복무 기간 및 이후 1920년대의 교사 재직 기간 동안 그는 자신의 종교가 로마 가톨릭이라고 말했다. 나중에 그는 자신이 특정 종파에 속하지 않는다고 강하게 말하면서도, 조직화된 종교의 의례를 준수하였다. 그는 교회 및 성직자에 대한 비판을 피했고, 성직자 친구들도 있었으며, 수도사가 되는 것을 심각하게 고려해보기도 했다. 빈의 가장 가까운 친구 일부는 신실한 로마 가톨릭 신도였고, 케임브리지에서 그가 가장 좋아했던 몇몇 제자들도 마찬가지였다. 신앙과는 무관하게 혈통상 비트겐슈타인은 3/4 유태인이었다. 가족들 바깥에서는 그의 유대계 혈통은 잘 알려지지 않았다. 이 문제는 이 책 후반부에 부록으로 짧게 다룰 것이다.

II

비트겐슈타인은 자신과의 철학적인 만남이 도덕적 변화를 가져와야 한다고 주장했다. 비트겐슈타인에 대한 회상록의 감동적인 부분에서 제자인 노먼 맬컴Norman Malcolm은 그렇지 못했을 때 그가 얼마나 신랄하게 비난했는지를 기록하고 있다. "만약 철학을 공부함으로써 얻는 효용이 그저 난해한 논리학의 문제들 같은 것에 관해서 어느 정도 그럴듯하게 말할 수 있게 하는 것이라면, 만약 철학을 공부하는 것이 일상의 중요한 문제들에 관한 생각을 개선시켜주지 않는다면 (…) 철학을 공부하는 게 무슨 소용이 있겠는가?"라고 비트겐슈타인은 반문했다.[2]

비트겐슈타인에 대한 나의 관심이 일깨워진 것은 그가 자신이 설교한 것을 실천하는 일, 보다 정확히 말하면 그가 한때 말할 수는 없으나 오직 보일 수만 있다고 썼던 것을 몸소 실천하는 일에 정말로 열중했다는 사실을 알았을 때였다. 나는 합스부르크 제국의 붕괴 이후 중부 유럽 지식인들의 삶에 대한 아직 완결되지 않은 연구 과정 중에, 1차 대전 이후부터 1929년 케임브리지 복귀까지 비트겐슈타인의 생애에서 암흑의 10년에 관한 자료를 마주치는 행운을 가졌다. 나는 하 오스트리아의 세 군데 작은 산간 마을의 초등학교 교사 시절의 그의 삶에 관한 상세 정보와 그의 개인적·지적 배경에 대해 알게 되었다. 지금까지 서로 연결되지 않아 설명할 수 없었던 세부 사항들과 일화들이 점점 제 위치를 찾아갔다. 그리하여 모든 설명들과 반대로, 1차 대전 이후《논고》의 출간 이후 전혀 철학을 포기하지 **않았고** 동시에 후기 철학을 지배하게 되는 관심사들을 정식화하기 시작하는 한 인간의 놀라운 이미지가 나타났다.

나는 방금 언급한 그 자료에 우회하는 방식으로 접근하였다. 내 연구 과정에서 — 그것은 처음에는 비트겐슈타인보다는 나의 스승이자 벗인 칼 포퍼 경의 연구에 더 관계되는 것이었다 — 나는 두 가지 관련 있는 주제에 관한 몇 가지 정보를 발견하였다. 지금은 오스트리아에서조차 거의 완전히 잊혀진 오토 글뢰켈Otto Glöckel의 학교개혁운동과 카를 뷜러Karl Bühler의 심리학 사상이 그것이다. 뷜러는 거의 잊혀지지 않았다. 사실 그의 연구에 대한 관심의 부활이 근년에 시작되었다. 아직 그의 연구에 대해 잘 아는 영국 또는 미국의 심리학자는 거의 없다. 뷜러는 1963년 로스앤젤레스에서 비교적 주목받지 못한 채 사망했다. 하지만 1920년대와 1930년대에 그는 유럽 최고의 심리학자 가운데 한 명으로 세계적으로 유명했고, 오스트리아 제1공화국에서 지도적인 인물이었다.

글뢰켈의 프로그램 및 뷜러의 이론이 다루는 주제들 일부와 비트겐슈타인의 후기 저작에 스며 있는 관념들 사이의 어떠한 유사성은, 내게 희미하게 비트겐슈타인이 1920년대에 오스트리아의 초등학교에서 교사 생활을 했다는 사실을 상기시키고 그것들 사이에 어떠한 관련성이 있지 않을까 의문을 품게 만들었다. 나중에 밝혀졌지만 그 관련성은 꽤 직접적인 것이었다.

하지만 내가 연구를 시작했을 때, 글뢰켈, 뷜러와 비트겐슈타인 사이의 연결에 대한 관념은 단지 흔들리는 육감에 불과했다. 그래서 나는 어느 여름 아침, 망설임을 품은 채 빈에서 차를 렌트하여, 비트겐슈타인이 1920~1926년 사이에 교사 생활을 했던, 제머링 또는 노인키르헨으로 알려진 하 오스트리아 지역 트라텐바흐, 오테르탈, 푸흐베르크의 오지 마을로 긴 여행을 떠났다. 누군가가 비트겐슈타인을 기억하리라고 생각할 근거가 없었다. 사실 현재 이 마을의 거주자 가운데 누군가가 그를 알기라도 했을까? 트라텐바흐와 오테르탈은 2차 대전 때 러시아 측 전선이라고 배웠다. 그리고 누군가가 비트겐슈타인을 기억한다면, 과연 그 사람은 그에 대해 말하려고 할까? 오스트리아의 이 지역은 관광객이 찾는 마을이 아니었다. 거기 농민들은 때로는 의심이 많고 과묵했다.

마침내 그날 나는 트라텐바흐와 오테르탈에 도착했다. 두 곳은 겨우 5킬로미터 정도 떨어졌고 1923년까지 동일한 행정구역에 속했었다. 하지만 푸흐베르크는 후일로 방문이 미루어졌다. 트라텐바흐와 오테르탈에서만 수 주일간 사로잡혔다.

글로그니츠 위로 긴 언덕길을 오른 후 나는 오테르탈의 세 소박한 여인숙 가운데 한 곳에서 점심을 먹기 위해 멈추었다. 나는 희미한 기억을 일깨우기 위해 표지에 사진이 실린 맬컴의 비트겐슈타인 회상록 페이퍼백을 가지고 갔다. 또한 비트겐슈타인이 친구인 파울 엥겔만 Paul Engelmann에게 보낸 서한집도 챙겨 갔다. 이 책은 비트겐슈타인의 독일어를 영어 번역과 대조시켜놓았고 마을 이름들이 언급되어 있어서, 의심하는 사람들이 있을 경우 비트겐슈타인이라는 사람이 실제로 이곳에 살았다는 것을 증명할 수 있으리라 생각했다. 차를 마시고 나서 비트겐슈타인의 학생이었을 만한 50대 후반에서 60대 초반의 나이든 사람을 찾아 둘러보기 시작했다. 식당 구석에 검은 옷을 입고 흰 트레머리를 한 나이 든 시골 여인이 바쁘게 바닥을 닦고 있었다. 그래서 나는 그녀에게 다가가서 혹시 비트겐슈타인이라는 이름을 가진 사람이나, 아니면 그를 알고 있는 사람을 아느냐고 물어보았다. 나는 당혹스런 변명을 예상했지만, 대신 충격적인 소리를 들었다. "비트겐슈타인! **루트비히** 비트겐슈타인? 그 선생님! 아, 물론 알지요!"

그 노부인은 내게 그가 어떻게 지내느냐고 물었다. 알고 보니 그녀는 70대 초반이었다. 나는 그가 1951년에 사망했다고 말해야 했다. 어디서부터 시작해야 할지 몰라서 나는 맬컴과 엥겔만의 책을 꺼냈다. 그녀는 1926년 이후 그를 보지 못했다고(물론 그랬을 것이다) 말하면서, 사진은 잘 나왔다고 평했다. "당신도 아시다시피 그때 재판이 있었어요." 사실 나는 몰랐다. 하지만 그것은 단지 그날 오후 알게 된 것들 중 하나일 뿐이었다. 트라텐바흐와 오테르탈의 거의 모든 사람들이 루트비히 비트겐슈타인에 '대해 알고 있었다.' (비록 한두 명을 제외하고는 그가 '계속해서' 철학자의 길을 걸었다는 것을 몰랐지만 말이다.) 그리고 그의 학생이었거나 그 학생들의 형제 자매였던 많은 이들이 아직도 그곳에 살고 있었다.*

오테르탈의 중앙 지역은 작은 농가들로 구획된 교차로만으로 구성

---

* 여기 쓴 여행은 1969년의 일이다. 그 이후 비트겐슈타인 문헌 센터가 키르히베르크 암 벡셀의 이웃 마을에 건립되었고, 비트겐슈타인 연례학회가 이 마을들에서 열리게 되었다. 그래서 마을 사람들은 이제 비트겐슈타인의 이후의 성공과 명성에 대해 알게 되었다.

된다. 큰길을 걷다가 정원에서 일하거나 현관에 앉아 있던 농민들을 큰 소리로 불러, 지금까지 단지 책이나 철학자들 및 지식인들의 대화 속에서만 접해본 이름을 가진 사람에 대한 상세한 정보를 가장 사실적인 방식으로 얻는 것은 별난 체험이었다. 비트겐슈타인의 철학이나 그의 나중의 명성에 대해서는 아무것도 모르는 사람들의 언급은 루트비히 비트겐슈타인이 정말이지 보통 사람이 아니라는 사실을 확신케 했다.

점심 후 몇 시간 동안 나는 5킬로미터 서쪽으로 운전하여 트라텐바흐로 갔다. 원래 내 의도는 빈으로 돌아오기 전에 마을을 둘러보고 사진 몇 장을 찍는 것이었지만, 그때쯤 나는 이 마을에서 며칠을 더 보내야 하리라는 것을 깨달았다. 나는 마을 중앙에서 그리 멀지 않은 작은 잡화점에 주차하고 바나나를 사기 위해 들어갔다. 돈 계산을 하면서 상점 주인에게 — 이때쯤에는 의례적으로 이 질문을 하고 있었는데 — 혹시 비트겐슈타인이란 이름의 교사를 기억하느냐고 물었다. 주인은 나를 빤히 쳐다보다가 그의 아내를 불러 가게를 맡기고는 나를 뒷방의 의자에 데려가 앉혔다. 물론 그는 비트겐슈타인을 기억했다. 비트겐슈타인은 그 잡화점 2층의 다락방에서 거의 1년 동안이나 살았었고, 상점 주인인 요한 샤이벤바우어Johann Scheibenbauer는 1920년에서 1922년 사이에 그의 학생이었던 것이다. 그는 내가 방금 바나나를 산 것이 기묘하다고 말했다. 왜냐하면 독일 오스트리아가 굶주렸던 그 황량한 전후 기간에, 루트비히 비트겐슈타인은 그에게 **처음으로** 바나나를 —그리고 처음으로 오렌지를 — 주었기 때문이다. 제자들을 먹이기 위해 비트겐슈타인은 과일 다발이 든 커다란 배낭을 짊어지고 몇 킬로미터 산길을 오르내렸다. 그 시절에는 트라텐바흐와 오테르탈

사이에 대중교통이 없었다. 오테르탈에 가려는 사람들은 글로그니츠의 기차역에서부터 20킬로미터 숲을 지나 언덕을 하이킹했다. 바로 비트겐슈타인이 그랬듯이.

나는 밤이 이슥해진 후에야 샤이벤바우어 씨와 그가 불러들인 친구들과 헤어질 수 있었다. 그리고 빈으로 돌아와 이 마을들에서의 나머지 여행과 체류를 위한 준비를 하였다.

Ⅲ

비트겐슈타인의 생애에서 전적으로 오스트리아에 머물던 10년간(이 기간 중 그는 단지 네 차례만 오스트리아를 떠난다. 한 번은 2주간의 네덜란드 및 북부 독일 여행이었고, 또 한 번은 12년 만의 영국으로 떠난 짧은 여름 여행이었으며, 두 번은 노르웨이에서의 연구 또는 휴가였다)에 초점을 맞추려는 숨은 동기는, 비트겐슈타인을 영국적인 인물로 보게 된 사람들에게, 사실 그의 생애를 10년 단위로 보면 그가 대부분 오스트리아에서 보냈다는 것을 상기시키기 위한 것이다. 통제할 수 없는 환경 요인에 의해 어쩔 수 없이 영국에 머물러야 했던 2차 대전을 전후로 한 약 9년간의 기간을 제외하면 말이다. 이러한 언급에 놀라는 사람이라면 당연히 케임브리지의 세 학기가 각각 8주밖에 안 된다는 것, 비트겐슈타인은 학기 전후로 거의 며칠밖에 케임브리지에 일찍 도착하거나 더 머물지 않았다는 것, 그리고 케임브리지에서 가장 활발하게 지냈던 시기에도 25주 또는 26주를 매년 빈 또는 그의 아버지가 1894년 구입한 하 오스트리아 호헨베르크 근방의 시골 대저택 호흐라이트 같은 가족 사유지에서 보내는 것이 그의 습관이었음을 상기하는 것이 온당할 것이다.

만일 우리가 자신을 부르는 방식 — 자기 자신의 이름으로 하는 게임 — 이 그 사람이 누구인지 혹은 어떤 사람이 되고 싶어 하는지에 대해 많은 것을 시사한다는 사실을 받아들인다면, 비트겐슈타인이 1933년에서 1938년까지 매년《빈 주소록 *Wiener Adreßbuch*》에 자신을 "루트비히 비트겐슈타인 박사, **직업 건축가**"로, 빈 거주자이자 누이 헤르미네와 형 파울과 함께 아르겐티니어슈트라세 16번가 '비트겐슈타인 궁전'에 거주한다고 표현했다는 사실이 많은 점을 드러낸다고 할 수 있다. 나는 종종 그가 수도사나 건축가 혹은 오케스트라 지휘자가 되려 했다는 계획에 관해 들었지만 그것을 얼마나 진지하게 받아들여야 할지는 거의 알지 못했다. 여기에 영국에서의 학문적 성취에 대한 비트겐슈타인의 모순된 감정에 대한 가시적인 증거가 있다. 심지어 케임브리지에서 직업적 성취의 정점에 있을 때에도 말이다.

비트겐슈타인은 먼저 1908년 영국으로 갔고, 43년 후 62세 생일 직후 거기서 죽는다. 1908년과 1937년 사이에 그는 총 7년 반만을 영국에서 보냈다. 1938년에서 1946년 사이에 그는 9년을 영국에서 보냈다. 1947년 초부터 죽을 때까지 그는 21개월 동안만 영국 땅에 있었다.

따라서 비트겐슈타인은 상대적으로 어릴 때 독일 또는 오스트리아에서 이민 와서 영어권 국가의 한곳에 **정착했던** 독일어권의 지식인 중 하나가 아니었다. 1920년대와 1930년대 정치·경제적 격변기에 독일과 오스트리아를 떠난 사람들이 너무 많기 때문에, 사람들은 비트겐슈타인을 이러한 이민자들, 예컨대 미국의 루돌프 카르납과 헤르베르트 파이글Herbert Feigl 또는 영국의 칼 포퍼와 프리드리히 바이스만 Friedrich Waismann과 같은 부류로 분류하는 경향이 있다. 비트겐슈타인은 이들보다 앞선 세대였고 다른 계급, 즉 1차 대전 이전의 국제적 상류 부르주아 계급의 일원이었다. 영어가 성인이 된 후 습득해야 할 언어도 아니었다. 같은 계급의 다른 구성원들 또는 집안의 다른 이들과 마찬가지로 그는 독일어뿐 아니라 유창한 영어와 프랑스어를 말하면서 성장하였다.

따라서 이 책을 위한 연구를 하며 나는 원칙적으로 오스트리아 자료들, 문서고, 사람들에 의존했다. 하 오스트리아에서뿐 아니라 빈에서도 비트겐슈타인의 예전 학생들을 찾아다녔다. 나는 1922년에 비트겐슈타인이 입양하려고 무척 노력했던 소년을 찾아냈다. 그는 60대 중반의 홀아비가 되어 있었다. 나는 트라텐바흐의 낡은 여인숙 뒷방에서, 생존해 있는 비트겐슈타인의 초등학교 제자들 대부분과 저녁 식사 모임을 가지는 즐거움을 누렸다. 비트겐슈타인의 오랜 제자 중 하나였던 농부 ― 그는 1922년 비트겐슈타인이 트라텐바흐를 떠난 이후 교육을 받지 못했다 ― 가 식탁에 기대면서 말한 것은 1969년 한여름의 저녁 모임에서였다. "당신도 아시다시피 비트겐슈타인 선생님이 우리에게 말씀하시던 흥미로운 게 하나 있어요." 그러고는 거짓말쟁이의 역설 얘기가 나온 것이다![3] 나는 또한 비트겐슈타인의 가족 및 비트겐슈타인과 이런저런 방식으로 알고 있던 빈의 최고위 문화계 인사들과도 대화를 나누었다. 그리고 비트겐슈타인을 다른 방식으로 알고 있는 사람들을 찾아 빈과 런던의 동성애 바에도 갔고, 그들을 찾는 데 성공했다. 이러한 만남에서 그러모은 자료 중 일부는 앞으로 상술할 것이다. 또한 나는 영국 및 미국의 많은 이들과도 상의했지만, 심사숙고 끝에 비트겐슈타인의 문서보관소를 관리하는 사람들과는 협의하는 것을 삼갔다. 이 연구가 가급적 독립적이어야 했기 때문이다. 그들은 날카롭게 이에 대해 불만을 제기했지만, 나 자신의 결과와 모순되는 것을 보여주지는 못했다. 즉, 비록 그들은 비트겐슈타인이 동성애자라는 것을 처음에는 부정했지만, 그들 자신의 파일에 내 진술을 확증하는 내용이 포함되어 있다는 것이 입증되었다(〈1985년 후기〉 참조).

나는 내 발걸음으로부터 — 빈 제3구역의 거리들을 훑고, 밤늦게 혼자 프라터 거리를 불안해하면서 서성거렸으며, 휘텔도르프 인근과 노인키르헨 지역의 흙먼지 나는 길을 터벅터벅 걸었고, 다락방에 있는 늙어서 이가 다 빠진 학교 교장이든, 자기의 단골 술집에 있는 나이든 동성애자이든 비트겐슈타인을 기억하는 사람들과 이야기를 나누었던 내 발걸음으로부터, 한 비범한 철학자의 이 시기의 삶에 대한 보다 생생한 그림이 출현하기를 희망한다.

나는 도움을 주었던 모든 사람의 이름을 나열할 수는 없었다. 특별히 도움을 주었던 분들의 대부분은 감사의 글에 명기되어 있다. 왜 몇몇 인사들(내가 크게 빚을 진)이 자신의 이름이 드러나지 않게 해달라고 요청했는지는, 1장을 읽으면 어렵지 않게 이해할 것이다. 이름이 나온 분들도 때로는 내 결론에 동의하지 않기도 했다.

1
마법의 양탄자

우리가 무언가에, 예컨대 섹스처럼 우리의 삶에서 중요한 어떤 문제나 곤경에 사로잡힐 때마다, 어디에서 시작하건 간에, 연상은 결국 불가피하게 동일한 주제로 거슬러 올라간다. 프로이트는 꿈을 분석한 후, 어떻게 꿈이 그렇게 논리적으로 보일 수 있는지를 언급한다. 그리고 물론 꿈은 논리적이다. (…) '원초경Urszene'은 (…) 삶에 일종의 비극적 패턴을 제공한다는 점에서 우리의 마음을 끈다. 그것은 오래전에 고착된 동일한 패턴의 반복이다. 태어날 때부터 자신에게 숙명을 짊어지게 했던 섭리를 실행하는 비극적 인물상처럼 말이다.
많은 사람들이 일정한 시기에 인생의 심각한 문제, 너무도 심각해서 자살을 생각하게 만드는 문제에 봉착한다. 이것은 우리에게 무언가 역겨운 것으로, 너무나도 더러워서 비극의 주제조차 될 수 없는 상황처럼 보이는 것 같다. 우리의 삶이 차라리 비극의 패턴, 즉 패턴의 비극적인 작동과 반복을 가진다는 것을 알 수 있다면, 커다란 위안이 될 수도 있다.[1]

—루트비히 비트겐슈타인

I

1919년 초 겨울의 어느 밤, 루트비히 비트겐슈타인은 나폴리 북쪽 몬테카시노 포로수용소에 누워 있었다. 여기서 그는 오스트리아-헝가리 제국의 붕괴 이후 9개월을 전쟁 포로로 지냈다. 그는 다음과 같은 꿈을 꾸었다.

밤이었다. 나는 창문들이 빛으로 번쩍이는 집의 바깥에 있었다. 나는 안을 보려고 창문으로 올라갔다. 마룻바닥에 대단히 아름다운 기도용 양탄자가 있는 것을 발견하고는, 즉시 살펴보고 싶어졌다. 나는 정문을 열려고 했는데, 뱀이 튀어나와서 내가 들어가는 것을 막았다. 다른 문으로 들어가려고 했는데 거기서도 뱀이 튀어나와 길을 막았다. 뱀들은 또한 창문들에도 나타나서는 기도용 양탄자에 다가가려는 나의 모든 노력을 방해했다.

비트겐슈타인은 깨어났다. 그리고 나중에 이것을 "최초의 꿈"이라고 언급했다.[*]

비트겐슈타인은 그 당시 프로이트의 책을 몇 권만 읽은 상태였고, 빈으로 돌아온 후 그해 말이 되어서야 관심을 두고 본격적으로 읽기 시작했다. 하지만 자기 꿈에 대해 그가 곧바로 해석한 내용을 보면 매우 솔직하고 프로이트적이었다. 그리하여 그는 그 기도용 양탄자가 수년간 헛되이 추구해왔고 나머지 생애 동안 계속해서 추구하게 될

---

[*] 별도로 표시하지 않는 경우 나의 정보는 서문 및 감사의 글에서 말한 대로 비트겐슈타인의 지인들과의 대화 및 서신에 바탕을 둔 것이다. 나의 정보는 〈1985년 후기〉에서 설명한 것처럼 비트겐슈타인 자신의 일기에 의해 확증된다.

것을 상징하는 것이라고 생각했다. 그것은 자신의 지적·영적 목적을 위한 리비도의 통합과 성적 충동의 승화였다. 기도용 양탄자는 어떻게 생겼는가? 그 핵심 특징은 발기한 페니스를 닮은 형태다. 하지만 이 예술 작품으로 변환된 막대한 에너지는 강하고 아름다운 가장자리에 의해 **억제되어** 있다. 비트겐슈타인 자신의 상황은 양탄자의 만다라 무늬, 즉 그가 추구하는 목표에 의해 묘사되지 않았다. 오히려 그 당시 그 자신의 영적인 진전은 깨어 있는 시간과 꿈꾸는 시간 동안 마음을 괴롭히는, 제멋대로이고 추하며 **억제되지 않은** 뱀들에 의해 방해받고 위협받았다.

그 꿈은 또한 공적 비트겐슈타인과 사적 비트겐슈타인 사이의 역설적인 대조를 언급하고 있다. 《논고》가 출간되기 오래전인 1919년에 이미 많은 사람들이 루트비히 비트겐슈타인을 그 세대 최고의 철학적 천재로 간주하고 있었다. 그리고 오늘날에도 많은 사람들이 그를 그 시대의 가장 위대한 철학자로 여기고 있다. 그래서 그의 스승이자 친구였던 버트런드 러셀은 비트겐슈타인이 "아마도 내가 지금까지 알고 있는, 전통적으로 여겨진, 열정적이고 심오하며 강렬하고 지배적인, 가장 완벽한 천재의 사례이다. 그는 G. E. 무어를 제외하면 내가 알기로 누구도 필적할 수 없는 순수함을 지녔다"라고 쓴 바 있다.[2] 그러나 스스로 명료함의 순간에 죽고 싶다고 썼던[3] 이 순수하고 강렬한 천재는 또한 과도하게 그리고 거의 억제할 수 없는 방탕함에 사로잡힌 동성애자였다.

그의 생애 동안, 하지만 특히 1차 대전 기간 및 그 이후 비트겐슈타인은 성적 충동과 성행위 때문에 강한 죄의식으로 고통받았다. 많은 동시대인들처럼 비트겐슈타인은 그가 열망했던 종류의 높은 지적·

영적 창조성은 사실상 성행위와 병행될 수 없다고 확신하게 되었다. 비트겐슈타인은 오토 바이닝거Otto Weininger를 높이 평가한 것으로 종 종 언급된다. 하지만 바이닝거의 명성이 그의 예외적인 여성 혐오, 즉 여성은 불가피하게 남성보다 열등하다는 지속적이고 열정적인 주장 에서 비롯된다는 점은 거의 설명되지 않는다.* 바이닝거는 여성도 인 간이라는 것은 마지못해 인정했지만, 여성에게는 영혼이 결여되어 있 으며 천재가 되는 것이 불가능하다고 열렬히 주장했다. 더 안 좋은 것 은 여성과의 육체적 접촉은 남자에게서 정신적인 것을 빼앗아간다는 점이라고 했다. 따라서 바이닝거는 절대적인 성적 금욕을 정신적 발 전과 천재의 필수 조건이라고 옹호하였다. 오늘날 바이닝거를 괴짜라 고 폄하하는 경향의 사람들은, 만일 1차 대전 전후의 중부 유럽 사상 의 보이지 않는 흐름을 이해하고자 할 때 바이닝거의 많은 동시대인 이 그를 매우 진지하게 여겼다는 것을 기억해야 한다. 1903년에서 1923년 사이 《성과 성격Geschlecht und Charakter》은 25쇄를 찍었고, 1923년까지 8개 국어로 번역되었다. 바이닝거의 책을 초고로 읽었던 지그문트 프로이트는[4] 성행위와 높은 정신성 사이의 충돌에 관한 유 사한 견해를 그의 승화이론 속에 새겨 넣었고, 이런 이유로 간디가 그 랬던 것처럼 그 역시 성행위를 포기하였다고 말해진다.[5] 비트겐슈타 인과 동시대 영국인이었던 언윈J. D. Unwin은 그러한 견해를 한 발짝 더

---

* 바이닝거는 자신의 책이 출간된 지 얼마 안 돼 자살했다.《성과 성격》의 프랑스어 편집자 인 롤랑 자카Roland Jaccard는 비트겐슈타인이 바이닝거의 장례식에 참석했다는 증거가 있다고 주장했다. 비트겐슈타인은 당시(1903년) 14세였다. 이것이 사실이라면《성과 성 격》을 출간 직후 읽었을 수 있다. *Sexe et caractère* (Lausanne, 1975) 뒤표지와 Alan Janik, "Wittgenstein and Weininger", in *Wittgenstein and His Impact on Contemporary Thought: Proceedings of the Second International Wittgenstein Symposium* (Vienna: Hölder-Pichler-Tempsky, 1978), pp. 25 and 29 참조.

밀고 나갔다. 그는 베스트셀러인 《성과 문화Sex and Culture》에서 80여 개의 사회를 조사한 끝에 인류학적 증거는 성적 방탕함과 문화적 성취는 반비례한다는 결론에 도달하였다(그는 이것이 프로이트의 학설과 일치한다고 주장했다). 그리고 비트겐슈타인의 또 다른 영웅이었던 톨스토이 역시 마침내, 비록 마지못해서였지만, 금욕을 옹호하게 되었다.[6]

나는 단지 비교적 잘 알려진 이름들과 비트겐슈타인에게 영향을 주었던 사상가들(아마도 간디는 예외일 것이다)만 언급했을 뿐이다.* 알려지지 않은 또 다른 작가 한 명을 언급할 필요가 있다. 왜냐하면 아마도 그는 모든 이들 가운데 가장 심오한 영향을 미쳤기 때문이다. 그는 바로 루트비히 핸젤Ludwig Hänsel 박사이다. 비트겐슈타인은 핸젤과 몬테카시노 수용소의 억류 기간 중에 우정을 맺었다. 비트겐슈타인과 마찬가지로 오스트리아인이었던 핸젤은 그때 이미 직업 교사였고, 나중에 빈의 김나지움에서 교수가 되었다. 엄격한 로마 가톨릭 신자로 비트겐슈타인의 재능에는 한참 미치지 못했지만, 그럼에도 불구하고 핸젤은 비트겐슈타인의 일생 동안 정신적 조언자 및 고해신부 역할을 했다. 비록 핸젤은 약간의 철학적 야심은 있었지만(비트겐슈타인은 핸젤이 포로수용소에서 수행했던 논리학 강좌에서 그를 처음 만났다), 그의 주된 관심사는 교육 분야였다. 그리고 당시 그의 깊은 관심을 끌었던 주제는 소년들의 성적 순결이었다. 몇 년 후 그는 《청소년기와 육체적 사랑Die Jugend und die leibliche Liebe》을 출간했다. 이것은 논쟁적인

---

* 잘 알려진 대로, 비트겐슈타인은 특히 인도 시인 타고르의 작품을 좋아했다. 따라서 비트겐슈타인이 간디의 가르침도 알았으리란 것은 전혀 불가능한 일이 아니다. 타고르는 간디를 알았고 그에 관한 글을 썼다. 그리고 간디 또한 톨스토이에게 깊은 감화를 받았다.

소책자로서 자위에 반대하고(자연에 반하며 육체와 영혼에 해악을 끼치므로), 동성애에 반대하며, "불행히도 도덕과 종교에 대한 이해가 결여된" 프로이트도 반대하는 내용이었다.[7] 비록 핸젤의 재능에 대해서는 아무런 환상도 없었지만, 비트겐슈타인은 기묘한 종류의 정신적 원조를 그에게 의존하게 되었다. 핸젤과의 만남은 비트겐슈타인이 포로수용소에서 석방되자마자 교사의 길을 선택하는 데 중요한 역할을 했다.[*]

II

비트겐슈타인이 "두 번째 꿈"이라고 부른 것은 약 2년 후, 아마도 1920년 12월 초 무렵에 트라텐바흐에서 꾸었던 것 같다. 보다 복잡한 이 꿈의 내용은 다음과 같다.

나는 신부였다. 내 집의 중앙 홀에는 제단이 있었다. 제단 오른쪽에는 계단이 있었다. 붉은 양탄자가 깔린 호화로운 계단이었는데, 알레가세에 있는

---

[*] 프로이트의 이론이 암시하듯, 비트겐슈타인의 금욕에 대한 갈망과 오랜 기간에 걸친 그 실천이 그가 겪었던 광장공포증 및 고소공포증과 연결되는지 여부는 고찰해볼 문제임이 틀림없다. 리비스F. R. Leavis는 "Memories of Wittgenstein", in Rush Rhees, *Ludwig Wittgenstein: Personal Recollection* (Totowa, N. J.: Rowman & Littlefield, 1981), p. 73에서 비트겐슈타인의 광장공포증을 증언했다. 모리스 드루어리M. O'C. Drury는 "Conversations with Wittgenstein", in Rush Rhees, 앞의 책, p. 115에서 비트겐슈타인의 고소공포증을 보고했다. Sigmund Freud, "The Justification for Detaching from Neurasthenia a Particular Syndrome: The Anxiety Neurosis", in *Collected Papers* (New York: Basic Books, 1959), vol. I, pp. 76-106 참조.

것과 다소 비슷했다.* 제단 밑에는 동양식 양탄자가 일부는 제단을 덮은 채 깔려 있었다. 그리고 제단 위와 옆에는 여러 가지 종교 물품들과 휘장들이 놓여 있었다. 그중 하나는 귀금속으로 만들어진 지팡이였다.

그러나 도둑이 들었다. 도둑은 왼쪽에서 들어와 그 지팡이를 훔쳐 갔다. 이 사건을 경찰에 알려야 했고 경찰은 수사관을 보냈는데, 그는 지팡이의 모양을 기술해달라고 했다. 예를 들어 무슨 금속으로 만들어졌는가? 나는 답할 수 없었다. 나는 그것이 은인지 금인지조차 말할 수 없었다. 경찰은 애당초 그런 막대가 있었는지 물어보았다. 그때 나는 제단의 다른 부분들과 부속된 것을 조사하기 시작했고, 그 양탄자가 기도용 양탄자라는 것을 알아냈다. 내 눈은 양탄자의 가장자리를 주목하기 시작했다. 그 경계는 아름다운 중심부보다 연한 색이었다. 그것은 이상하게도 바랜 것처럼 보였다. 그럼에도 불구하고 그것은 여전히 강하고 튼튼했다.

비트겐슈타인은 이 꿈을 어떻게 해석해야 할지 확신하지 못했다. 하지만 그는 그 꿈을 매우 중요하다고 보았다. 그 꿈은 그가 '부름받았다'는 확신과 아마도 수도사가 되어야겠다는 반복되는 생각의 원천 가운데 하나였던 것이다.[8] 이 꿈을 체험한 뒤 얼마 되지 않아 그는 지팡이를 하나 구해서 여러 해 동안 항상 가지고 다녔다.

비트겐슈타인의 두 꿈은 아름답다. 둘 모두 심오하게 종교적이다. 두 꿈 속에서 — 첫 번째 꿈에서는 시작할 때, 두 번째 꿈에서는 끝 부분에서 — 정신적으로 표현된 남근을 담고 있는 기도용 양탄자에 주

---

* 이 언급은 비트겐슈타인 부모와 가족의 집이었던 비트겐슈타인 궁전을 말한다. 1890년 그의 아버지가 구매한 집이다. 이 집은 나중에 아르겐티니어슈트라세로 개명된 알레가세에 위치했는데, 2차 대전 중 심하게 폭격을 받아 건물은 철거되었다.

의가 집중된다. 두 번째 꿈에서 비트겐슈타인은 오른쪽 계단과 왼쪽의 막연하게 **불길한** 장소(그 안에 그리고 그곳에서부터 도둑 같은 것들이 나올 수 있는) 사이에서 중앙을 점하고 있는 번제단에서 제사를 지내고 있다. 이 꿈을 꾸었을 즈음에 프로이트를 상당히 읽었던 비트겐슈타인은 방금 언급한 왼쪽과 오른쪽 사이를 연관시켜서, 계단을 정신적 성숙을 향해 올라가는 길을 상징하는 것으로 보았다. 지팡이는 곧 명백하고 당혹스러워 보였다. 그것은 분명한 의미에서 남근적 대상이었고, 뱀과의 연관이 풍부한 대상이었다. 예를 들어, 출애굽기(4장과 7장)에서 모세와 아론의 지팡이는 땅 위에 던져졌을 때 뱀이 되었다. 그리고 아론의 지팡이는 이집트 마법사들의 뱀-지팡이들을 삼켜버린다. 여기서 아론의 지팡이에 대한 이중적 지칭이 가능하다. 민수기 17장에 이스라엘 백성의 초대 대제사장인 아론과 그의 자손들은, 아론의 지팡이가 이스라엘의 여러 지파들을 대표하는 지팡이들 옆에 놓였을 때 곧바로 싹트고 꽃피고 아몬드가 달린 사건 이후로 다른 이스라엘인들과 구분되어 영구히 제사장직을 맡게 되었다. 아론의 지팡이는 그때부터 유랑하는 이스라엘인들에게 가장 신성한 종교적 대상이 되었다. 그리고 언약궤(이스라엘인이 방랑 중에 모시고 다닌 하느님을 상징하는 궤—옮긴이) 속에 만나 단지와 율법 서판과 나란히 놓여졌다. 비트겐슈타인은 내가 방금 언급한 연관성connection을 화제로 삼았던 것 같다. 하지만 그것들은 그에게 다른 누군가의, 즉 핸젤의 해석이 필요한 암시로 비친 것 같다. 그는 비트겐슈타인과는 달리 구약에 대해 잘 알고 있었기 때문이다. **만일** 그러한 해석이 그 꿈에 맞는 것이라면, 그것은 **그 자신**에 관한 꿈이 된다는 생각은 비트겐슈타인을 당혹케 했다. 좀 더 도둑맞기 쉬운 귀금속으로 만든 대상은 적어도 기독교 제의에서는 성배일 것이며, 이것은 신화와 전설 속에서 오랫동안 여성과 결합된 것이다. 비트겐슈타인의 꿈속 제단에 성배가 없고 좀 더 오래되고 더 남성적인 지팡이의 상징으로 대체된 것을 그의 동성애로 설명할 수 있을 것이다. 비트겐슈타인은 이러한 생각을 궁지에 몰린 추측이라고 보았다.*

그에게 좀 더 그럴듯하게 여겨졌고 자연스럽게 떠오른 해석은 지팡이를 남근과 **막자**(덩어리를 빻아 가루로 만드는 데 쓰는 끝이 둥근 작은 사기 방망이 — 옮긴이) 둘 모두로 간주하는 것이었다. 화학자들과 연금술사들이 쓰는 모르타르와 막자처럼 말이다. 왜냐하면 실체의 변이를 포함하는 어떤 종류의 변형이 꿈속에서 암시된 것처럼 보이기 때문이다. 처음에는 귀금속 지팡이에 주의가 집중된다. 그리고 그것은 사라지고, 그 금속의 귀중함이 의심된다. 사실상 귀금속은 비금속으로 변형된다. 그러자 지팡이의 존재 자체가 의심된다. 그제야 주의가 기도용 양탄자로 옮겨진다. 거기에서 지팡이가 정신화된 형태로 다시 나타난다.

꿈속의 또 다른 두 인물인 도둑과 경찰에 대해서는, 비트겐슈타인은 꽤 판에 박힌 종류의 연상을 관련짓는다. 제단에서 지팡이를 훔치는 도둑을 그는 신들에게서 불을 훔치는 프로메테우스와 결부시킨다. 경찰에 대해서는 양심의 소리 또는 부모의 권위를 연상한다. 하지만

---

* 하지만 제단 자체는 특히 인도 전통에서는 여성의 상징으로 해석될 수 있다. 따라서 하인리히 치머Heinrich Zimmer는 "불타는 링가(인도에서 시바 신의 숭배에 사용되는 남근상 — 옮긴이)는 세계의 중심축의 형태이다. 그것은 요니(여성의 성기를 상징하며 흔히 링가의 받침대로 쓰인다 — 옮긴이), 제단, 대지, 불의 어머니를 꿰뚫고 수정시키는 (…) 한줄기 빛 또는 번개와 동일시된다"라고 썼다. Heinrich Zimmer, *Myths and Symbols in Indian Art and Civilization* (New York: Harper and Row, 1962), p. 128 참조.

그는 꿈속의 다양한 요소들을 하나의 일관된 전체로 구성해낼 수 없었다. 그리고 그 꿈이 발생한 지 60년이 넘었고, 비트겐슈타인이 사망한 지 30년 이상이 지난 지금 그러한 시도를 하는 것은 무모한 일일 것이다.

우리에게 문득 떠오르는 것은 이 꿈과 첫 번째 꿈 사이의 연관성이다. 기도용 양탄자가 다시 등장한다. 하지만 첫 번째 꿈에서 그처럼 활동적이고 불길했던 지팡이-뱀은 두 번째 꿈에서는 누군가 훔쳐 갔다. 그리고 심지어 그것이 환영 또는 일종의 **마야**maya라고 암시된다. 반면 기도용 양탄자는 더 이상 방의 살림 용품이 아니라 번제단을 장식하고 있다. 또한 제단에서 제사를 지내는 고통받는 철학자-신부에게 세밀하게 조사되고 있다. 하지만 기도용 양탄자는 이상하게도 남근 모양의 지팡이가 사라진 **이후에야** 이 신부에게 주목을 받게 된다. 마치 통합된 정신화된 남근이 지팡이가 사라진(도둑에 의해 또는 심지어 자기 거세를 통해) 이후에야 그가 접근할 수 있게 된 것처럼 보인다.

이 꿈은 매혹적이며 아주 상세하게 검토될 수 있다. 여기서 중요한 것은 비트겐슈타인이 그것을 자신의 근원적 갈등의 해소를 가리키는 '길몽'으로 간주했다는 것이다. 그리고 그가 방탕한 동성애적 행동을 향한 가장 극단적인 경향들로부터 스스로를 방어하기 위해 자기보호적 패턴을 만들어내는 그 시기에 바로 그 꿈을 꾸었다는 사실이다. 그러한 행위는 그에게 긴급하게 요구되는 것으로 보였다. 첫 번째 꿈에서 그토록 생생하게 묘사된 갈등이 두 번째 꿈을 꾸기 전까지 그의 삶에서 곪아 터질 지경이 되었기 때문이다. 실제로 그것은 1919년 10월에서 1920년 4월 사이에 그의 내면에서 폭발하였다.

III

1919년 10월은 비트겐슈타인이 견뎌내야 했던 가장 잔인한 달이었다. 그것은 단지 그가 지난 몇 주간 행했던 행위에 대한 환멸 때문만은 아니었다. 이 막간 사이에 고착화된 행동 습관이 반복적으로 되돌아와 그를 괴롭히기까지 했던 것이다. 그것은 가장 좋았던 시절에도 그에게는 견디기 힘들었을 것이다. 그런데 사실상 그때 그는 육체적·정신적으로 최악의 상황에 빠져 있던 것이다.

1919년 8월 25일 월요일에 비트겐슈타인은 몬테카시노를 떠나 빈에 있는 가족의 여름 별장이 있는 노이발덱에 도착했다. 다음 날 그는 공식적으로 제대했다. 비트겐슈타인이 빈을 떠나 살았던 것은 1년 정도였다. 전해 8월 초 그는 군에서 휴가를 얻어 노이발덱에 머물면서 나중에 《논리철학논고》라 불리게 될 책을 완성하였고 그것을 출판업자인 야호다와 지겔Jahoda and Siegel에 보냈다. 비트겐슈타인이 빈을 떠난 지 몇 개월 내 전쟁의 최종 국면 동안 그와 가족의 상황은 변화를 겪었다. 1918년 8월 13일 비트겐슈타인이 가장 좋아했던 삼촌 파울이 사망했다. 비트겐슈타인은 새로이 완성한 원고의 서문에서 러셀과 파울 삼촌에게 감사를 표했었다. 1918년 10월 25일 비트겐슈타인은 야호다가 자신의 원고를 거절했음을 알게 되었다. 이틀 후 그의 형 쿠르트는 자신의 휘하에 있던 부대가 전장을 이탈하자 권총으로 자살했다. 11월 3일 비트겐슈타인은 트렌트에서 이탈리아군에 포로로 잡혔다. 붙잡혔을 때 그는 포가砲架 위에서 베토벤 교향곡 7번 2악장을 휘파람으로 불고 있었다. 오스트리아-헝가리 제국은 비틀거리다가 붕괴되고 해체되었다. 혁명이 발발했다. 그의 케임브리지 친구이자 그가 깊이 사랑했던 데이비드 핀센트David Pinsent가 5월에 사고로 죽었다는 소식이 전해졌다. 9개월간 포로수용소에 있으면서 육체적·정신적으로 쇠약해진 그는 빈으로 돌아와 자신이 카를 비트겐슈타인의 아들 가운데 온전하게 살아남은 유일한 사람임을 깨달았다. 1913년 1월부로 과부가 된 어머니, 그가 가장 좋아했던 맏누이 헤르미네(미닝), 그가 평생 좋아했지만 많이 싸웠던 누이 마르가레테 스톤버러, 그가 싫어했던 누이 헬레네 잘처, 그리고 그의 형 파울이 그를 맞이했다. 파울은 1913년 유럽에서 가장 유망한 피아니스트로 갈채를 받으며 데뷔했었다. 파울은 전쟁 초 러시아 전선에서 오른손을 잃었으나 빈으로 돌아와 놀랄 만한 열정으로 연습하여 왼손만으로 피아노를 빼어나게 연주하게 되었다. 아이러니컬하게도 가족에게 정말로 상대적으로 온전한 것은 토지와 재산이었다. 비트겐슈타인은 빈으로 돌아와 유럽에서 가장 부유한 사람 가운데 하나가 되었다.

1913년 1월 20일 죽기 전에 오스트리아 철강 산업의 창시자인 카를 비트겐슈타인은 사실상 그의 모든 유동자산을 미국 주식과 채권으로, 주로 미합중국철강회사United States Steel Corporation로 옮겼다. 그리하여 1차 대전 발발 이전 루트비히에게만 1914년 연간 30만 크로네의 수익을 주었던 재산*은 미국의 번영에 힘입어 엄청나게 증가하였고, 미국 군대는 그의 조국의 패전을 불러오는 데 도움을 주었다. 전쟁 기간 중 오스트리아에 남아 있던 돈은 대부분 카를 비트겐슈타인의

---

* 이것은 군대의 기록에 언급된 것이다. 여러 자료를 종합해볼 때 실제 소득은 아마도 훨씬 많았을 것으로 추정된다. 빈의 오스트리아 국립은행 당국의 보수적인 추정에 따르면, 1914년의 30만 크로네는 1969년의 4,587,000오스트리아실링, 즉 약 18만 5000달러의 구매력과 같다. 만일 그렇다면, 이 소득이 비롯된 원금은 1969년 기준으로 약 200만 달러이다. 물론 이것은 원금을 어떻게 관리하고 투자하는지에 따라 달라진다.

형제인 루트비히가 관리했다. 그는 그것을 정부 채권에 투자했는데, 전쟁이 끝나기 전 인플레이션 발생에 앞서 대부분의 전쟁 채권을 팔아 부동산을 샀다. 부동산은 인플레이션으로 가치가 증가한 몇 안 되는 것들 중 하나였다. 재산은 그 이후로도 손실을 입지 않았다. 가족의 운영비용으로 필요한 재산은 요청에 따라 오스트리아로 들여왔다. 하지만 엄청난 재산은 대부분의 전쟁 기간 중 독일과 오스트리아의 많은 부유한 가문을 몰락시켰던 인플레이션으로부터 상대적으로 안전했던 네덜란드에 투자되었다.

루트비히 비트겐슈타인 같은 예민한 사람에게 그러한 모순적 상황이 미쳤을 영향을 이해하는 데 대단한 상상력이 필요한 것은 아니다. 비록 나중에는 형 파울과 그가 아버지보다 더욱 유명해졌지만, 그 당시에는 그저 불구자와 기진맥진한 퇴역군인이란 것밖에 내세울 게 없었다. 게다가 루트비히는 자살 직전의 위기에 몰려 있었다. 그는 이제 자살에 대해 계속해서 이야기함으로써 누이인 미닝과 마르가레테를 두려워하게 만들었다. 거기에는 충분한 이유가 있었다.

쿠르트는 종전 직전에 자살한 것으로 알려졌다. 그는 비트겐슈타인의 형 가운데 세 번째로 자살한 사람이었다. 네 살 때 작곡을 시작했던 음악 신동이었던 큰형 한스는 1902년 쿠바의 아바나에서 스물네 살에 자살했다. 삼남인 루돌프는 1904년 5월 2일 베를린에서 자살했다. 한스와 루돌프 모두 동성애자로 알려졌다.*

---

* Magnus Hirschfeld, *Jahrbuch für sexuelle Zwischenstufen* vol. VI, (1904), p. 724에서는 루돌프 비트겐슈타인의 사망을 다음과 같이 전한다. "어젯밤 9시 45분 경, 베를린 울란트슈트라세 170번가에 사는, 빈의 사업가의 아들이자 23세의 화학과 학생인 루돌프 비트겐슈타인은 브란덴부르크슈트라세의 여관에 들어와 우유 두 잔을 주문했다. 매우 불안한 상태로 잠시 앉아 있던 그는 피아노 연주자에게 광천수를 한 병 주면서 자신이 가장 좋아

직계가족의 이러한 자살 외에, 바이닝거의 자살과는 별개로 또 다른 자살이 루트비히에게 깊은 영향을 미쳤다. 그것은 오스트리아의 위대한 물리학자 루트비히 볼츠만의 자살이었다. 비트겐슈타인은 청소년기에 볼츠만에게 배우려는 열망을 품고 있었는데, 1906년 중등학교를 졸업하던 해에 볼츠만이 자살한 것이었다.

그러한 맥락에서 비트겐슈타인이 자살을 운운한 것이 심각하지 않다고 볼 이유는 없다. 그는 사실 1919년 직면했던 것보다 훨씬 덜 힘든 상황에서도 여러 해 동안 자살에 대해 생각하고 이야기해왔다. 1912년 23세 때 그는 데이비드 핀센트에게 지난 9년 동안 끔찍한 외로움으로 고통받았으며 끊임없이 자살에 대한 생각이 떠올랐다고 고백했다. 비트겐슈타인이 언급한 그 9년의 기간은 그의 가족 모두가 커다란 위기와 긴장을 겪었으며, 아마도 사춘기 특유의 위기를 겪고 있던 14세의 루트비히에게는 특히 힘들었을 1902년과 1904년 사이의 언젠가부터 시작되었음이 틀림없다. 1913년 비트겐슈타인은 버트런드 러셀에게 자살을 언급하여 깜짝 놀라게 했다. 1920년 비트겐슈타인은 트라텐바흐의 동료 교사였던 마르틴 셰를라이트너Martin Scherleitner에게, 1차 대전에 자원입대한 것은 원래 자살의 방법으로 죽음을 찾기 위해

하는 노래인 〈나는 길을 잃었네〉를 연주해달라고 요청했다. 피아노가 연주되는 동안 그는 청산가리를 마시고 의자에 쓰러졌다. 주인은 인근에서 세 명의 의사를 불러왔지만 이미 너무 늦었다. 청년은 그들의 품 안에서 독이 퍼져 죽었다. 비트겐슈타인은 몇 장의 유서를 남겼다. 부모에게 그는 자신의 친구가 죽었기 때문에, 그 친구 없이는 더 이상 이 세상에 남아 있고 싶지 않기 때문에 자살한다고 썼다. 다른 편지에서는 자신의 변태적인 성향에 회의적이었기 때문에 자살한다고 썼다." 이 구절은 미상의 베를린 신문의 연감에서 인용한 것으로 다음과 같은 언급이 달려 있다. "그 불운한 청년은 얼마 전 우리 [과학적-인본주의] 위원회를 찾아와서 자신을 소개했다. 하지만 우리의 영향력은 그 청년을 자기파괴의 운명에서 벗어나게 하기에는 역부족이었다." 과학적-인본주의 위원회는 1897년 히르슈펠트 Magnus Hirschfeld가 설립한 독일의 동성애자 구제 기구였다.

서라고 말한 바 있다. 그리고 자살이란 주제는 전쟁 기간 및 전후에 그가 친구 파울 엥겔만과 교환한 서신에 반복해서 등장한다.

이러한 상황에서 비트겐슈타인은 빈에 도착하자마자 두 가지 결정을 내린다. 첫 번째는 초등학교 교사로서의 진로를 준비하는 것이었다. 이것은 핸젤의 설득으로 억류 기간 중 이미 결심한 것이었다.* 그의 가족은 처음에는 이 생각을 받아들이지 않았다. 예를 들어 미닝은 처음에 동생의 결정을 이해하지 못했다. 그녀는 "철학적으로 훈련받은 정신을 가지고 초등학교 교사를 하는 것은 정밀기계를 가지고 나무상자를 여는 것과 같다고 그에게 말했다"라고 썼다. 하지만 비트겐슈타인은 단호하게 대답했다. "누이는 닫힌 창문을 통해 밖을 보기 때문에 길을 지나가는 사람의 이상한 행동을 이해하지 못하는 사람을 떠올리게 합니다. 그 사람은 거기에 어떤 종류의 폭풍이 몰아치는지, 또는 그 지나가는 사람이 얼마나 힘겹게 버티고 서 있는 것인지 알지 못합니다."⁹ 그제야 그녀는 그의 마음을 이해했다고 썼다.

일단 그가 처한 상황을 이해하자 미닝과 마르가레테는 교사직을 동생을 위한 일 치료법으로 받아들였다. 그리고 그가 돌아왔을 때 '학교 개혁운동'(추후 논의하겠다)에 새로운 교육의 가능성이 있음을 알려주고, 친구를 통해서 오스트리아 학교개혁운동의 지도자이자 행정총책임자인 오토 글뢰켈을 연결해준 것은 마르가레테였을 것이다. 글뢰켈은 몇 개월 전인 1919년 봄 정치권력을 얻었다.

---

* 비트겐슈타인의 포로수용소 동료였던 프란츠 파락Franz Parak은 비트겐슈타인이 억류 기간 중에 교사가 되기로 이미 결정하였음을 확인해주었다. 그가 쓴 "Ludwig Wittgensteins Verhältnis zum Christentum", in *Wittgenstein and His Impact on Contemporary Thought*, p. 91 참조. 또한 파락의 다음 책도 참조. *Wittgenstein Prigionero a Cassino* (Rome: Armando Armando, 1978).

어쨌든 비트겐슈타인은 제대 후 꼭 일주일 만인 9월 2일 엥겔만에게 그의 결심을 알렸다. 그리고 9월 16일 쿤트만가세에 있는 사범대학교에 등록했다. 이 대학은 글뢰켈의 전반적인 방침 아래 운영되는 최초의 학교였고, 그는 마지막 연차인 4학년으로 입학이 허가되었다.

비트겐슈타인이 취한 두 번째 조치는 자신의 재산을 벗어던지는 것이었다. 몬테카시노 포로수용소 동료인 프란츠 파락은, 비트겐슈타인이 단지 수용소에서 함께 읽었던 부자들에 대한 복음서의 말씀(마태복음 19:21)에 따르려 한 것이라고 주장했다. "네가 온전하고자 할진대 가서 네 소유를 팔아 가난한 자들을 주라. 그리하면 하늘에서 보화가 네게 있으리라. 그리고 와서 나를 좇으라."[10] 그 원천이 무엇이든, 비트겐슈타인은 그 생각을 거의 비상식적인 열정을 가지고 고집했다. 그의 가족 가운데 한 명은 그가 어느 날 아침 갑자기 은행원에게 나타나서 자신의 돈과는 더 이상 아무런 관계도 없기를 바라며, 돈을 즉시 처분해야 한다고 선언함으로써 엄청난 소란을 일으켰다고 전한다. 그의 희망에 따라 모든 유동자산은 형제자매들에게(마르가레테는 제외하고) 배분되었다.* 비트겐슈타인의 바람대로 돈을 분배하기 위해 꽤 복잡한 공식절차를 거쳐야 했다. 그 당시 미국에 임시로 공탁된 돈이 한 푼도 비트겐슈타인의 손에 들어오지 않도록 하는 특별한 조치가 취해졌다. 야단법석에도 불구하고 — 게다가 복음서의 지침에도 불구하고 — 재산의 이전에는 자선의 관념이 없었고, 이 결정은 가족들에게 주의 깊게 검토된 것으로 보인다. 그의 형제자매들, 특히 삼촌인 루트

---

* "Family Recollections"에서 미닝은 이렇게 썼다. "그는 재산을 모두 우리 형제자매들에게 주었다. 그레틀은 제외되었는데, 우리들은 재산의 상당 부분을 몰수당한 반면, 그녀는 여전히 엄청난 부자였기 때문이다." 또한 Rhees, ed., *Ludwig Wittgenstein: Personal Recollections*, p. 4에 재출간된 미닝의 설명도 참조.

비히는 비트겐슈타인이 어떤 경우에도 상속 재산을 돌볼 수 없는 상태라고 간주했다. 여러 곳에 흩어지고 부분적으로 공탁된 재산에 대한 복잡한 상속세 문제와 함께 자살의 위협이 있었다. 그래서 삼촌 루트비히는 그 재산을, 사실상 비트겐슈타인을 위한 신탁재산으로 보유해야 한다는 암묵적이지만 엄격하게 비공식적인 이해 속에 미닝, 헬레네, 파울에게 이전하는 것을 승인했다. 처음에 그의 돈은 분할되지 않고 비트겐슈타인이 언젠가 그것을 원할 때 다시 되찾을 수 있도록 형제자매들에 의해 **형식적으로** 신탁되는 것으로 전제되었다. 하지만 그는 이 계획을 거부하였고, 따라서 돈은 실제로 배분되었다.* 그래서 그 돈은 1930년대 중후반까지 보관되었다가, 전쟁이 다가오고 비트겐슈타인의 형제자매들이 뉘른베르크 법에 따라 유대인으로 판결날 경우 나치에게 몰수될 가능성이 커지자 비트겐슈타인의 조카들에게 분배되었다.

이러한 단계를 밟으며 비트겐슈타인은 빈 외곽 노이발텍의 가족의 거처를 떠났고, 시내 중심가의 저택인 비트겐슈타인 궁전에 사는 것도 거부하고는 빈 제3구역의 운터레 피아둑트가세에 하숙집을 잡았다. 알레가세의 비트겐슈타인 궁전에서 걸어서 겨우 10분 거리에 있

---

* 이 계획의 다양한 참가자들은 계획의 내용과 목적에 관해 서로 생각이 달랐다. 미닝은 이렇게 회고했다. "루트비히의 이런 마음가짐에는 형제자매들이 어떤 경우라도 그를 도울 수 있도록 허락하는 완전히 자유롭고 느슨한 가능성이 포함되었다."(앞의 책, p. 4) 하지만 비트겐슈타인은 1929년 6월 18일 트리니티 칼리지가 아니라 그의 가족이 연구비를 지원해야 한다는 제안에 대해 무어에게 이렇게 썼다. "문서로 작성한 내 선언문을 수용해주시겠습니까? 나는 많은 부유한 친척들이 있을 뿐 아니라 내가 요구하면 그들이 기꺼이 내게 돈을 줄 것입니다. 하지만 나는 **그들에게 한 푼도 요청하지 않을 것입니다.**" Ludwig Wittgenstein, *Letters to Russell, Keynes and Moore*, ed. G. H. von Wright (Oxford: Basil Blackwell, 1974), p. 154 참조.

는 이 지역은 비트겐슈타인이 집과 학교를 왕래하기 편한 점을 고려하여 직접 골랐다. 운터레 피아둑트가세는 제4구역 끝에 있는 가족들의 거처에서뿐만 아니라 누이 마르가레테의 아파트가 있는 렌베크와도 가까웠다. 그리고 그가 다니던 사범대학교가 있는 쿤트만가세 북쪽으로 단지 여섯 거리 떨어져 있었다. 그는 나중에 쿤트만가세에 누이를 위해 집을 건축한다. 1919년 8월 25일까지 그는 운터레 피아둑트가세에 거주하였다. 그리고 이 절의 서두에서 가장 잔인한 달로 묘사된 10월이 막 시작되고 있었다. 비록 나중에 돌이켜보았을 때의 판단이긴 하지만 10월 중 그가 겪었던 고통의 원천은, 다른 한편으로 그의 자살을 막았을 가능성이 있다.

IV

비트겐슈타인은 이제 편리함 때문에 선택한 제3구역의 예상치 못한 편의성을 발견하게 되었다. 도보로 10분 정도 동쪽으로 마르크서가세를 지나 조핀 다리(현재는 로툰덴 다리로 불린다)를 건너면, 그는 금세 프라터 공원에 도착할 수 있었다. 거기에는 성적인 서비스를 제공할 준비가 된 거친 청년들이 대기하고 있었다. 일단 이곳을 발견하자 비트겐슈타인은 두렵게도 그곳에서 거의 벗어날 수 없다는 것을 깨달았다. 매주 며칠 동안 그는 방을 빠져나와 빠른 걸음으로 프라터 공원에 갔다. 친구에게 말한 대로 거의 통제할 수 없는 악마에 홀린 채 말이다. 비트겐슈타인은 자신이 케른트너슈트라세의 지르크에케 Sirk Ecke와 도심 부근의 바에 드나드는 세련된 외모의 청년들보다 프라터 공원의 산책길과 골목을 어슬렁거리는 거칠고 솔직한 타입의 동성애 청년을 선호한다는 것을 알게 되었다. 그리고 비트겐슈타인이 빈에 사는 동안이나 빈을 방문했을 때마다 서둘러 찾아간 곳은 바로 이 특별한 장소였다. 이곳은 아직도 밤에는 같은 목적으로 이용되며, 마찬가지로 여전히 위험한 곳이다. 나중에 영국에서도 이와 비슷하게 그는 때때로 그의 처분에 자신들을 맡길 준비가 된 멋지고 지적인 청년들보다는 런던 술집의 거친 젊은이들을 선호했다.[*]

　행복하게도, 비트겐슈타인은 이제 젊은 이성애자인 자동차 기계공 아르비트 셰그렌Arvid Sjögren과 가까운 친구가 되었다. 그는 나중에 비트겐슈타인 가문의 여성과 결혼한다. 비트겐슈타인은 셰그렌을 어린 시절부터 알고 있었는데, 그의 아버지와 외조부는 비트겐슈타인 철강 회사의 임원이었다. 11월쯤에 비트겐슈타인은 제3구역에서 멀리 떨어진 히칭에 있는 크고 쾌적한 셰그렌 가족의 집으로 옮겼다. 거기서 학교에 가거나 가족을 방문하려면 전차를 타야 했다. 셰그렌 가족과 가까이 친밀하게 생활함으로써 비트겐슈타인은 스스로를 자신으로부터 보호하는 방법을 체험하기 시작했다. 그러나 1920년 4월 그는

---

[*] 나는 이 단락에서 비트겐슈타인이 음주 습관을 가지고 있다고 주장하는 것은 아니다. 그럼에도 불구하고 비트겐슈타인과 그의 동성애에 관한 나의 주장 및 그 정확성 일반을 논박하기 위해, 러시 리스Rush Rhees는 이 단락을 다음과 같이 반박한다. "비트겐슈타인이 어떠한 종류든 술집에 있는 것을 본 사람은 없다. 그는 실제로 어떤 종류의 알코올음료도 마시지 않았다. 이것은 원칙의 문제는 아니었다. (…) 그는 다른 사람이 술 마시는 것을 반대하지는 않았다. 하지만 자신은 전혀 술을 마시지 않았다." Rush Rhees, "Wittgenstein", *The Human World*, February 1974, p. 69. 이 주장을 다음과 대조해보라. Frances Partridge, *Love in Bloomsbury: Memories* (Boston: Little, Brown and Company, 1981), pp. 159-60. 비트겐슈타인을 언급하면서 저자는 이렇게 말한다. "그는 당시 케임브리지에 유행하던 파괴적인 습관에 빠졌다. 그것은 실험실에서 가져온 무수無水 알코올을 다양한 향료와 섞어 포트와인에서 박하 리큐어까지 무엇이든 만들어내는 일이었다."

일시적으로 셰그렌 가족과의 관계를 끊어야 했다. 그리고 문자 그대로 셰그렌 집에서 도망쳐야 했다. 셰그렌의 어머니가 비트겐슈타인과 사랑에 빠졌던 것이다! 이 이야기는 희가극의 소재처럼 보이지만, 비트겐슈타인 본인으로서는 비극적 사건이었다. 왜냐하면 그는 거의 불가피하게 제3구역으로 돌아가야 했는데, 이번에는 조핀 다리와 프라터 공원에 훨씬 가까운 라주몹스키가세의 방으로 옮겼던 것이다. 그가 아마도 그의 생애에서 가장 방탕한 행동에 빠진 것은 바로 이때였을 것이다. 5월 30일 자신의 생활양식을 언급하면서, 그는 올뮈츠에 있는 친구 파울 엥겔만에게 편지를 썼다. "최근 내 상황은 완전히 비참함 자체입니다. 나는 내 생명을 끊는 것을 계속 생각해왔습니다. 지금도 이 생각은 여전히 나를 괴롭힙니다. **나는 내려갈 수 있는 가장 마지막 지점까지 가라앉았습니다.** 당신은 절대로 이 지점까지 오지 않게 되기를!"[11]

V

비트겐슈타인이 그랬듯, 자신의 행위에 대해 공포에 사로잡힐 때 사람은 자신이 하고 싶지만 해서는 안 되는 행동을 막는 데 도움이 되는 환경을 만들려고 시도하게 된다. 비트겐슈타인은 이 점을 자신의 노트에 이렇게 썼다. "삶에서 마주치는 문제를 푸는 방법은 문제 되는 것을 사라지게 하는 방식으로 사는 것이다. 삶이 문제가 된다는 사실은 당신의 삶이 삶의 양식에 맞지 않는다는 것을 보여준다. 따라서 당신은 살아가는 방식을 바꾸어야 한다. 그리고 당신의 삶이 양식에 맞을 때 문제는 사라질 것이다." 나중에 그는 이렇게 덧붙인다. "사람을 잘못된 환경에 놓아두면 아무것도 제대로 작동하지 않는다. 그는 모든 면에서 건강하지 않게 보일 것이다. 그를 적당한 환경에 돌려다 놓으면 모든 것이 꽃피고 건강해 보일 것이다."[12] 비트겐슈타인은 자신의 충고를 실행하려고 노력했다. 그리고 그가 만들어낸 패턴은 그의 기묘한 행적을 부분적으로 설명해준다는 것이 밝혀질 것이다.

비트겐슈타인은 두 가지 조건을 만족시키는 환경 또는 상황을 찾으려 했다. 길거리 청년들과의 손쉽고 우연적인 성적 관계의 유혹에서 벗어날 것. 그리고 '그를 되살아나게 할' 정신적 관계를 즐길 수 있는 청년들이 주변에 있을 것. 그리하여 착하고 유순한 성향의 잘생긴 젊은이들과 일련의 긴밀한 우정이 발전하였다. 비트겐슈타인은 약간의 통찰력은 있지만 '영리하지는' 않은 청년들에게 감정적으로 매우 이끌렸다. 그러한 청년들은 비트겐슈타인이 젊었을 때부터 생애 마지막 10년까지 반복적으로 '빠졌던' '유형'으로 특징지어졌다. 그가 좋아했던 케임브리지의 일부 친구와 학생을 포함해 많은 청년들이 이러한 식으로 그의 삶 속으로 들어왔고, 그 부분적인 이유는 이러한 역할이 필요했기 때문이다.* 이들 모두는 비트겐슈타인 말대로 '잘생긴 얼

---

* 이러한 케임브리지 친구들 가운데 하나인 프랜시스 스키너Francis Skinner와는 성적인 관계가 되었다(후기 참조). 비트겐슈타인의 1940년대 케임브리지 친구 중 하나인 게오르크 크라이젤Georg Kreisel 교수는 비트겐슈타인이 종종 대화에서 성적인 주제를 끄집어냈다고 전한다. 하지만 크라이젤은 이를 슬쩍 피했는데, 왜냐하면 "나이 든 사람이 우리 젊은 녀석들에게만 그런 의도로 말하는 것을 듣는 것은 (…) 내게 매우 고통스러웠기 때문"이며, 또한 "비트겐슈타인의 말에서 나는 그가 다양한 경험에서가 아니라 주로 자기만의 환상에 기대 말한다는 인상을 받았기 때문이다. 그러한 이유 때문에, 언급된 주제[섹스]는 특히 부적절했다." Georg Kreisel, "Zu Wittgensteins Gesprächen und Vorlesungen über die Grundlagen der Mathematik", In *Wittgenstein and His Impact on Contemporary Thought*, pp. 79-81, esp. p. 81, note 7 참조.

굴'에 신체적 매력을 지녔다. 그는 그들 모두를 쉽게 지배하였고, 그들과 함께 있으면서 긴장을 풀 수 있었다. 그들과의 교제를 통해 그는 자신이 싫어했던 고독과 섹스를 좇아 밤거리를 배회하게 만들었던 외로움에서 벗어나 스스로를 보호하곤 했다.[13] 자신으로부터 스스로를 보호하기 위해 비트겐슈타인이 사용했던 다른 전략은 그저 빈, 맨체스터, 런던처럼 지적 또는 정신적 차원 없이 비개인적이고 즉석에서 이루어지는 섹스를 쉽게 접할 수 있는 '위험 지역들'을 피하는 것이었다. 그리하여 그는 수도승처럼 노르웨이나 하 오스트리아 제머링의 외딴 마을, 그리고 심지어 케임브리지로 은거를 떠났다.

비트겐슈타인은 우정을 도덕적 집단상담 요법으로 이용했다. 친구들과 있으면 그는 창조적이고, 친밀하며, 심지어 장난스러워졌다. 섹스는 비도덕적인 것이었다. 섹스란 일반적으로 친구들과 하는 게 아니었다.

비트겐슈타인은 그렇게 살아야 했다. 그의 삶은 사실상 섹스로부터 완전히 벗어날 수 없다는 일종의 슬픔 속에서 지속되었다. 왜냐하면 그의 생애 내내 자신이 다시 타락으로 되돌아갔다고 간주한 사건들, 즉 어둠 속에서 만나서 두 번 다시 마주치지 않을 익명의 젊은이들과의 덧없는 관계에 탐닉하는 일이 반복해서 일어났기 때문이다. 그가 '부름받음'의 징표로 여긴 두 번째 꿈은 그러한 사건들이 있은 다음에 끊임없이 그를 따라다녔다. 두 번째 꿈을 꾼 지 얼마 안 된 1921년 1월 2일, 비트겐슈타인은 다시 엥겔만에서 편지를 썼다.

나는 1년 이상 도덕적으로 죽어 있었습니다! (…) 아마 오늘날 나 같은 예는 전혀 드물지 않을 것입니다. 나는 해야 할 일이 하나 있었는데 그것을 하지 않았습니다. 이제 그 실패는 내 삶을 무너뜨리고 있습니다. 나는 건설적인 일을 했어야 했고, 하늘에 있는 별이 되어야 했습니다. 하지만 나는 아직 땅에 머물러 있고, 그래서 이제 점점 희미해져가고 있습니다. 내 삶은 정말 무의미하게 되었고 단지 쓸모없는 에피소드들로만 채워져 있습니다. 주변 사람들은 이것을 알아차리지 못하고 이해하려 하지도 않습니다. 그러나 나는 근본적인 결점을 갖고 있다는 것을 잘 압니다. 만약 당신이 내가 여기 쓴 말을 이해하지 못한다면 그것을 기쁘게 여기십시오.

이 슬프고 애처롭고 수심에 잠긴 편지를 읽으면서 우리는 비트겐슈타인이 저 불길한 창문을 통해 혹은 제단 앞에 서서 그가 결코 획득할수 없는 기도용 양탄자라는 보물을 바라보고 있는 모습을 볼 수 있다. 하지만 우리는 오늘날 알고 있다. 그가 편지에 쓴 말이 전혀 옳지 않다는 것을. 점점 희미해지기는커녕 그의 별은 그 후 50년 동안 솟아올라 철학의 활동을 바꾸어놓을 운명이었다. 비트겐슈타인은 광기의 경계에서 살았다고 종종 말해진다. 그가 때때로 스스로에게 허용했던 저 "쓸모없는 에피소드들"이야말로 미치지 않고 살 수 있었던 그러한 해방감을 제공했다고 볼 수도 있을 것이다. 바이닝거는 결국 자살하지 않았던가.

2

명제

I

1차 대전 직후부터 수년간 비트겐슈타인의 《논고》 원고는 출판업자들에게 버림받아 여기저기 떠돌고 있었다. 출간 거절에 관한 세부 사항 및 1922년 책자로 발간되기까지 숱한 오해와 지연 사태에 대해서는 예오리 헨리크 폰 브릭트Georg Henrik von Wright가 세심한 연대기를 정리해놓았다.[1] 비트겐슈타인은 원고의 제목을 〈명제Der Satz〉라고 붙였다. 출간 직전에야 이 책은 G. E. 무어가 제안한 라틴어 제목이 붙여졌다.*

만일 《논고》가 비트겐슈타인의 삶과 어떤 관계에 있는지 보고 싶다면, 던져야 할 첫째 질문은 이것이다. 도대체 왜 명제(과학적 사실에 대한 진술)에 관한 이 책을 썼으며, 무슨 문제를 풀려고 했던 것인가? 이 질문에 대한 답변 목록을 만드는 일은 쉽지만 검토를 통과한 것은 거의 없었다.

《논고》에서 기술적 특징을 지닌 일부 단락은 분명히 그리고 보통은 명시적으로 고틀로프 프레게와 버트런드 러셀의 수학 및 논리학의 기초에 관한 연구를 심화하고 일부는 수정하려는 의도였다. 이러한 단락과 마찬가지로 흥미롭고 중요한 것은 이 책을 단지 그러한 질문에 답하기 위해 쓴 것은 아니라는 점이다. 우리가 여기서 관심을 두는 것은 책의 세부 사항이 아니라 핵심 주제이다.

앤서니 퀸턴Anthony Quinton은 《논고》가 칸트 스타일의 질문, 즉 "어떻게 언어가 가능한가?"에 답하기 위한 것이라고 주장했다.[2] 하지만

---

* 나는 이 정보를 제머링 시절 비트겐슈타인의 옛 동료에게 얻었다. 그는 마을 교사 시절에 원고의 사본을 본 적이 있었다.

"어떻게 x가 가능한가?"라는 형식의 모든 질문이 칸트적 성격을 가진 것은 아니다. 이러한 종류의 질문이 칸트적인 것이려면, 그것은 언어의 존재가 불가능해 보이거나 적어도 의심스러워 보이는 어떠한 이론적 맥락 혹은 전제 속에서 제시되어야 한다. 칸트는 예를 들어 (1) 이러한 종류의 지식의 명백한 존재(칸트에게는 수학 및 뉴턴 물리학의 일부를 포함하는)와 (2) 그러한 지식의 불가능성을 주장하는 흄의 인식론에 맞서서 **선험적** 종합 지식의 가능성에 대한 질문을 제기했다. 당시 널리 수용된 인식론에 따르면 그러한 지식은 불가능했다. 하지만 그것은 존재한다.[3] 그래서 질문이 나온 것이다.

비트겐슈타인의 《논고》에는 언어에 관한 그러한 질문이 나오지 않는다. 그가 결정하고 싶어 하는 것들 중 하나는 정확하게 의미 있는 언어가 존재하려면 어떤 조건이 충족되어야 하느냐 하는 것이다. 하지만 초기 저작에서는 이들 조건이 존재한다고 추정하고 있다. 따라서 칸트의 딜레마는 발생하지 않는다. 언어의 가능성에 대한 진정으로 칸트적인 질문을 보려면 노엄 촘스키Noam Chomsky로 방향을 돌려야 한다. 그는 《언어와 정신Language and Mind》(1968)에서 많은 현대 언어학자들이 고수하는 행동주의 심리학 및 경험주의 철학의 학습 이론이 문법과 언어의 습득 또는 학습을 설명할 수 없다고 주장했다. 언어 습득에 관한 경험주의자의 가정이 옳다면, 언어는 불가능하다. 촘스키는 칸트 자신이 그러했듯 현대 경험주의에 대한 비판을 통해서 이러한 칸트적 딜레마에서 벗어나기 위한 작업에 착수한다. 다른 칸트적 주제가 《논고》에 어느 정도나 나타나는지에 관한 질문은 다음에서 검토할 것이다. 반면 비트겐슈타인이 무엇을 했든지 간에 퀸턴이 제시한 질문에 관심이 없었다는 것은 분명하다.

II

《논고》의 본성에 관한 또 다른 일반적 대답은 비트겐슈타인이 칸트처럼 과학과 비과학을 구분하는 선을 그으려고 했다는 주장이다. 어느 정도 그 대답은 옳다. 이 구분선은 사실적 언어와 비사실적 언어 사이의 구분선에 대응한다. 하지만 그렇다면 질문이 떠오른다. 왜 비트겐슈타인이 그것을 원했을까? 왜 일부 철학자들이 그러한 선을 그으려고 했는지를 설명하는 것은 쉽다. 하지만 정확히 무엇이 비트겐슈타인의 의도였는지 말하기는 어렵다. 과학과 비과학 사이의 구분선을 긋는 이유는 평가와 비판의 목적이 가장 크다. 많은 철학자들은(아마도 20세기에는 빈학파의 논리실증주의자들이 가장 현저하게) 좋은 이론과 나쁜 이론, 타당한 관념과 부당한 관념을 구분하는 방법은 과학과 비과학을 구분하는 것이라고 가정해왔다. 심지어 구분의 측면에서 수용과 기각의 규칙을 쓸 수도 있다. 즉 "어떤 특수한 관념, 이론, 제안 또는 그 무엇이든 그것의 가치를 의심할 때, 먼저 그것이 과학적인지를 결정하라. 만일 과학적이라면 그것이 타당한지 구분하라. 타당하지 않다면 기각하라."[4]

《논고》에는 그러한 접근법을 제안하는 것보다 강한 주장이 나타난다. 사실 이 주장은 그의 사상에 대한 여러 해석자들이 비트겐슈타인의 기본 목표가 자신의 기준에 따라 사실적 또는 과학적이라고 분류되지 못하는 것들은 무의미하다고 **폐기 처분**을 내리는 것이라고 여기게 할 만큼 강하다. 하지만 《논고》의 다른 경향들은 이것이 저자의 의도라고 받아들이는 것을 막는다.

다른 한편으로 비트겐슈타인 자신은 그의 목표를 "사고의 표현에

(…) 한계를 정하는 것"이라고 말하고 있다. 그는 "이 책의 완전한 의미는 다음과 같이 요약할 수 있을 것이다. 어떻게든 말해질 수 있는 것은 명료하게 말할 수 있다. 그리고 말할 수 없는 것에 대해서는 침묵을 지켜야 한다." 그가 말했듯 "철학의 올바른 방법은 참으로 다음과 같을 것이다. 말할 수 있는 것, 즉 자연과학의 명제들 — 즉 철학과는 무관한 것 — 을 제외하고는 아무것도 말하지 않는 것. 그러고 나서 어떤 사람이 형이상학적인 것을 말하려고 할 때마다 그가 자신의 명제들 속의 어떤 기호들에 의미를 부여하는 데 실패했다는 것을 지적해주는 것이다."(6.53)

비트겐슈타인의 기준에 따르면, 칸트 이전의 사변적 형이상학만 "말할 수 있"고 의미 있는 것에서 배제되는 것이 아니라 — 더 상세한 설명은 아래에 제시될 것이다 — 보편적인 자연법칙들, 《논고》자체의 '설명적인' 진술, 논리학, 윤리학, 미학, 철학, 종교 등도 배제된다. 하지만 단지 사변적 형이상학만 노골적으로 폐기 처분을 받는다. 논리학, 윤리학, 미학 및 종교는 '초월적'이라고 묘사되기는 하나 폐기 처분을 받지는 않는다. 그리고 《논고》의 철학적 진술들은 비록 그 '무의미성'에도 불구하고 가장 도움이 되는 방식으로 설명적이라고 간주된다.

윤리학이 무의미하다고 선언하는 반면, 비트겐슈타인은 그럼에도 루트비히 폰 피커Ludwig von Ficker와 파울 엥겔만 같은 친구들에게 《논고》전체의 핵심은 윤리적인 것이라고 말한다. 비트겐슈타인은 폰 피커에게 이렇게 설명했다.

그 책의 요점은 윤리적인 것입니다. 나는 한때 서문에서 몇 마디 하려고 했지만 실제로는 들어가지 않았습니다. 하지만 그것을 지금 당신에게 말하려고 합니다. 왜냐하면 그 말들이 당신에게 일종의 열쇠가 될 수도 있기 때문입니다. 내 책은 두 부분으로 이루어져 있습니다. 한 부분은 여기에 있고 나머지 한 부분은 내가 쓰지 **않았던** 모든 것입니다. 그리고 정확하게 이 두 번째 부분이 중요한 것입니다. 왜냐하면 윤리적인 것은 내 책에 의해, 말하자면 내부로부터 경계가 그어지기 때문입니다. **엄격히** 말해서 그것은 **단지** 이런 식으로만 경계가 그어질 수 있다고 확신합니다. 간단히 말해 나는 이렇게 생각합니다. 요즘 **많은 사람들이 지껄여대는** 모든 것에 대해 나는 침묵함으로써 그것을 내 책에서 정리했습니다. 그러므로 내가 완전히 틀리지 않는다면, 이 책은 당신이 스스로에게 말하고 싶어 하는 것을 많이 포함하고 있지만, 아마도 그것을 알아차리지 못할 것입니다. 우선, 나는 당신이 **서문과 결론**을 먼저 읽기를 추천하겠습니다. 왜냐하면 이 부분에서 요점이 가장 직접적으로 표현되기 때문입니다.[5]

Ⅲ

그렇다면 《논고》에 나타났듯이 과학과 비과학의 구분이 가치평가의 문제라는 것은 오직 그 용어를 기묘한 의미로 사용할 때에만 그러한 것이다. 난센스는 **폐기 처분을 받지** 않지만, 그것을 말하려고 **시도하는** 것조차 천박한 취향이며 사실상 비도덕적이다. 왜냐하면 그것은 불가피하게 허튼소리로 이어지기 때문이다. 여기서 가치평가는 대단한 것은 아니지만 금욕적이고, 귀족적이며, 엘리트주의적인 것이다. 비트겐슈타인을 이해할 **수 있는** 소수만이 형이상학에 빠지거나 도덕적 주장을 하거나 또는 **반형이상학**에 빠질 만큼 바보가 아니라는 ─ 바보보다는 좋은 취향을 가지고 있다는 ─ 의미가 함축되어 있다. 비트겐슈타인은 그의 견해가 예컨대 난센스를 구별하는 유용한 기준으로 널리 수용될 것이라고 생각하지 않았다. 반대로 그는 서문과 몇몇 편지에서 아무도, 심지어 러셀과 프레게조차 그의 구분법을 응용할 수 있기는커녕 그를 이해하지도 못할 것이라는 의구심을 표하고 있다.

그 자신이 아주 까다롭게 침묵을 옹호한 것처럼 비트겐슈타인은 자신의 침묵을 타인들에게 강요하는 것을 피했다. **노블레스 오블리제.** 개인적 엘리트주의는 유사한 규준에 따라 살지 않거나 살 수도 없는 사람들에 대한 급진적 관용을 동반했다. 이러한 사람들은 비난받아서는 안 된다. 그들은 삶의 형식의 일부이며, 우리는 그저 그러한 삶의 형식에 참여하지 않으며 그에 대해 말하지도 않을 뿐이다. 물론 여기에는 위험이 있다. 어떤 침묵은 심오하지만 다른 침묵은 할 말이 전혀 없거나 거의 없는 데서 비롯된다. 비트겐슈타인은 전자와 후자를 구별하는 기준을 제공하지는 않았다.

이 점에서 비트겐슈타인과 빈학파 구성원들(그의 사상은 나중에 이들과 결합된다) 사이의 대비가 특히 뚜렷해진다. 빈학파의 몇몇 탁월한 구성원들은 빈학파를 잠재적으로 대중적인 호소력을 가진 이데올로기를 품은 맹아적인 정치적 당파로 생각하는 경향이 있었다. 특히 빈학파의 '당 서기'로 묘사된 오토 노이라트Otto Neurath는 분명히 논리실증주의 이념을 널리 확산시키려는 야심 찬 정치적 목표를 가지고 있었다. 실제로 그는 학파의 구성원들에게 '실증주의'를 버리고 '물리주의'로 부르자고 촉구할 정도였다. '실증주의'는 마르크스주의자들이 몇 가지 반대할 만한 이유가 있었다. 우선 레닌이 초기 버전의 실증주

의를 부르주아적이라고 비난한 바 있었다. 또한 오스트리아의 사회민
주주의자인 프리드리히 아들러Friedrich Adler가 에른스트 마흐의 실증
주의를 마르크스 유물론에 대한 자신의 비판에 이용하였기 때문이다.
하지만 1차 대전이 끝난 후 단명한 뮌헨 스파르타쿠스 공산당 정부의
경제학자였던 노이라트는 자신이 스탈린을 설득하여 '물리주의'라
불리는 철학을 소련의 공식 교리로 채택하도록 설득할 수 있으리라고
생각했다('물리주의'는 '유물론'에 가까운 함축을 가지고 있다). 노이라트
는 이러한 순진한 목적을 가지고 소련을 방문하였지만 성공하지는 못
했다.[6]

다른 한편, 우리는 비트겐슈타인을 상기시키는 언어에 대한 태도를
동시대 빈 사람들 가운데에서 발견할 수 있다. 철학자들 가운데에서보
다는 오스트리아 작가들과 문학가들 가운데에서 말이다.

IV

아마도 가장 적절한 사례는 말의 힘에 대한 신뢰의 상실을 부르짖은
세기말 오스트리아 작가 중 하나인 후고 폰 호프만슈탈일 것이다. 호
프만슈탈은 종종 카를 크라우스, 프란츠 카프카, 그리고 프리츠 마우
트너Fritz Mauthner와 함께 다루어진다. 자기만의 방식으로 그는 말이
의사소통의 수단이 아니라 허위와 무의미의 수단이 되어버리고 있다
는 염려를 그들과 공유했다. 카프카는 꽤나 노골적인 우화에서, 더 이
상 아무 의미도 없는 포고문을 가지고 세상을 분주히 돌아다니는 왕
실의 전령에 대해 쓴 바 있다. 카를 크라우스는 엄청난 열정을 가지고

거의 혼자 힘으로《횃불Die Fackel》이라는 잡지를 발간했고, 이를 통해 오스트리아의 거의 모든 신문과 잡지의 언어 왜곡에 대해 경멸적으로 비판하고, 그들의 문학적 오류의 사례를 열거하였다. 마우트너는 언어가 책임 있는 의사소통 수단으로 살아남을 수 있는지 의구심을 품게 되었다. 그럼에도, 언어가 남용과 오용에 취약하다는 명백히 옳은 그들의 공통된 신념을 제외하고, 이들 작가들은 매우 상이했다. 비트겐슈타인은 크라우스의 작품을 알았고 그의 초기 저작들을 높이 평가했다. 그는 마우트너의 저작도 알고 있었고, 비록 동의하지 않는 방식이었지만, 심지어 그를《논고》에 인용하기까지 했다. 하지만 그들의 생각은 매우 거리가 있었다.[7]

그럼에도 불구하고 호프만슈탈과 비트겐슈타인은 공통점이 더 많았다. 첫 운문극 〈어제〉(1891)에서 고전 희극 〈까다로운 남자〉(1921)까지, 호프만슈탈은 그의 유명한 〈찬도스 경의 편지〉의 주제, 즉 단순히 말의 부적절함이 아니라 특히 도덕과 정치, 문학과 미학에 관한 말들의 **역겨운 상스러움**을 상세히 논의했다. 이미 1895년에 배우 프리드리히 미터부르처Friedrich Mitterwurzer에 관한 책을 비평하면서 호프만슈탈은 이렇게 썼다.

사람들은 이야기를 듣는 데 지쳤다. 그들은 말에 깊은 역겨움을 느낀다. 말이 사물들 앞에 자신을 내세웠기 때문이다. (…) 우리는 사유가 개념들에 의해 완전히 숨이 막혀버린 무시무시한 과정에 의해 지배되고 있다. 그 누구도 이제는 스스로의 정신으로 자신이 이해하고 있는 것, 이해하지 못하는 것에 대해 확신할 수 없으며, 자신이 느끼는 것과 느끼지 못하는 것에 대해 말할 수 없다. 이것은 언어 없이 수행되는 모든 예술에 대한 절박한

사랑을 일깨웠다.[8]

대다수 말들의 상스러운 헛소리에 대한 이렇게 미학적이고 윤리적
인 강한 주장은 호프만슈탈의 작품 전반에 걸쳐서 되풀이해서 나타나
며, 그 자신처럼 〈까다로운 남자〉에 의해 가장 생생하게 표현되었다.
한스 카를 뷜 백작은 전쟁에서 돌아와 오스트리아 상원에서 연설을
해달라는 요청받았을 때 이렇게 반문한다. "나더러 일어나서 민족들
간의 평화와 국가들의 연합에 관해 연설하라고? 뿌리 뽑을 수 없는
혼란을 일으키지 않고는 입을 여는 것이 불가능하다고 철석같이 믿고
있는 내게 말인가? (…) 내게 명백히 상스럽게 보이는 저 모든 말들의
홍수를 내가 일으켜야 하는가?"[9]

호프만슈탈과 비트겐슈타인은 사실 다른 성품을 지녔다. 그리고 철
학적 견해는 물론이고 심지어 미학적 선호에서도 그들의 유사성을 과
장하는 것은 어리석은 일이다. 하지만 비트겐슈타인과 호프만슈탈이
보유하고 있는 언어에 대한 세심하고 까다로운 존중은 — 한스 카를
뷜이 백작인 것은 우연이 아니다 — 비트겐슈타인의 빈학파 구성원들
에 대한 완곡하고, 간접적이며, 모호한 행위를 조명하는 데 도움을 준
다. 호프만슈탈의 〈까다로운 남자〉와 마찬가지로 비트겐슈타인은 이
러한 공적인 인물들에 의해 철학의 전장에 합류하고, 그들의 회합에
출석하고, 그의 철학을 공포하라는 요구와 압력을 받았다. 그는《논
고》에 대한 그의 해설을 듣고자 모임 및 카페에 참석한 빈학파의 구성
원들에게 철학적 토론을 회피한 채, 타고르나 다른 시인들의 작품들
을 읽는 식으로 거리를 두고 대응했다. 때때로 그들을 화나게 만드는
걸 즐겼고, 클래식 음악에 관한 자신의 뛰어난 레퍼토리를 휘파람으

로 들려주기나 하였다. 학파의 일부 멤버들, 특히 저속한 반형이상학적 실증주의자라고 여긴 카르납과 노이라트와는 우연히라도 마주치지 않도록 〈까다로운 남자〉의 백작보다도 더 정교한 예방 조치를 취했다. 1920년대 후반이 되어서야 "높은 교양과 세련된 취향을 갖추었던" 슐리크와 바이스만 같은 사람들과만 마침내 철학을 토론했다.[10] 엥겔만이 전하듯 "비트겐슈타인은 슐리크가 품위 있고 분별 있는 토론 상대자라고 보았는데, 슐리크의 세련되고 고매한 인격을 높이 평가했기 때문에 더욱 그러했다. 비트겐슈타인은 타인과의 지적인 교류에서 항상 이러한 품성을 중요하다고 보았다."

V

비트겐슈타인과 호프만슈탈의 언어의 능력, 특히 도덕, 미학, 종교, 감정에 관한 언어의 능력에 표명한 염려가 어느 정도로 기초가 튼튼한 것인지를 묻는 질문이 제기되는 것이 당연하다. 그것은 19세기 후반과 20세기 초 독일어권 세계의 격변하는 사회 변화에 동반된 언어에 대한 부주의하고 지나친 오용 기간에 대해 어느 정도로 과장된 반응이었는가?

의심할 여지 없이 독일어는 당시 상당한 변화의 시기를 겪고 있었다. 하지만 모든 언어와 의사소통 방식은 변화의 시기를 겪는다. 때로는 확대되고, 때로는 압축된다. 비트겐슈타인과 호프만슈탈은 압축과 제한을 원했던 것으로 보인다. 이에 대해 새로운 것은 없다. 다른 표현양식의 예를 들면 중국 회화의 가장 창조적인 시기에, 그림의 중요한 부분은 여백이었다. 물론 하나의 그림은 "천 마디 말의 값어치가 있다."

시는 종종 압축의 과정에 비유된다. 훨씬 많은 것을 말하지 않음으로써 매우 많은 것을 전달한다. 특히 에즈라 파운드와 아서 케스틀러는 독일어로 시를 뜻하는 'Dichtung'이 어원상으로 'dichten(압축하다)'에 관계된다고 주장하였다. 어원은 부정확할 수도 있지만 그 뒤에 있는 관념은 언어에 대한 공통의 가정을 반영한다.

언어만이 이 시기에 중요한 변화를 겪은 유일한 표현 양식은 아니었다. 화가, 건축가, 음악가 또한 20세기 초에 자신들의 표현 수단을 근본적으로 재검토하였다. 프랑스의 영향을 받아, 화가들은 재현적 회화에서 다양한 새로운 표현 방식으로 눈을 돌렸다. 건축에서는 독일의 바우하우스와 빈의 아돌프 로스Adolf Loos의 작품이, 장식에 대한 고의적인 거부와 함께 비트겐슈타인에게 중요한 영향을 주었다. 특히 빈의 음악가들은 온음계와 조바꿈을 버렸다. 아르놀트 쇤베르크가 대표적인 사례였다.

일부 역사가 및 문학 비평가는[11] 이 기간에 대해 논문을 쓰기보다는, 독일어가 세기 전환기에 붕괴 직전에 있었다고 암시하는 이미지를 전달하기 위해 사례들을 쌓는 데 열중했다. 당시 생산된 여러 비평들은 마우트너이든, 비트겐슈타인이든, 크라우스든, 혹은 호프만슈탈이든 모두 유사한 방식으로 이러한 위기에 대응하는 것이었고, 게다가 거기서 빠져나오는 길은 어느 정도는 비트겐슈타인과 호프만슈탈이 가리킨 방향, 즉 일종의 '의미심장한 침묵'을 인정하는 것 속에 놓여 있다는 것이었다.

그러한 진단을 내리고 제안을 한 사람들이 옳았는지는 불분명하다.

그들은 호프만슈탈 같은 작가의 비탄을 문학적으로 무비판적으로 받아들이면서 독일어의 위기를 강조하였을 뿐, 당시 정확히 윤리학, 미학, 개인 관계, 감정에서 진행되던 발전과 세련화에 대한 연구에는 별로 힘쓰지 않았다. 호프만슈탈은 결국 그 시대의 가장 뛰어난 시인은 아니었다. 비교할 수 없을 정도로 빼어난 시인인 라이너 마리아 릴케는 언어의 위기에 대해서는 거의 말하지 않았고, 대신 언어를 풍부하고 세련되게 한 훌륭한 운문을 지어내는 데 열중하였다.

정신분석의 사례도 매우 교훈적이다. 비정상적 행위에 집중하는 경향 속에서 그것은 대부분의 언어에서 정상적이고, 평범하고, 합법적이고, 착한 사람들보다는 정신이상자, 성도착자, 범죄자 및 '나쁜bad' 자들을 다루기 위해 보다 세련되고 정확하고 차별화된 용어를 발전시키는 일반적 경향을 반영하였다. '친절한nice', '좋은 사람good man' 같은 단어는 대부분의 맥락에서 사실상 무의미하다. 영어에서 '유죄guilt', '죄악sin', '수치shame', '사악vice' 같은 단어들은 그에 해당하는 긍정적 반대말이 없다. 아니면 어쨌든 그 의미 면에서 가장 근접한 긍정적 반대말보다 훨씬 더 확고하다. 그것들의 긍정적 반대말은 종종 어떤 확고한 선이 아니라 부정적 특징의 부재를 지칭할 뿐이다. 이들 부정적 용어들은 심리학 이론이 발전하면서 계속해서 변용과 정교화를 거친다. 헬렌 메럴 린드Helen Merrell Lynd 등이 고안한 죄책감과 수치심의 구별이 좋은 예다.

앞에서 썼듯이 '착한good'이란 단어는 '나쁜bad', '단점demerit', '결점defect'에 반대되는 '착한good', '장점merit', '덕virtue' 같은 긍정적 어휘들이 도덕적 가치뿐만 아니라 도덕과 무관한 것들도 가리킨다는 문제를 보여준다. 하지만 '사악evil'은 특히 형용사적 의미에서 강하고, 거의 배타적으로 도덕적인 의미를 전달한다. 반면 긍정적 측면의 반대 말로는 훨씬 힘이 약한 '올바른righteous', '덕이 있는virtuous', 또는 가장 일반적인 긍정어인 '착한good' 같은 말이 있다. 전반적으로 몇몇 예외를 제외하면, 언어는 긍정적 어휘들을 융화시키는 반면, 부정적 어휘들은 다양하게 차별화하는 경향이 있다. 따라서 도덕적 악의 심각성은 더 현저히 도드라져 보이도록 한다.[12]

이러한 문제를 언급하면서 내가 제안하고자 하는 것은, 독일어권 국가의 언어적 위기에 관해 쓴 것 중 상당수가 지나치게 사례를 단순화하였고, 내가 인용한 명백한 반례, 즉 언어가 타락했다기보다는 언어가 세련화되고 개선된 사례들을 간과한 연구였다는 점이다. 만일 우리가 하이데거 같은 특정한 작가들, 특정한 철학자들 및 언급했던 특정 문학 비평가들에 주목하고 두 세계대전 중의 선전문들과 급증하는 대중 언론, 그리고 다국어를 사용하던 제국의 수도이던 시절의 빈의 시중의 재담들로부터 일부 사례들을 취해서 설명을 윤색한다면, 우리는 독일어의 역사를 조야하게 왜곡하는 셈이다.[13]

파울 엥겔만과 다른 이들은 언어에 대한 비트겐슈타인의 태도가 단지 여기서 논의한 발전을 반영하는 것이 아니라 전형적인 유대적인 것이라고 주장했다. 하지만 이 두 인용문을 대조해보라. 첫 번째는 영국 역사가로부터 인용한 것이고, 두 번째는 독일의 유대인 철학자로부터 인용한 것이다. 프랭크 필드Frank Field는 카를 크라우스에 대해 이렇게 썼다.

유대주의에 대한 거부에도 불구하고 언어에 대한 그의 견해는, 최종 분석에서, 말씀을 통한 신의 의지의 계시라는 **특히 유대적인 개념**에 뿌리를 두고

있다. 말한 바를 실현시키는 권능의 말씀 말이다.[14]

반면 프란츠 로젠츠바이크Franz Rosenzweig는 이렇게 썼다.

깊은 의미에서 말씀의 힘에 대한 최종적 불신과 침묵의 힘에 대한 내적 확신 외에 유대적인 것은 없다.[15]

말씀의 힘에 대한 유대적 개념에 대해 어느 세대가 옳을까? **둘 다 틀렸다.** 20세기 전환기에 독일어의 재앙적 붕괴는 없었다.

VI

지금까지 비트겐슈타인 자신이 《논고》의 핵심 주제라고 설명했던 것을 어느 정도 이해해보기 위해, 나는 일부 사람들이 20세기 초에 독일어가 겪었다고 주장하는 소위 위기에 대해 주목해보았다. 특히 상상이든 실제이든 이 위기를 환영하고, 개탄하고, 기록했던 빈의 비트겐슈타인의 동시대인들에게 주목하였다. 빈의 환경에 놓았을 때 《논고》는 보다 잘 이해된다.

하지만 가장 중요한 하나의 관점에서 비트겐슈타인의 작품은 근본적으로 그의 동시대 오스트리아인들과는 구별된다. 비록 비트겐슈타인은 아름다운 독일어를 구사했고 심지어 새로운 문체의 창조자로 환영받았지만, 그는 직업적으로도 또는 취미로도 작가가 아니라 수학자이자 논리학자였다. 언어의 한계에 대한 그 자신의 의견을 말할 때에도 다른 방법을 찾을 정도로 그러했다. 비록 그의 방법은 그의 작품에 동시대 문학가들이 결여한 힘과 시야를 주었지만, 그것은 또한 그의 견해에 기술적이고 난해한 분위기를 부여함으로써, 실제의 영감과 관심으로부터 주의를 흐트러뜨리는 결과를 가져왔다. 나는 물론 비트겐슈타인이 프레게의 논리학 이론 및 러셀의 논리적 원자론을 변형한 틀 속에서 자신의 언어 비판을 표현했다고 생각한다.

따라서 그의 메시지는 이중으로 반복해서 오해될 운명이었다. 독일어의 위기를 잘 모르는 영국 독자에게 그는 사변철학에 대한 똑똑한 — **하지만 영국 전통 속에 있는** — 비평가로 보였다. 무어와 러셀이 자신들의 분석적 공격으로 겨냥한 것은 독일의 영감을 받은 영국의 철학이었다. 그들의 학생인 비트겐슈타인은 단지 같은 노선에서뿐만 아니라 같은 한계 내에서 연구하는 것으로 간주되었다. 영국의 독자들은 사변철학의 언어에 대한 비평가로서의 역할뿐 아니라 호프만슈탈의 빈식 예술과 감정에 대한 비평가로서의 비트겐슈타인의 더 넓은 역할을 보지 못했다. 비트겐슈타인은 그의 동포들 사이에서도 더 나을 게 없었다. 약간이라도 그에게 주목한 오스트리아인들과 독일인들에게, 비트겐슈타인은 빈식 언어 비평의 전통에 꽤 낯선 인물로, 영국식 경험론이라는 외국의 접근법과 기술을 동화시킨 인물로 보였다. 그의 동료 오스트리아인 가운데 비트겐슈타인의 철학에 처음으로 진지한 주목을 보인 것은 빈학파의 철학자-물리학자들과 수학자들이었다. 이들은 전통적인 오스트리아 및 독일 철학보다는 영국 경험론과 러셀의 새로운 논리학에 더 많은 관심을 가졌던 친영파 학자들이었다. 비트겐슈타인이 사망한 다음에야 오스트리아와 독일의 문인들이 그의 저작에 관심을 보였다.

VII

《논고》의 저술 이면에 있는 몇 가지 동기에 대한 질문에서 눈을 돌려 책의 실제 내용을 이해하려고 할 때, 논리적 역설의 본성과 20세기의 최초 10년 동안 일어났던 논리학과 수학의 기초에 대한 새로운 연구에 대해 몇 가지를 설명하는 것이 필요하다.

수많은 논리적 역설이 존재한다. 고전적인 역설 외에 예컨대 러셀의 역설, 쥘 리샤르J. Richard의 역설, 쿠르트 그렐링Kurt Grelling의 역설 등이 있다. 이 가운데 몇 가지 도움이 되는 사례만 제공하도록 하겠다. 가장 많이 알려진 것은 거짓말쟁이의 역설로 불린다. 여기서 영원한 거짓말쟁이는 이렇게 말한다. "나는 지금 거짓말을 하고 있다." 그의 말이 참이라면, 그는 거짓을 말하는 셈이다. 그리고 그의 말이 거짓이라면, 그는 진실을 말하는 셈이다.

이 역설을 표현하는 다른 방법은, 얀 루카시에비치Jan Lukasiewicz와 알프레트 타르스키Alfred Tarski가 고안한 것으로 다음과 같다.[16]

> 네모 칸 속의 문장은 거짓이다.

네모 칸 속의 문장이 참이라면, 그것은 거짓이다. 네모 칸 속의 문장이 거짓이라면, 그것은 참이다.

이 발언들은 기이하다. 일부 철학자와 논리학자 들이 이러한 발언에 직면했을 때, 이것들이 어떻게든 비논리적이며, 참도 아니고 거짓도 아니며, 비문법적이며 부적절하게 구성된 것이라고 선언하고 싶어했다는 것은 전혀 놀랍지 않다. 러셀은 1901년 역설의 발견 이후 오랜 기간 수용되어온 어떤 방법, 즉 계층 또는 집합을 구성하여 만들 수 있는 접근법을 취했다. 다른 논리학자들뿐 아니라 러셀은 자신의 유형론(또는 범주론)을 통해, 콰인W. V. Quine은 성층화stratification의 방법을 통해 그러한 이율배반의 구성을 금지하는 특정한 문법적·논리적 규약을 도입함으로써 역설 또는 이율배반을 피하려고 했다. 그 목적은 논리 분석을 통해 필요한 문법적·논리적 예방 조치를 취하지 않으면, 우리의 체계는 **제대로 구성되지** 못한 무의미한 진술 또는 공식을 생산할 위험이 있다는 것을 보여주는 것이었다. 심지어 러셀 이전에도 많은 이율배반이 자기지시적 또는 자기반영적 특징으로 인해 생겨난다는 것이 관찰되었다. 그리고 그러한 자기지시가 금지되어서는 안 되는지의 질문이 예컨대 루이스 캐럴(C. L. 도지슨 목사)에 의해 제기되었다.[17] 그 이후 자기지시를 다루는 특수한, 서로 충돌하는 기법들이 러셀, 에른스트 체르멜로Ernst Zermelo, 존 폰 노이만, 그리고 콰인 같은 논리학자들에 의해 고안되었다.

이러한 상황에서 일부 철학자들은 러셀과 여러 학자들이 무의미한 말들을 의미 있는 말들과 구분하고, 잘못 구성된 언표를 제대로 구성된 언표와 구분하기 위해 개발한 것과 유사한 기법들을 논리학의 **범위를 넘어** 전통적인 철학의 문제에까지 확대 적용할 수 있다고 가정하였다. 이것은 비록 결론이 옳지 않더라도 어떤 의미에선 칭찬할 만하다. **논리적** 역설 같은 고대 형이상학의 문제들은 유의미성 규칙 및 제대로 구성된 발언 규범의 개발을 통해 사라지게 만들 수 있다고 가정되었다. 사실 이러한 낡은 형이상학 이론들은 애초에 단지 무의미함을 확인해낼 언어적·논리적 분석 기법의 부재 때문에 발생했기 때문이라는 것이다.

이 야심 차고 영감이 가득한 프로젝트는 실패할 운명이었다. 왜냐하면 철학의 전통적 문제들에서는 논리적 이율배반에서 발견되는 자기지시의 문제가 **단순히 부재했다**는 사실 때문이다. 하지만 프로젝트의 실패는 예측되지 못했다. 20세기 철학 대부분, 특히 비트겐슈타인과 그 추종자들의 이야기는 철학의 문제가 논리적 역설이 발생하고 해결되는 것과 유사한 방식으로 발생하고 회피할 수 있다는 가정, 즉 전통적 형이상학을 잘못된 유비의 체계적인 적용을 통해 해체하려 한 시도의 이야기다.

따라서 비트겐슈타인은 《논고》의 서문에서 불친절하게 선언했다. "이 책은 철학의 문제를 다룬다. 그리고 (…) 이러한 문제들이 제기되는 이유는 우리 언어의 논리가 오해되기 때문이라는 것을 보여준다."(p. 3)

VIII

과학과 비과학의 구분에 대한 이론을 제공하면서 비트겐슈타인의 《논고》는 잘 구성된 사실적(논리적이 아닌) 발언이라면 꼭 충족해야 하는 기준을 제시하고, 앞서 논의한 몇 가지 의미에서 이 기준을 충족하지 못하는 발언들을 금한다. 사실 명제란 제대로 구성된 과학적 명제이다. 어떤 다른 명제들도 존재하지 않는다. 비록 철학에서 전형적으로 발견되는, 피상적으로는 명제처럼 보이지만 분석해보면 제대로 구성되지 않았음이 판명되는 사이비 명제들도 존재하지만 말이다. 비트겐슈타인 자신은 '잘 구성된'이라는 표현은 사용하지 않았다. 그는 **의미 있는** 명제, **무의미한** 사이비 명제라고 표현했다.

"언어가 사유를 은폐"(4.002)하기 때문에 종종 발생하는 일로서, 그 의미가 의문시되는 문장을 마주쳤을 때《논고》는 문장이 실제로 의미가 있으려면 어떤 경우**이어야 하느냐**를 구체화했다. 사이비 명제를 잠시 제쳐두면, 우리는《논고》에서 두 가지 별개의 상이한 종류의 **타당한** 의미 있는 명제들이 구체화되어 있음을 발견한다. 이것들은 원자명제와 분자명제 들이다. 이 둘 중 하나로 판명되지 않는 문장들은 사실상 전혀 명제가 아니다. 그것들은 무의미하다.

모든 분자명제들은 요소명제 혹은 원자명제로 분석되며, 요소명제 혹은 원자명제는 그 의미를 세계와의 직접적 관계로부터 끌어내는 명제들이다. 요소명제들은 그 자체로 분석 불가능하고 논리적으로 서로간에 독립적이다. 중요한 것은 그러한 요소명제가 세계의 **가능한** 사태를 모사한다는 점이다. 그 사태가 실제로 이루어지면, 요소명제는 참이다. 그 사태가 이루어지지 못하면, 요소명제는 거짓이다.

지금까지 우리는 언어 이론에 전적으로 관심이 있다고 스스로 생각했을지 모른다. 사실, 존재론, 즉 실재의 본성과 구조에 관한 이론은 언어 이론을 동반한다. 비트겐슈타인은 의미 있는 발언이 존재하기 위해서는 어떤 경우여야 하는지의 문제에 대답을 내놓는다. 언어에 대한 그의 설명의 일부는 세계의 궁극적 요소의 본성이 언어를 연구함으로써 발견될지도 모르며, 언어의 구조는 또한 실재의 구조에 의해 결정된다는 것을 강조한다. 비트겐슈타인은 여기서 자신을 어떤 **특정한** 언어에 제한하지 않았다. 오히려, 관계된 것은 의미 있는 표현을 할 수 있는 모든 언어가 가져야 하는, 비록 숨겨졌지만 본질적 구조이다.

그의 관점에서, 세계는 **사실들로 배열된 대상들**로 구성되어 있다. 참인 요소명제는 **원자사실**이라 불리는 사실을 모사한다. 그리고 그러한 사실들은 그것들을 모사하는 요소명제들과 마찬가지로, 상호 독립적이다. 요소명제가 만일 가능하긴 하지만 실제로 이루어지지는 못한 대상들의 조합(사태)을 모사한다면, 참이 아니더라도 의미 있을 수 있다. 요소명제와 그것이 모사하는 사태는 같은 형식을 공유하고 있다.

《논고》의 독자들은 — 특히 대부분의 논리실증주의자들을 포함하여 — 요소명제들이 감각경험들을 말한다고 종종 가정한다. 비트겐슈타인이 **일부** 그러한 관념을 염두에 두었다고, 그리고 그랬음이 틀림없다고 가정하는 것은 안전할 것이다. 하지만 《논고》는 이 점을 밝히지 않는다. 요소명제, 원자사실 및 대상에 대한 설명에서 비트겐슈타인은 사례를 들지 않는다. 사실 그는 자격을 갖춘 사례의 **종류**를 구체적으로 밝히지도 않는다. 그의 대상이 **인간 지식의 대상**이어야 하는지조차 **직접적으로** 언급되지도 않는다. 단지 언어가 존재하기 위해서 대상들이 존재해야 한다고 언급된다. 《논고》는 따라서 논리학과 존재론에 관한 저작이지 지식 이론에 관한 책은 아니다. 아이러니컬하게도 버트런드 러셀은 종종 《논고》가 인식론적 저작이라는 관념을 확산시켰다고 비난받는다. 비록 러셀 자신은 그의 유명한 서문에서 "비트겐슈타인은 우리가 실제로 단순한 대상을 따로 분리하거나 그에 대한 경험적 지식을 얻을 수 있다고 주장하지 않는다. 그것은 이론에 의해 요구되는 논리적 필연성이다"(p. xiii)라고 썼음에도 말이다.

인식론에 관한 《논고》의 함의에 대한 이러한 해석은 도전을 받아왔다. 예를 들어 앤스콤G. E. M. Anscombe은 《논고》가 감각자료에 대한 이론을 포함할 수 없었을 것이라고 주장했다.[18] 이러한 해석이 의심받아 온 것처럼, 불행히도 또 다른 심각한 오해가 나타나기 시작하고 있다.

즉《논고》가 칸트적인 주제에 의해 지배되고 있으며, 비록 외견상의 모습과 영미 철학계의 가장 일반적인 해석에도 불구하고 성격상 경험론적이기보다는 칸트주의적이라는 주장이다. 나는 이미 이러한 경향에 대해 앞서《논고》의 목적에 대한 퀸턴의 해석을 비판적으로 언급하면서 암시한 바 있다. 이를 바로잡기 위해 여기서《논고》의 교리의 중심 요소 중 하나는 비칸트주의적일 뿐 아니라 前칸트주의적 정신이라는 점을 언급하는 것이 유용할 것이다. 내가 염두에 두는 것은 세계의 본성은 언어에 관한 조사와 분석을 통해서 발견할 수 있으리라는 교리다. 칸트 이전에는 어떤 종류의 조화가 인간 정신과 외부 세계 사이에 존재하며, 그래서 인간 정신은 (어떤 설명에 따르면 심지어 감각의 도움 없이도) 실재의 본성을 이해할 수 있다고 일반적으로 가정되었다. 만일 그렇게 하는 데 실패한다면 — 비판철학 이전에는 종종 — 이것은 인간 이성의 적절한 기능이 방해받았기 때문이라고 보았다. 적절히 기능할 때 인간 이성은 실재의 본성에 접근한다.

칸트는 이성의 법칙이 사물 자체의 구조를 거울처럼 반영하는 것이 아니며 '인간 이해의 형식'을 제공하는 것이라고 보아 이러한 관념을 거부했다. 사물 자체는 실제로는 인간이 **알 수 없는** 것이다. 인간이 실재를 알 수 있는 한, 인간은 그것을 이러한 인간 이해의 형식에 맞게 알아야 한다. 하지만 인간의 마음에 대한 연구는 실재의 본성, 즉 사물 자체Ding an sich를 드러내지는 **못할** 것이다.

이와 대조적으로 칸트 이전에는 "정신 그 자체는 사실상 왜곡 없이 외부 세계에 깃들인 구조를 반영하는 거울이라는 것"이 일반적 견해였다.[19] 비트겐슈타인은 이렇게 말했을지 모른다. "언어 자체는, 사실상 — 제대로 구성되었을 때 — 왜곡 없이 외부 세계에 깃들인 구조를 반영하는 거울이다." 우리가 비트겐슈타인 사상의 이러한 측면을 염두에 둔다면, 초기 비트겐슈타인에 대한 칸트주의적 해석은 잘못된 것이다. 확실히 칸트주의적 주제의 일부 흔적은 남아 있다. 하지만 결코 지배적이지는 않다.* 예를 들어 우리가 공간의 바깥에 있는 공간적 대상들 또는 시간의 바깥에 있는 시간적 대상들을 상상할 수 없듯이, 다른 대상들과의 결합 가능성을 배제한 대상을 상상할 수 없다는 그의 언급에서 칸트적인 풍모를 발견할 수 있다.

나의 견해는 이렇다(설명하려면 그것만으로도 논문이 필요할 것이므로 상술하지는 않겠다). 초기 비트겐슈타인으로부터 후기 비트겐슈타인의 연구로 이동한 것은 칸트 이전, 비판철학 이전의 입장에서 칸트 이후, 헤겔 스타일의 입장으로 **칸트의 도움을 받지 않고** 이동한 것이라는 주장은, 비록 약간 오해의 여지는 있지만 더 정확하다고 할 수 있다.

IX

《논고》로 대표되는 비트겐슈타인의 초기 저작에서 눈을 돌려, 공적으로 철학에서 물러나 자신의 철학적 관점을 재구성했던 그의 생애에서 중요한 기간을 살펴보기에 앞서, 《논고》의 교리 가운데 3개의 다른 구성 요소들을 짧게 언급할 필요가 있다. 그것은 비트겐슈타인의 복합명제 이론과, 언어에 대한 논리적·진리함수적 연결물에 대한 개념,

---

* 제임스 그리핀James Griffin이 지적했듯 "'세계'가 '나의 경험의 세계'로 읽혀질 가능성은 없다. 그[비트겐슈타인]는 실재를 의도하고 말했다." James Griffin, *Wittgenstein's Logical Atomism* (Seattle: University of Washington paperbacks, 1964), p. 150.

그리고 유명한 '보여줌'의 교리이다.

지금까지는 단지 요소명제들에서 표현되는 의미 있는 과학적 논의들의 일부만 다루었다. 하지만 우리가 일상생활과 과학에서 다루는 대부분의 명제들은 비트겐슈타인에 따르면 요소명제가 아니라 복합명제, 분자명제이다. 이들은 요소명제들의 진리함수들로 분석될 수 있으며, 따라서 그 자신의 의미와 진릿값을 자신들의 원천인 요소명제들에 빚지고 있다. 특수한 경우의 분석을 구하는 것은 어려울 수 있다. 하지만 만일 문제가 되는 복합명제가 참으로 의미 있다면, 그러한 번역은 수행될 수 있다. 모든 의미 있는 언어들은 단일한 논리적 구조를 가진다.

'진리함수'와 '논리적 구조'라는 구절은 설명할 필요가 있다. 복합명제가 요소명제들의 진리함수로 분석될 수 있다고 말하는 것은 그것이 어떤 논리적 연결사를 수단으로 **구조적으로 연결된** 요소명제들의 집합으로 분석될 수 있다고 주장하는 것이다. 부정과 연언을 포함하는 논리적 연결사들은 그 자체로는 **비서술적**이다. 그것들은 차라리 명제들이 배열되는 구조적 연결물 같은 것이다. 논리적 연결사들 자체는 세계 속의 어느 것도 나타내지 않는다. 따라서 만일 우리가 p와 q라는 글자가 각각 요소명제들을 나타낸다고 가정한다면 "p and q"는 요소명제들(p, q)이 **연언**('and')이라는 진리함수적 연결사에 의해 결합된 복합명제를 나타낸다. 마찬가지로 "neither p nor q"는 그 요소명제의 요소들이 **부정**과 **연언**이라는 진리함수적 연결사에 의해 결합된 복합명제이다.

X

비트겐슈타인은 의미 있는 명제로 진술될 수 없는 것은 아예 언급될 수 없다고 반복해서 명확하게 주장했다. 하지만 그럼에도 불구하고 명제에서 말해질 수 없는 어떤 것들은 의미 있는 명제들 속에서 분명히 나타난다는 것을 인정했다. 즉 그것들은 스스로를 **드러내 보인다는** 것이다. 따라서 말해질 수 없는 것들 중 일부는 **보여질** 수 있다.

러셀, 엥겔만 그리고 다른 이들과의 편지에서 비트겐슈타인은 여러 차례 자신의 '보여줌의 교리'가《논고》의 핵심 주제라고 주장했다. 비트겐슈타인이 그 교리를 중요하다고 간주했다는 점에는 의문의 여지가 없다. 그럼에도, 이 교리는 책에서 충분한 주목을 받지 못한 측면이다. 그 까닭은 부분적으로는 비트겐슈타인 자신이 그 문제에 관해 별로 말하지 않았고, 그가 말한 것이 고도로 응축되고 암시적이었기 때문이다.

이 어려운 사유를 제대로 이해하기 위한 가장 훌륭한 시도를 한 것은 내 생각에 제임스 그리핀이다.[20] 그는 올바르게도 이 교리를 비트겐슈타인의 논리 이론과 프레게, 러셀의 논리학적 견해에 대한 그의 발전과 비판의 맥락 속에서 위치시켰다. 그리핀이 지적했듯, 비트겐슈타인의 교리는 부분적으로 프레게의《산술학의 원리Grundgesetze》에 담긴 개념의 정의에 관한 견해를 발전시킨 것이고, 부분적으로 러셀의 유형론에 대한 대응이며, 부분적으로 비트겐슈타인 자신의 논리학 명제의 독특한 성질에 관한 성찰의 결과이다. 따라서 이 이론을 이해하기 위한 **핵심적** 맥락을 제공하는 것은 논리학적 논의이다. 하지만 비트겐슈타인은 윤리학, 미학, 종교에 관한 자신의 견해를 전달하기 위해 이 개념을 논리학의 핵심 분야를 넘어 확장한다.

명제는 그림이라는 그의 견해를 정교화하면서 비트겐슈타인은 그림은 그 자신의 그림 형식을 묘사할 수 없다고 주장한다. 여기서 형식은 논리에 의해 드러나는데, 논리 상항 또는 구성formative 상항은 기술적이지 않기 때문이다. 그럼에도, 그림으로서의 명제는 그 논리적 구조를(그리고 그것이 모사하는 세계의 구조를) **드러내거나, 보여주거나, 나타낼** 수 있다. 이 교리의 중요성의 일부는, 만일 그것이 옳다면, 러셀의 유형론을 불가능하고 불필요한 것으로 만든다는 점이다. '사물', '속성', '사실', '유형' 같은 용어에 대해 말하려고 하면서, 러셀의 이론은 그 자신의 용어로도 할 수 없는 것을 시도하며, 비트겐슈타인의 어투를 빌리면, 말해질 수 없는 것을 말하려 하고 있다. 하지만 이것을 바로잡기 위해 유형론을 개정하는 것은 불필요하며, 말하는 것과 보여주는 것 사이의 구분을 통해 그러한 이론이 가능하더라도(사실은 불가능하지만), 불필요하다는 것을 이해하는 것이 필요하다고 믿었다. 비트겐슈타인은 기호의 의미를 명백히, 완전하게 안다는 것은 그것의 가능한 모든 조합을 아는 것이라고 생각했다. 즉, **우리는 그것의 적용 범위를 알게 될 것이며, 그래서 유형론은 불필요하게 될 것이다.** 왜냐하면 기호의 적용 범위를 안다는 것은 그 유형을 안다는 것이기 때문이다. 그리고 그것의 적용 범위를 안다면, 우리는 그것의 범위와 유형을 넘어 확장함으로써 논리적 역설을 일으키는 위험을 무릅쓰지 않을 것이다.

따라서 우리는 어떤 기호의 적용 가능한 범위가 무엇인지 진술하거나 말하려는 불가능한 시도를 할 필요가 없다. 그것은 기호체계가 완전하고 명백하게 이해된다면 기호체계 내에서 보여질 것이다. 그리고 이것이 바로 비트겐슈타인이《논고》에서 정확하게 확정적이며 완전한 정의에 대해 강조한 까닭이다.

이 개념은 비록 비전문적으로는 설명하기 어렵지만, 의심할 여지 없이 교묘하다. 《논고》에 대한 러셀 자신의 높은 평가는 대체로 책의 이 부분 때문이다. 비록 러셀 자신이 서문에서 비트겐슈타인에 대한 호의적인 평가를 요약하면서 해결책에 대한 그의 불신을 주의 깊게 기록하지만 말이다. "어떤 점에서도 명백히 잘못되지 않은 논리학 이론을 세우는 것은 예외적으로 어렵고 중요한 작업을 성취하는 것이다."(p. xxii)

1922년 5월 러셀이 서문을 완성했을 때, 비트겐슈타인의 논리 이론은 사실 명백히 잘못된 것은 아니었다. 하지만 1930년대 중반 무렵, 그의 기본 가정은(러셀의 여러 가정뿐만 아니라) 쿠르트 괴델과 알론조 처치Alonzo Church의 연구에 의해 완전히 약화되었다.[21] 《논고》 6.5에서 비트겐슈타인은 단호하게 선언했다. "수수께끼는 존재하지 않는다. 어떤 물음이 제기될 수 있다면, 답변 또한 **가능하다**." 1931년 출간된 괴델의 연구 결과는 덧셈, 곱셈, 소수素數를 포함하는 모든 산술체계가 **결정 불가능한** 진술들 또는 방정식들을 포함한다는 것을 보여준다. 예를 들어 정수 이론에 대한 어떤 증명 절차가 주어졌을 때, 괴델은 주어진 증명 절차에 의해 증명되지 않을 때 그리고 오직 그때에만 참이 되는 진술이 정수 이론에서 구성될 수 있다는 것을 보여주었다. 따라서 진술이 거짓이고 사용된 증명 절차를 신뢰할 수 없는 경우에 진술은 증명 가능하거나, 혹은 진술은 참이지만 증명 불가능하다. 하지만 이 경우 증명 절차는 **불완전하다**.[22] 괴델의 연구는, 알론조 처치와 클린S. C. Kleene의 추가 연구와 결합되어, 모든 **반증** 기술은 아무리 정교하더라도 일부 비타당한nonvalid 정리의 비타당성nonvalidity은 원칙적으로 발견할 수 없다는 부가적 결과를 생산하였다.[23] 수수께끼는 존재한다.

비트겐슈타인의 논리 이론은, 특히 말할 수 있는 것과 보일 수 있는 것 사이의 구별을 통해 유형론의 난점을 피하려는 그의 시도는 논리학자들에게 더 이상 진지하게 받아들여지지 않았으며, 어떤 경우에도 그것은 영향력이 없었다. 논리학에서 윤리학, 미학, 종교로 그의 보여줌의 교리를 확장한 부분은 단지《논고》의 여섯 쪽 분량으로 매우 짧았을 뿐 아니라 대체로 은유적이었다. 비록 그가 확장의 은유적 성격을 말하지 않았고 당연히 부인했지만 말이다. 따라서 그는 가치는 **논리와 마찬가지로** 세계에 스며들어 있으며, 말해질 수 있는 유의미한 명제들을 통해 전달되거나 보여진다고 암시했다. 반면 무엇인 가치 있는지 혹은 옳은지를 말하려는 시도는 무의미로 귀결된다고 지적했다.

엥겔만은, 비록 막연하고 성공적이지는 않지만, 비트겐슈타인이 전달하려고 시도한 종류의 사례로 좋은 자료를 우리에게 제공하였다. 1차 대전 중에 엥겔만은 그에게 요한 루트비히 울란트의 시〈에버하르트 백작의 산사나무〉라는 시를 보냈다. 엥겔만은 시에 대해 이렇게 평한다. "울란트의 문장 각각은 매우 단순하다. 독창적이진 않지만, 간결하면서도 교육적이다 (…) 하지만 시 전체는 28행 속에서 인생의 그림을 보여준다."[24] 울란트의 시는 다음과 같다.

바스락거리는 수염의 에버하르트 백작은
뷔르템베르크의 영지로부터
신성한 부름을 받고 떠났네
저 팔레스티나 지역으로.

천천히 말을 타고서
숲 속에 난 길을 따라가다가
백작은 산사나무 덤불에서
작고 생생한 초록색 가지를 꺾었네.

그러고는 자신의 쇠 투구에
그 작은 가지를 꽂았네
산사나무 가지를 지닌 채로 전쟁터를 누비고
드넓은 불모지를 건너기도 했지.

그리고 마침내 집으로 돌아왔을 때
그는 그 가지를 땅에 꽂았네
거기서 작은 잎들과 싹들이
부드러운 봄의 부름을 받아 돋아났네.

백작은 해마다 그곳을 찾았네
그는 너무나 용감하고 진실했네
그리고 아주 기뻐하며
가지가 자라는 걸 보았네.

백작은 나이 들어 지쳤고,
그 가지는 이제 나무가 되었네
그 나무 아래서 노인은 종종
앉은 채로 꿈꾸곤 했네.

높은 나뭇가지는 아치를 이루고

저 메마른 휘파람 소리는

백작의 과거를 떠오르게 하네

저 팔레스티나 지역을.

(1848년 알렉산더 플랫Alexander Platt 번역)

비트겐슈타인은 이렇게 답장했다. "울란트의 시는 정말로 대단하
다. 다음과 같은 식으로 말이다. 만일 당신이 말해질 수 없는 것을 말
하려고 시도하지 않는다면 **아무것도** 잃지 않는다. 그러나 그 말해질
수 없는 것은 ─ 말해질 수 없이 ─ 말해진 것에 **포함되어 있다!**"

XI

이러한 증거는 비트겐슈타인의 보여줌의 교리를 윤리학, 미학 및
종교에 적용하는 것을 보다 잘 이해할 수 있게 도와준다. 이 개념을
가장 잘, 어쩌면 적절하게 설명하는 유일한 방법은《논고》의 출간을
전후로 한 1920년대, 하 오스트리아의 초등학교 교사 시절 그의 삶에
있었던 사건 가운데 일부를 상세히 묘사하는 것이다. 다음 장에서 이
를 시도할 것이며, 이를 통해《논고》와 후기의《철학적 탐구》의 견해
사이의 간격을 메우고자 할 것이다.

3

가늠할 수 없는 인물

비트겐슈타인은 고행자였다. 그런 사람들은 미친 사람 취급을
받는다. 하지만 그들을 일반적인 잣대로 가늠해서는 안 된다.[1]
　　　　　　－오스카어 푹스 Oskar Fuchs, **트라텐바흐의 구두 수선공**

이 시대에는 신발을 만들고 사람을 재는 구두 수선공이 선생
이나 교사보다 도덕 원리를 적용할 때 개인들을 더 합리적으
로 다룬다.[2]
　　　　　　　　　　　　　　　　－오토 바이닝거

I

비트겐슈타인이 하 오스트리아의 초등학교에서 가르치며 보낸 6년 동안, "사람들은 그의 교리에 깜짝 놀랐다. 왜냐하면 그는 서기관처럼 가르치지 않고, 권위를 가진 사람으로서 그들을 가르쳤던 것이다."

위에 인용한 구절은 물론 신약성서에서 가져온 것이다(마태복음 7:29 — 옮긴이). 그리고 이 기간 동안의 비트겐슈타인의 삶을 그 핵심 주제가 복음서의 주제와 맥을 같이하는 도덕극의 틀 속에 끼워 맞추는 것이 가능할 것이다. 이러한 설명에 필요한 거의 모든 것들이 거기 있다. 사원에서 서기관들 가르치기, 부름받음, 유혹, 광야에서의 삶, 속세와 그 안락을 포기함, 일단의 제자들의 형성, 가난한 자, 온유한 자, 평화로운 자, 박해받는 자들을 돌봄, 어린이들에 대한 헌신, 기적을 일으킴, 병자의 치유. 그리고 또한 장로들의 적대감, 배반, 재판, 그리고 민중들의 거부까지.

그러나 우리는 이 시기의 사건들을 가지고 그러한 주형을 뜨기에는 그의 교사 생활에 관해 너무 적게 그리고 너무 많이 알고 있다. 게다가 러셀의 표현처럼 비록 비트겐슈타인이 '루시퍼의 자존심'을 가지고 있었지만, 그는 또한 그러한 비교가 도덕적으로 부당할 정도의 깊은 겸허함을 가지고 있었다. 아직도 사람들은 몇 가지를 마음에 새기고 있을 것이다. 첫째, 복음서가 증언하는 체험은 어떤 의미에서 원형적인 것이며, 따라서 상이한 방식으로 다양한 시기와 상황에서 반복될 수 있다 해도 신성모독이 되는 게 아니다. 둘째, 비트겐슈타인은 1915년 초 갈리치아에서 톨스토이의 요약복음서를 읽고는 압도되어 이후 수없이 반복해서 읽었다. 친구들의 증언에 따르면 비트겐슈타인은 그 책을 거의 암송할 정도였다. 끝으로, 산상수훈과 같은 것을 실천하는 것은, 톨스토이가 행한 것처럼, 뭔가를 말하는 게 아니라 보여주는 것이다. 1920년에서 1926년 사이 트라텐바흐, 푸흐베르크, 오테르탈에서의 그의 비범한 삶을 이해하려고 할 때, 비트겐슈타인이 의식적이건 무의식적이건 그리스도를 모방하고 있었을 가능성은 가볍게 일축할 수 없는 부분이다. 하지만 그것은 단지 가능성이며, 그것이 옳은지를 입증하거나 심지어 진지하게 검증하는 것조차 불가능하다. 따라서 단지 그것에 주목하고 나머지에 대해서는 침묵하면서, 사실들이 스스로 말하도록 허용하는 것이 비트겐슈타인의 철학 정신에 부합할 것이다.

아무리 적절하다 해도, 이 시기의 비트겐슈타인의 삶에 어떠한 패턴을 강요할 때 주의해야 할 다른 이유도 있다. 성행위 또는 성행위의 결여와 같은 그의 행동 측면은 사실 쉽게 어떠한 패턴으로 파악될 수 있고, 그것은 어쩌면 옳을 수도 있다. 하지만 전체로서의 6년을 그렇게 취급하는 것을 적절치 않다. 비록 비트겐슈타인이 마을에서 그리스도를 모방하는 듯한 시도를 한 경험이 있다 하더라도 그가 그 일만 한 것은 아니었다. 그가 그런 행동을 한 것은 동시에 《논고》와 그의 《노트들Notebooks》에서 묘사된 그 자신의 윤리적 입장에서 비롯된 행위였을 것이다. 그것은 그 자체로 중요한 실험이다. 하지만 상상만으로 확대해석을 하지 않는다면, 비트겐슈타인은 이 기간 중 단지 윤리적 행동과 실천적 철학을 하고자 했던 것이었다. 그는 이십대 시절 내내 자기 철학의 가장 기술적인 측면들을 개발하고 수정했다. 이 시기에 그가 철학을 포기했다가 갑자기 — 예컨대 네덜란드의 수학자 브라우어르L. E. J. Brouwer의 1928년 3월의 강의에 참석한 후 — 다시 철학에 복귀했다고 가정하는 사람들은 잘못 알고 있는 것이다.[3] 다시 한

번 말하지만, 비트겐슈타인은 이 6년 동안 단순히 남의 가르침을 전하는 사람이 아니라, 오스트리아 학교개혁 프로그램 속에서 활동한 **참여자**였다. 여기서도 그는 단순히 추종하지는 않았다. 그는 개인적인 방식으로 교육을 혁신하였고, 이것은 그의 전문적인 철학에 영향을 미치게 되었다. 이 모든 활동들은 함께 이루어졌고, 때로는 상호 간에 복잡하게 대립하였다.*

II

1934-35년에 구술된 비트겐슈타인의 《갈색 책*Brown Book*》과, 후기 사상의 핵심을 가장 완전한 진술로 표현한 《탐구》의 1부는 아이가 어떻게 언어를 습득하는지에 대한 성 아우구스티누스의 설명(이라고 비트겐슈타인이 생각한 것)을 비판한다. 그런데 이런 설명은 많은 철학자들의 저작에서도 확인된다. 1926년 비트겐슈타인은 초등학교 학생을 위한 '사전'을 출간한다.[4] 그리고 《쪽지*Zettel*》(412)에서 그는 불쑥 자문한다.

"나는 아동심리학을 하는 것일까?"

그렇다면 그가 1921년 트라텐바흐의 초등학교 학생들에게 다음과 같은 이야기를 해주었다는 사실을 들어도 놀랍지 않다.

---

* 비트겐슈타인이 학교개혁운동에 어느 정도로 참여했는지에 대해 그의 동료 교사들 사이에 일부 불일치가 있다. 루돌프 코더Rudolf Koder는 비트겐슈타인 참여했다는 것을 부정하는 반면, 노베르트 로스너Nobert Rosner와 프란츠 실러Franz Schiller는 그가 참여했다고 주장한다.

옛날 옛적에 어떤 실험이 있었다. 아직 말을 배우지 않은 두 작은 아이들을 말을 할 수 없는 여자와 함께 외딴 곳에 가두었다. 실험의 목적은 아이들이 원시 언어를 배우거나 그들만의 새로운 언어를 발명하느냐를 확인하는 것이었다. 그 실험은 실패로 끝났다.

비트겐슈타인은 아홉 살·열 살짜리 아이들에게 교사 생활 1년 차 때 이 이야기, 원래는 이것이 부분적으로 기억된 단편에 불과한 어떤 이야기를 이야기해주었다. 48년이 지나, 지금은 트라텐바흐의 농부가 된 학생 중 하나가 자신이 비트겐슈타인에게 배웠던 것 가운데 기억하고 있는 것이라며 자발적으로 내게 제공했다. 이 짧은 이야기 속에서 단순하게 예상할 수는 없지만, '후기 비트겐슈타인'을 사로잡은 언어 학습, 원시 언어 및 사적 언어에 관한 그의 중심적 관심사가 내포되어 있다. 일반적으로 후기 비트겐슈타인은 1930년대 초에 나타난 것으로 간주된다.

놀라운 것은 비트겐슈타인의 초등학교 교사로서의 6년이, 그의 사망 뒤 수십 년 동안 어둠에 싸여 있었다는 점이다. 이 기간 중 그는 어린이들과의 일상적 접촉을 지속하였고 이미 후기 철학을 지배하는 문제들을 고민하고 있었다. 철학자들은 이 시기를 진지하게 연구할 가치가 없는 것으로 치부하는 듯 보인다. 비트겐슈타인의 삶과 저작에 대한 설명은 보통 이 시기를 몇 문장 또는 한 문단 정도만 다루고 넘어간다. 심지어 정확한 날짜와 제대로 된 마을의 명칭과 장소도 제공되지 않는다. 기껏 제공되는 정보는 보통 노인키르헨의 학교 당국이 작성한 공식 보고서들에서 직접 혹은 이차로 인용한 것들이다. 이들 보고서는 비트겐슈타인이 해임된 후 그의 6촌인 경제학자 폰 하이에크가 문서로 요청한 것, 그리고 비트겐슈타인의 사망 이후 다른 이들이 문서로 요청한 데 대한 회신으로 학교 당국이 작성한 것이다. 비트겐슈타인에게 관심이 있는 사람들 사이에서 널리 회람된 이들 공식 보고서는 부주의하게 작성되었고, 대체로 해석되지 않은 때로는 잘못된 일화들로 이루어져 있었다. 한 영국 학자는 마을들을 방문하기도 했는데, 주민들에 따르면 그는 단지 공무원들과 교사들, 그리고 비트겐슈타인의 옛 제자 가운데 그의 편지를 가지고 있는 것으로 알려진 한 명(현재는 사망함)만을 만났다는 것이다.* 엥겔만은 이 시기의 비트겐슈타인에 대해 논의하려고 계획했지만, 회상록의 이 부분을 쓰기 전에 사망했고,[5] 이 문제에 대해서는 단지 매우 일반적인 두 개의 회고적인 문단을 썼을 뿐이다. 다른 이들은 비트겐슈타인의 교사 시절을 매우 경시하면서, 마치 그 시기가 가장 설명하기 힘든 괴짜 같은 행위였다는 듯이 급하게 당혹감 속에서 지나가버린다. 따라서 그의 사상을 해설한 한 미국 학자는 이렇게 썼다.

논리학과 철학에 대해 거의 아무것도 모른 채 두 영역에 현저히 짧은 기간 내에 중대한 기여를 한 천재로 인정받는 사람, 모든 지적인 학문 가운데 가장 정교한 분야에서 밝은 미래가 보장된 사람 – 이런 사람이 그 모든 것에 등을 돌리고 오지 마을에서 어린이들을 가르치는 변변치 않은 일에 헌신했던 것이다.[6]

---

* 이 글을 쓴 후, 이 마을들은 철학자들에게 훨씬 잘 알려졌다. 1977년 이후 그곳은 오스트리아의 루트비히 비트겐슈타인 협회가 주관하는 연례 국제철학자대회의 개최지가 되었다. 그리고 비트겐슈타인 문헌 센터가 키르히베르크 암 벡셀에 설립되었다.

비트겐슈타인의 교사 체험이 등한시되는 상황을 우리가 아무리 설명해보려 한들, 비트겐슈타인 본인은 학계에서의 출세에 대해 관심을 가진 적이 없었다. 교사가 되려는 그의 결심은 1차 대전 직후 비트겐슈타인 가문의 활동과 긴밀히 관련되어 있다. 오늘날 오스트리아로 알려진 지역의 경제적 황폐에 직면하여, 비트겐슈타인 가문은 즉시 광범위한 사회사업에 개입했다. 그의 가문은 공공 봉사에 관한 오랜 전통을 가지고 있었고, 대부분의 구성원들이 그 일을 문자 그대로 의무로 간주했다. 다뉴브 군주국의 철강 산업을 일으키면서(그 대부분은 보헤미아에 위치한다. 그리하여 1918년 이후 신생국 체코슬로바키아 영토가 된다) 카를 비트겐슈타인은 자국에서 미국의 앤드루 카네기에 비교되거나 독일의 크루프 가문과 유사한 위치에 올라섰다. 사실 카네기, 크루프, 슈바프Schwab 가문과 비트겐슈타인 가문은 1차 대전 이전에는 서로 손님으로 초대하던 사이였다. 전쟁 전 시절에 비트겐슈타인 가문은 예술계의 두드러진 후원자였다. 구스타프 말러, 브루노 발터, 요하네스 브람스, 클라라 슈만이 비트겐슈타인 궁전을 드나들었다. 요제프 요아힘과 그의 사중주단은 비트겐슈타인 궁전의 큰 살롱에서 종종 연주하였다.[7] 카를 비트겐슈타인은 또한 1890년대에 현역에서 은퇴한 후 열정적으로 시각예술과 조형예술에 헌신했다. 그는 빈의 커다란 전시관인 분리파 회관을 지었고, 여러 중요한 현대 미술가들을 후원했다. 1914년 아버지가 사망한 후 1년에 걸쳐 비트겐슈타인은 시인과 작가 들을 돕기 위해 10만 크로네의 기부금을 루트비히 폰 피커에게 전달한 것으로 유명하다. 그는 피커에게 그것이 자신의 계급의 관습에 따른 것이라고 설명했다.[8]

하지만 종전 직후 시절 카를 비트겐슈타인의 자녀들은 예술보다는 사회복지에 더 주목하였다. 허버트 후버Herbert Hoover는 마르가레테 스톤버러를 미국 식량구호위원회의 오스트리아 지역 대리인으로 임명하였다. 그녀는 이 역할을 통해 빈의 사회주의자들과 다른 정치지도자들과 긴밀한 접촉을 하였고, 이 가운데는 특히 학교개혁운동의 행정책임자인 오토 글뢰켈이 있었다. 그는 농민들의 교육과 재교육을 통해 직접적으로 지방의 경제 재개발에 관여했다. 비트겐슈타인의 만누이인 미닝은 빈의 빈곤층 소년들을 위한 주간학교를 그린칭에 개설했고, 나중에는 비트겐슈타인과 그의 시골 학생들을 도왔다. 이러한 맥락에서 비트겐슈타인이 초등학교 교사가 되려 한 결심은, 나중에 어떤 철학적 중요성을 획득했는지와는 별개로, 결코 괴팍한 것이라고 할 수는 없다.

어쨌든 그는 1920년 9월 빈에서 오스트리아 시골 지역으로 쏟아진, 새로 교육을 받고 종종 뛰어난 재능을 보이는 수백 명의 젊은 교사들 가운데 한 명일 뿐이었다. 그들 중 다수는 비트겐슈타인과 마찬가지로 퇴역 군인이었다. 1920년대 학교개혁운동에 뛰어든 여러 유능한 오스트리아 청년들 가운데에는 루트비히 에리크 테자어Ludwig Erik Tesar와 최소한 두 명의 철학자, 즉 칼 포퍼와 에드가어 칠젤Edgar Zilsel이 있었다. 테자어는 오스카어 코코슈카, 아돌프 로스, 라이너 마리아 릴케, 게오르크 트라클과 함께 비트겐슈타인이 전쟁 전 피커에게 준 기부금을 받은 바 있었다. 포퍼와 칠젤은 나중에 빈학파의 구성원들을 지배했던 문제들과 긴밀하게 관련된다. 그 자신의 선언에서도 드러나듯 빈학파는 그 자체가 학교개혁운동의 목표와 연관된다.[9]

III

오스트리아의 학교개혁운동은 무엇이었나? 어떻게 왜 일어나게 되었나? 그것이 대표하는 것은 무엇인가?

전쟁 전, 독일과 오스트리아의 학교 체제의 불만족스러운 특징이 일부 가장 탁월한 독일어권 예술가들과 작가들에 의해 극적으로 전해진다. 억압적이고 비생산적인 학교 체제에 대한 항의라는 주제와 분위기를 떠올리려면 로베르트 무질의 《생도 퇴를레스의 혼란*Young Törless*》, 헤르만 헤세의 〈수레바퀴 밑에서〉, 또는 영화 〈제복의 처녀〉를 생각해보기만 하면 된다.

그럼에도, 합스부르크 제국의 오스트리아인은 유럽에서 가장 진보적인 학교 체제를 향유했다. 물론 영국을 포함한 일부 다른 유럽 국가들의 체제와 비교할 때에만 진보적이라는 얘기다. 그 자체로 그것은 전혀 계몽된 사상의 패러다임이 아니었다. 대체로 로마 가톨릭교회의 영향 아래서 훈육은 권위주의적이었고 엄격했다. 황실 고문인 로텐한Rottenhan 백작이 그 목표를 정한 것처럼, 하급학교의 목적은 "인민들 가운데에서 철저하게 경건하고, 착하며, **온순하고**, 부지런한 노동계급의 남성들을 만드는 것"이었다. 1805년 황제가 선포한 일반학교 법령은 결정적인 것이었다. 그것은 이렇게 선포했다. "훈육의 방법은 먼저 최우선적으로 암기의 훈련에 힘써야 한다. 하지만 그다음에는, 환경의 압력에 따라 지성과 심성에 힘써야 한다. **보통학교는 '수업 방법 지침'에 정확하게 규정된 것 외에 어떠한 설명도 엄격하게 제한할 것이다.**"[10]

이러한 접근 방식의 배후에는 편의주의 외에는 어떠한 교육철학도 없다고 생각될 수 있다. 사실 그것은 '연합주의associationism'라고 알려진 철학적 심리학으로 철저하게 치장되어 있었다. 연합주의는 초기 비트겐슈타인의 철학과 약간의 피상적 유사점을 가진다. 오스트리아에서 개발되고 제시된 연합주의는 주로 요한 프리드리히 헤르바르트 Johan Friedrich Herbart가 심화시킨 관점에서 비롯된다. 1848년 혁명 이후 그의 추종자들이 오스트리아의 철학계를 장악했다.[11] 이 관점은 미묘하고 정교한 형태를 취하지만, 거칠게 말해서 인간의 정신은 중립적이고 수동적이며, 관념을 산출하는 내적 기능이 결여된 것으로 간주한다. 인간 정신이 수동적인 창고와 같다는 관념은 합스부르크 교육가들의 보수적인 사회적 목표에 기막히게 맞아떨어졌다. 그들에게 교육이란 기계적인 암기 연습과 연상을 통해 학생들의 삶을 지배할 관념들을 주입시키는 것이었다. 헤르바르트는 교사가 결코 학생과 활발한 토론을 해서는 안 된다고 주장했다. 그는 《교육 원칙 개요 Outlines of Educational Doctrine》에서 이렇게 설명했다. "성급한 학생이 교사에게 논쟁을 걸어오는 경우가 있을 수 있다. 교사는 그러한 도전을 받아주기보다는, 처음에는 조용히 꾸짖고, 말없이 바라보면서, 지칠 때까지 기다리면, 그것으로 충분하다는 것을 알게 될 것이다."[12]

그러한 원칙과 이를 실행하는 학교 체제에 맞서, 오토 글뢰켈과 그의 개혁 추종자들은 — 이전에 정치권력을 거의 누리지 못한 오랜 학교개혁 전통에 의지하여 — 합스부르크의 낡은 '훈련학교'는 '근로학교Arbeitschule'라는 이름의 새로운 종류의 교육 제도로 바뀌어야 한다고 주장하면서 격렬히 공격했다. 이 학교에서 학생들은 **적극적으로** 수업에 참여하게 된다. '일Arbeit'이라는 단어는 부분적으로 새로운 공작과 공예를 지칭하는 것으로 중산층 어린이들이 육체노동의 실제 어려움과 기술에 약간이나마 익숙해지도록 하기 위해 교과과정에 도입된 것이다. 그러나 보다 중요한 것은, 그것이 독일어 문구 'sich etwas erarbeiten'의 문맥 속에서 수업에 대한 적극적인 참여를 가리킨다는 점이었다. 더 이상 단순히 수동적인 암기 학습 및 훈련학교의 정보들의 저장을 목표로 하지 않고, 역량의 개발을 목표로 하는 것이다. 독일어에서 'sich etwas erarbeiten'은 스스로 과제를 수행하고 문제를 해결함으로써 지식을 획득하는 것을 말한다. 이제 요구되는 것은 잡역과 반대되는, 학생들의 보다 독립적이고 독창적인 사고와 행동이다. 이것은 헤르바르트가 학생들이 감히 교육에 적극 참여하려고 할 때 시작된다고 생각했던 것이다.

대부분 사회주의자(사회민주당원)였던 학교개혁운동가들은 새 공화국의 장래 농민과 노동계급을 권위주의적인 학습 태도로부터 자유롭게 하고, 그저 수동적으로 국가의 법령과 교회의 권위를 수용하기보다 능동적으로 쟁점들을 비교 분석하고, 스스로 결정할 수 있는 민주 시민으로 참여하도록 하려면, 이러한 방향 전환이 정치적으로 필수적이라고 보았다.

프로그램은 훌륭한 것으로 보였고, 실제로 놀랍게 효과가 있었다. 전 세계 교육자들의 시선이 집중되었다. 하지만 1차 대전 이후 독일과 오스트리아에 지배적이던 반봉건적 사회에서 — 빈과 그라츠 같은 산업도시의 바깥 — 그러한 접근은 교육개혁 프로그램이 아니라, 반대와 혁명을 위한 프로그램으로 보였다. 비트겐슈타인 자신은 전혀 개혁 프로그램을 열광적으로 지지하지는 않았다. 비록 그와 그의 가족들은 글뢰켈을 잘 알고 지냈지만, 비트겐슈타인은 종종 개혁 프로그램의 보다 통속적인 슬로건과 계획들을 조롱했다. 하지만 하 오스트리아에서 비트겐슈타인 자신의 경험보다 학교개혁의 위험과 잠재력 모두를 정치적 측면에서 더 잘 보여주는 사례는 없었다. 대부분의 마을 주민들은 그와 그의 새 교육 방법을 자신들의 삶의 방식을 심각하게 위협하는 것으로 간주하게 되었다.

비트겐슈타인의 경험은 이러한 반작용의 대표적이면서도 결코 단발적이지 않은 사례이다. 1920년대 후반과 1930년대 초반에 일어났던 학교개혁운동에 대한 적대적인 반응으로 볼 때, 심지어 흔해빠진 학교개혁운동가들조차 오스트리아 농촌 지역에서 개혁을 실행하려할 때 그러한 반응을 불러일으킬 수 있었던 것으로 보인다. 결국 농민 세력은 전국에 걸쳐 글뢰켈에게 반격을 가한다. 먼저 개혁은 빈 지역으로 제한되었고, 다음으로 1934년 돌푸스(농촌 지역에서 주요 지지를 받았던)의 독재 이후 전면 폐지된다.

아이러니컬하게 카를 비트겐슈타인은 오스트리아 농민들의 그러한 반응을 예상했을지도 모른다. 이미 1898년에, 산업노동자 및 농민에 대한 교육의 중요성을 말하면서 그는 이렇게 썼다. "스스로 아무것도 못 배웠고 자기 아들에게도 아무것도 가르치지 않는, 교육받지 못한 농민이야말로 (⋯) 반은 의식적으로 그리고 반은 무의식적으로 모든 진보를 가로막는 출발점이자 그러한 모든 노력의 최대 지지자다."[13] 카를 비트겐슈타인은 당시 겨우 아홉 살이던 그의 아들 루트비히가 훗날 아버지와 같은 비판적인 견해가 아니라, 톨스토이의 고귀한 농노에 대한 낭만적인 그림을 마음에 품고 농촌 지역으로 가서 농민들을 교육시킬 거라고는 상상도 하지 못했을 것이다.

Ⅳ

기대가 없는 사람은 실망하는 법이 없다. 그리고 의심할 여지 없이 트라텐바흐에서의 1년은 비트겐슈타인에게 쓰라린 실망을 안겨주었다.

비록 산지 마을이었지만, 트라텐바흐는 오스트리아의 매력적이거나 예쁜 마을과는 거리가 멀다. 해발 760미터에 위치해 있으며 1500미터가 넘는 가파른 산지 사이에 둘러싸여, 북쪽으로는 작은 시내가 흐르고 남쪽으로는 훨씬 높은 산들이 있는 그곳은, 지금은 음울한 건물들이 있는 지저분하고 세련되지 못한 마을이다. 비트겐슈타인이 살던 시절에는 지금보다 더 음울했을 것이 틀림없다. 기후는 가혹하고 가파른 산악 지역이라서, 동서로 긴 트라텐바흐의 지형과 태양의 경로가 일치하는 날들을 제외하면 일조량이 제한적이다.

하지만 이곳에 대한 비트겐슈타인의 첫 반응은 열광적이었다. 도착한 지 일주일도 안 돼 당시 베이징에 체류 중이던 러셀에게 쓴 편지에서 이렇게 전했다. "얼마 전까지만 해도 저는 **끔찍하게 우울했었고**, 사는 데 지쳐 있었습니다. 하지만 지금은 다소나마 희망적입니다."[14] 3주 후에 비트겐슈타인이 엥겔만에게 쓴 편지는 그의 기준으로 보아 꽤 열광적이었다. "나는 트라텐바흐라는 아름다운 작은 둥지에서 일합니다. (…) 나는 학교 일에 만족하고 있습니다. 나는 이 일이 몹시 필요합니다. 그렇지 않으면 내 안의 모든 악마들이 뛰쳐나올 것입니다."[15]

비트겐슈타인이 트라텐바흐에서의 첫해 동안 보여주었던 방향 전환은, 그가 이 마을에 발을 담기 몇 해 전에 쓴《논고》의 몇 구절을 상기시킨다. 그는 이렇게 쓴 바 있다.

윤리학과 미학은 하나이며 동일하다. (…)

만일 선하게 의지함 또는 악하게 의지함으로써 세계를 변경시킨다면, 그
것은 오직 세계의 한계들을 바꿀 수 있을 뿐 사실들을 바꿀 수는 없다 ―
언어라는 수단으로 표현될 수 있는 것을 바꿀 수는 없다.

간단히 말해, 세계는 그로 인해 완전히 다른 세계가 되어야 한다. 세계는
이를테면 전체적으로 차거나 이지러지거나 해야 한다.

행복한 사람의 세계는 불행한 사람의 세계와는 다른 것이다.[16]

트라텐바흐나 거기 주민들이 비트겐슈타인의 첫해에 어떤 중요한
변화를 겪었을 가능성, 즉 사실들이 바뀌었을 가능성은 거의 없다. 하
지만 마을에서의 2년 차가 시작될 무렵, 비트겐슈타인은 심각하게 불
행해져서, 그의 '아름다운 작은 둥지'를 혐오하게 되었다. 러셀에게
편지를 보낸 지 정확히 1년 후에 그는 이번에는 영국으로 돌아온 러셀
에게 다시 편지를 썼다. "아직도 트라텐바흐에 있으며, 변함없이 야비
함과 혐오감 속에 둘러싸여 있습니다. 인간이 평균적으로 어느 곳이
든 무가치하다는 것을 알고 있지만, 여기 사람들은 다른 어느 곳보다
훨씬 더 아무짝에도 쓸모없고 무책임합니다. 저는 아마 올해는 트라
텐바흐에 계속 머물 것입니다만, 그 이상 있지는 않을 겁니다. 왜냐하
면 다른 교사들과도 사이가 좋지 않기 때문입니다(아마도 다른 곳에 간
다고 더 좋아질 것 같지도 않지만)."[17]

러셀은 모든 사람이 사악하다는 것에 반대하고, 트라텐바흐 사람이
라고 더 나쁜 건 아니라고 말했다.[18] 비트겐슈타인은 분명히 이 문제에
관한 자신의 생각을 언어로 표현하는 데 어떤 어려움을 겪었던 것 같
다. 그는 러셀의 말을 인정하면서 이렇게 썼다. "선생님 말이 맞습니

다. 트라텐바흐 사람들이 다른 사람들보다 특별히 더 나쁜 것은 아닙니다. 하지만 트라텐바흐는 오스트리아에서 특히 하찮은 동네이고, **오스트리아인들은** 전쟁 후에 너무 비참하게 바닥으로 떨어져서 그에 대해 말하는 건 너무나도 암울합니다."[*]

비트겐슈타인의 세계는 명백히 전체적으로 이지러졌다. 그리고 트라텐바흐 사람들과 도덕적 접촉의 과정 속에서 더욱 이지러졌다. 그의 의지가 그들에게 — 그리고 그들의 의지가 그에게 — 행사되는 가운데, 그의 세계는 바뀌고 말았다.

러셀은 비트겐슈타인의 열정적이고, 강렬하며, 지배적인 순수성을 묘사한 반면, 레너드 울프는 비트겐슈타인의 공격적이고 잔인한 성향을 언급했다. 러셀과 울프는 그러한 성향을 구별하여 평가할 수 있었다. 자신의 자녀, 손주, 조카 들이 비트겐슈타인에게 배우고 있던 트라텐바흐의 마을 사람들에게 정직함과 잔인함은 종종 같은 것으로 귀결되었다. 무자비하고 열정적인 정직성은, 특히 그것을 원치 않는 사람에게는, 잔인하게 가학적일 수 있다.

바이닝거는, 천재란 거짓말을 하는 것이 고문을 받는 것처럼 힘들다고 쓴 바 있다. 트라텐바흐와 오테르탈에서, 비트겐슈타인은 가능한 한 다른 어른들을 피하게 되었다. 하지만 그들과 마주쳤을 때 그는 거짓말을 하지 않았고, 사람들은 그 때문에 그를 미워하였다. 하지만 많은 어린이들은 비트겐슈타인을 아주 좋아했다. 그리고 그들은 서로서로 가르쳤다.

---

[*] Russell, 《러셀 자서전》, vol. II, pp. 169-170. 러셀은 비트겐슈타인의 실제 답장을 못본 척한다. 심지어 자기 책에 인쇄되어 있음에도 말이다. 그러고는 편지 내용을 엉뚱하게 상상한다. 139쪽과 169-170쪽을 비교해보라. 러셀의 책에는 비트겐슈타인과 관련하여 사실과 다른 언급들이 많이 발견된다.

V

러셀이 그들의 '사악함'을 방어해주어야 했던, 저 '아무짝에도 쓸모 없고 무책임'한 트라텐바흐 사람들은 도대체 어떤 종류의 사람들일까? 그리고 그들은 어떻게 그토록 심하게 비트겐슈타인의 마음을 상하게 했을까?

비트겐슈타인이 E. M. 포스터가 《하워즈 엔드*Howards End*》에서 아주 가난한 사람들에 대해 쓴 아이러니컬한 논평을 읽었을 것 같지는 않다. 그들은 "생각할 가치가 없고, 통계학자나 시인들만 그들에게 다가간다." 그가 이 글을 읽었다면 분명 이것을 즉시 부정했을 것이다. 비록 아이러니에 대해서는 부정하지 않았을지도 모르지만 말이다. 비트겐슈타인은 농민의 소박함과 정직함이라는 순진하고 낭만적인 관념을 가지고 하 오스트리아의 농촌 지역으로 들어갔다. 이러한 관념은 일부 새 오스트리아 공화국의 민주적 슬로건에서 비롯됐고, 일부는 학교개혁 프로그램에서 나왔으며, 일부는 전쟁 기간 중 그 자신의 경험에서 비롯됐지만, 대부분은 '고귀한' 농민의 삶에 대한 톨스토이의 칭송을 읽은 것에서 기인한다. 농민의 미덕에 대한 비트겐슈타인의 기대는 도시 생활에 대한 환멸과 특히 그가 대중 언론에 오염되어 '제대로 교육받지 못한' 도시민이라고 불렀던 사람들에 대한 공공연한 경멸로 인해 더욱 강화되었다. 비트겐슈타인은 카를 크라우스와 마찬가지로 전후 기간 내내 이들을 통렬하게 비판하였다.

비트겐슈타인의 낭만주의를 과장할 필요는 없다. 하지만 만일 가난한 사람들이 비트겐슈타인 또는 포스터적 의미에서 생각할 가치가 없는 게 아니더라도, 적어도 가난한 사람들이 개인으로서는 정말로 별로 고려되지 않는다는 것은 진실로 남는다. 그들의 미래에 대한 책임감으로 충만했던 트라텐바흐의 첫해에, 비트겐슈타인은 톨스토이가 보여주지 못한 강도로써 중부 유럽의 가난한 농민들을 개별적으로 마주치고 그들에 대해 생각했다. 아마도 그를 가장 불쾌하게 만든 것은 그들이 완고할 정도로 톨스토이의 초상 비슷한 어떤 것과도 맞아떨어지지 않았다는 점이었을 것이다. 톨스토이는 《고백록Confession》에서 자신이 외국에서 돌아와 어떻게 농촌에 정착했으며 농민학교 일에 몰두했고, 그 속에서 자신이 도시의 "허위"라고 불렀던 것들과 마주치는 것을 피할 수 있었다고 적었다. 하지만 비트겐슈타인은 농민들 사이에서 허위와 조야한 죄악을 **마주쳤던** 것이다. 그는 가난한 사람들이 포스터가 말한 대로 실제로 "대부분의 부자들보다 열등하고 (…) 평균적인 부자들보다 무례할 뿐만 아니라, 무식하고, 병들었으며, 호감이 가지 않는다"는 것을 알게 되었다. 만일 비트겐슈타인의 시골 체류에 관해 많은 점이 불분명하다면, 그가 자신의 가문 사람들의 저 유명한 의지력을 가지고, 자신이 분명히 본 것(사실 아버지가 이미 언급했던)을 받아들이길 거부했다는 점 또한 매우 분명하다. 그리고 이들에 대한 그의 비난과 환멸에도 불구하고, 그는 상당한 에너지와 상상력을 '농부들을 진흙탕에서 구원하려는' 6년 동안의 절망적인 시도에 투입했다. 이 인용구는 그가 친구 및 동료 들에게 자신의 목적과 교육적 견해를 설명할 때 반복해서 사용했던 말이다.

결국 농민들을 개혁하려는 비트겐슈타인의 근원적인 노력은 ― 심지어 그가 세 마을에서 마주쳤던 수천 명에서조차 ― 비참한 실패로 끝났다. 그가 도우려고 했던 농민들은 그를 거부했을 뿐 아니라, 결국은 그를 마을에서 쫓아냈다. 다른 한편, 그의 노력은 그가 깨닫지 못한 방식으로 성공했을지도 모른다. 왜냐하면 비트겐슈타인은 그가 가르쳤던 농촌 어린이들에게 깊은 영향을 끼쳤고, 어린이들도 그에게 큰 영향을 끼쳤기 때문이다. 게다가 우리는 가난한 **어린이**들이 종종 또는 여러 방식으로 부유한 **어른**들보다 — 부유한 아이들이 아니라 — 우월하다고 주장하는 데 있어 포스터와 의견을 달리할 필요가 없다. 그의 생애에서 비트겐슈타인은 두 종류의 사람들만 가르쳤다. 그의 학생이자 케임브리지 동료였던 특권층 성인들과 오스트리아의 가난한 농촌 어린이들이 그들이다. 그의 후기 철학은 그가 어른들로부터 배운 것만큼이나, 어쩌면 그보다 더 많은 것을 어린이들부터도 배웠다는 것을 보여준다.

그가 트라텐바흐에게 직접 가르쳤던 삼사십 명의 아이들은 마을 인구의 아주 작은 일부였을 뿐이다. 1920년에 약 800여 명이 거기에 살았다. 농촌공동체인 이웃 마을 오테르탈을 비롯한 오스트리아의 많은 산간 마을과는 대조적으로 트라텐바흐의 구성원은 균질적이지 않았다. 약 200여 주민들이 일하는 목재 공장이 있었고, 잡화점과 구두 수선공 같은 전통적인 상공인들을 제외한 나머지 인구의 대부분은 농업에 종사하고 있었다.

통계자료를 통해 마을의 크기와 인구 구성에 관한 정보 외에도 생활이 비참했다는 사실을 확인할 수 있었다. 전쟁 직후 농장 및 공장 모두 상황이 좋지 않았다. 트라텐바흐 주민들은 영양결핍을 겪었고, 자신들의 처지를 비관했다. 처음엔 그들에게 민주주의란 독립이 아니라 분리를 의미했다. 마을 내에서는 노동자와 농민(그리고 그들의 자녀들) 사이에 일종의 계급 갈등이 이미 존재했다. 그 이유가 반드시 경제적인 것은 아니었다. 노동자들은 때로 농민들보다 여유가 있었지만, 농민들은 노동자들에게는 주어지지 않은 사회적 지위를 향유하였다. 트라텐바흐 주민들은 마을 내부의 어려움을 그들을 둘러싼 작은 산간 지역의 탓으로 돌리고는, 오래된 경제적 행정 단위로부터 떨어져 나오는 일을 진행했다. 1923년까지 트라텐바흐는 행정적으로 이웃 지역인 크라니히베르크와 오테르탈과 통합되어 있었다. 하지만 5년간의 논쟁 끝에 세 곳 가운데 가장 빈곤했던 트라텐바흐는 분리되었고, 그리하여 가장 빈곤한 마을로 남았다.

토박이 주민들 외에 소수 엘리트들이 트라텐바흐에 살며 영향력을 행사했다. 마을 신부는 교회의 권위와 영향력을 대표했고, 비트겐슈타인을 포함한 학교 교사들은 국가의 권위를 대표했다. 공장을 통해 외부의 경제적 이해관계도 대표되었다. 지금은 공장주 혹은 공장의 공동소유주로만 기억되는 마우트너Mautner 씨도 마을에 살았다(그 공장은 지금은 폐쇄되었다). 그는 유대인이었고, 토지와 하인들을 소유했다. 비트겐슈타인은 만나보고 싶다는 마우트너의 거듭된 초청을 단호히 거절했다. 마우트너는 이 이야기에 등장하지 않는다. 하지만 마을 신부와 교사들, 그리고 지역 유지들이 등장하여 중요한 역할을 맡는다.

후자 가운데 가장 중요한 인물은 빌헬름 쿤트Wilhelm Kundt였다. 그는 트라텐바흐 사람은 아니었고, 지역 장학사로 노인키르헨 지역의 학교생활을 재건하려는 시도에 중요한 인물로 등장한다. 노인키르헨은 비트겐슈타인이 1920~1926년에 가르쳤던 세 초등학교를 포함하는 하 오스트리아 농촌 지역의 광역 교육행정구역이었다. 쿤트를 통해 알 수 있었던 것은, 많은 농촌 지역과 달리 노인키르헨은 오스트리아 제1공화국의 시작부터 글뢰켈의 학교개혁이 실행되었던 구역이라는 사실이었다. 쿤트는 비트겐슈타인이 도착하기 1년 전인 1919년에 학교개혁 슬로건으로 가득 찬 노인키르헨에 와서 1933년까지 장학사로 있었다. 오스트리아의 교육 프로그램의 대격변기였던 1933년 빈 부근의 묄딩으로 발령받았고, 몇 개월 후 개혁 반대 세력에 의해 교체되었다. 쿤트는 자기 구역에서 글뢰켈의 프로그램을 매우 성공적으로 수행한 것으로 평가되었다. 오스트리아 전 농촌 지역에서 상황이 개혁운동에 강하게 반대되는 방향으로 바뀐 1929년까지, 카린티아 등에서 방문한 연구위원들은 쿤트가 자신의 관할구역에서 글뢰켈의 방침에 따른 교육개혁에 성공하고 있다는 놀라운 보고서들을 제출했다.[19] 쿤트가 비트겐슈타인을 노인키르헨으로 데려오는 데 관련되었는지는 알려지지 않았다. 하지만 그는 거의 6년간 비트겐슈타인을 지원하였고, 자기 구역에 머물도록 설득했으며, 주민들과의 관계를 부드럽게 만들려고 노력했다.

쿤트 또는 비트겐슈타인이 트라텐바흐에 도착하기 전에 이미 두 명의 다른 교사인 게오르크 베르거Georg Berger와 마르틴 셰를라이트너 Martin Scherleitner가 있었다. 그들은 1918년에 트라텐바흐로 발령을 받았다. 두 사람은 학교개혁 방침에 관한 공식적인 훈련을 받지 않았다. 하지만 열정적이고 지적인 셰를라이트너는 새로운 이념을 금세 따라잡았고 그중 일부를 강하게 지지하였다. 개혁은 불쌍할 정도로 둔했던 베르거에게는 아무런 의미도 없었던 것으로 보인다. 비트겐슈타인의 재직 기간 중 오갔던 다른 세 명의 교사들에 대해서는 언급할 필요가 없을 듯하다. 셰를라이트너조차 이 기간 중 줄곧 트라텐바흐에 있었던 것은 아니고, 오테르탈과 구역 내 다른 학교를 오고 갔다. 사실상 학교는 비트겐슈타인과 베르거가 이끌었고, 베르거는 일찍 교장이 되었다.

비트겐슈타인은 쿤트와 셰클라이트너와는 좋은 관계를 유지한 반면, 베르거와 트라텐바흐에 한 학기만 머물렀던 다른 교사에 대해서는 러셀에게 보내는 편지에서 불평을 했다.

트라텐바흐건 오테르탈이건 비트겐슈타인은 오직 교구 신부였던 알로이스 노이루러Alois Neururer와만 진정한 우정을 나누었다. 비트겐슈타인과 마찬가지로 완강한 낭만주의자였던 노이루러는 1917년에 트라텐바흐에 도착했다. 반항적인 혁신가에 '장발족 사회주의자'로 알려진 노이루러는 전통적인 종교적 위안을 제공하는 것보다는 신도들의 종교적·도덕적 자각을 불러일으키는 데 관심이 많았다. 주민 하나가 임종의 자리에서 교회의 종부성사를 거부하고 경멸을 표했을 때, 노이루러는 그에 대해 감탄을 표했다. 그의 미사집전이 도전을 받았을 때(그는 종종 라틴어가 아닌 독일어를 사용했고 회중을 바라보면서 미사를 집전했는데, 이는 제2차 바티칸 종교회의 이후에나 로마 가톨릭교회가 일반적으로 사용하도록 승인한 것이었다), 노이루러는 조용히 교구민에게 선언했다. 자신은 교황이 할 수 있는 무엇이든 할 수 있다고. 교단에서 노이루러는 마을 사람들을 무자비하게 비난하곤 했다. 아르비트 셰그렌이 비트겐슈타인을 정기적으로 방문했을 때, 둘은 즐거운 마음으로 교회에 가서 노이루러가 트라텐바흐 주민들을 호되게 꾸짖는 것을 들었다. 비록 둘 다 로마 가톨릭 신자가 아니었음에도.

1920년대 초 노이루러와 비트겐슈타인은 트라텐바흐 성인 공동체를 개혁하는 노력에서 서로를 동맹자로 여겼다. 둘은 비록 일부 면에서 유사한 성격을 가졌지만 중요한 측면에서 서로 달랐고 상호 보완적이었다. 비트겐슈타인은 가족 외의 다른 성인과 함께 있는 것을 불편해했다. 심지어 잘 아는 사람들과도 그랬다. 그의 군대 기록을 보면

'훌륭한 전우'라고 묘사하는 한편 그의 '수줍음'에 대해서도 언급하고 있다. 마찬가지로 트라텐바흐의 성인들은 그에게서 단지 거리를 두는 당혹감을 마주쳤을 뿐이고 이것은 퉁명스러움으로 여겨졌다. 비트겐슈타인은 학생들에 대해서만 애정과 부드러움을 표현할 수 있었다. 노이루러는 반대로 어린이들에 대해서는 영향력이 없었고, 성인 주민들에 대해서만 호된 질책뿐 아니라 애정 있는 이해를 보여줄 수 있었다. 따라서 가톨릭 신부는 교육, 심지어 종교적 지도에서도 비트겐슈타인의 의견을 좇았다. 반면 비트겐슈타인은 노이루러를 마을 주민들과의 일상적 교류에서 사실상 대리인으로 활용했다.

트라텐바흐에서 가장 유명했던 행동, 그의 '기적' — 마을 주민들 눈에는 기적으로 보였던 일 — 을 수행하기 위해 비트겐슈타인은 베르거와 노이루러의 중재를 요청해야 했다. 이것은 잘 알려진 이야기인 목재 공장의 증기 엔진이 멈추었을 때의 이야기를 말하는 것이다. 빈에서 불러들인 엔지니어들은 수리에 곤란을 겪자 어쩔 줄 몰라 기계를 해체해서 빈으로 보내서 수리하자고 제안했다. 공장 감독관과 노동자들은 크게 실망했다. 공장이 일시적으로 문을 닫아야 한다는 것을 의미하는 것이었기 때문이다. 비트겐슈타인은 베르거에게 부탁하여 현장 주임에게 자신이 기계를 검사해볼 수 있게 허락을 받아달라고 요청했다. 이 요구는 마지못해 받아들여졌고, 비트겐슈타인은 베르거와 함께 공장을 방문하여 기계를 이리저리 검사하고는 네 명의 근로자가 도와줄 것을 요청했다. 비트겐슈타인의 지시에 따라 근로자들은 기계를 리듬에 맞추어 두들겼다. 그랬더니 놀랍게도 기계가 다시 작동하기 시작했다. 비트겐슈타인은 사례금을 거절했는데, 계속 받으라는 요청을 못 이겨, 공장이 노이루러에게 모직 의류를 기부하여 마을 어린이들에게 나눠주도록 했다. 이 사건에서 주민들의 찬탄과 두려움을 동시에 일으킨 비트겐슈타인의 비범한 능력이 드러났다. 또한 거절당하는 일에 대한 강한 두려움도 엿볼 수 있다. 그는 현장 주임에게 직접 다가갈 용기가 없었고, 베르거가 대신 말해주어야 했다. 기증품을 나눠주는 것도 여러 차례 거절당했기 때문에 직접 할 엄두를 내지 못했다. 이 자선 행위는 다른 숱한 자선들과 마찬가지로 비트겐슈타인을 대리한 노이루러가 떠맡았던 것이다.

VI

한번은 마을 사람이 종교가 뭐냐고 묻자, 비트겐슈타인은 자신이 비록 기독교 신자는 아니지만 '복음전도자evangelist'라고 말한 적이 있다. 마을 사람은 당혹스러워했는데, 비트겐슈타인이 자신은 '개신교도Evangelical'는 아니라고 강조했기 때문이다. 비트겐슈타인이 말하려고 했던 바를 확실하게 확인할 수는 없지만, 그는 비록 자신의 일이 영혼의 구제와 복음서의 설교와 관계가 있지만, 그것이 꼭 기독교의 틀 속에 있을 필요는 없다는 얘기를 하고 싶었던 게 아닐까.

그가 공공연히 찬양했던 복음은 마을 사람들에게 그가 채택한 삶의 모습을 통해 보여졌다. 겉으로 나타난 그의 행동은 그들에게 다른 삶의 가능성을 깨닫도록 충격을 주기 위해 계산된 것으로 보인다. 즉 충격을 줘서 편견에서 벗어나도록, 그들을 혼란스럽고 당혹스럽게 만들어서 그들과 그 자녀들이 그가 말할 수는 없지만 보여줄 수 있는 것을 배울 수 있도록 말이다.

물론 그와 같은 배경을 가진 사람이 트라텐바흐 같은 마을에 나타났다는 사실이 처음에는 역설적이었다. 비트겐슈타인 자신도 이러한 상황을 알고 있었고, 적어도 처음에는 이를 즐겼던 것으로 보인다. 러셀에게 쓴 편지에서 그는 이것이 트라텐바흐의 교사가 베이징에 있는 철학 교수에게 편지를 쓴 최초의 사례일 것이라고 언급했던 것이다. 비트겐슈타인이 원하기만 했다면, 그는 아마도 트라텐바흐와는 다른 마을에 익명으로 갔을 수도 있었다. 그의 가문은 빈에서 그러한 일을 추진할 수 있는 충분한 영향력을 가지고 있었다. 하지만 그는 마을 사람들이 그가 누구인지 알 수 있도록, 최소한 그의 가문의 부와 영향력, 그의 교육 경력과 귀족적 배경, 그의 영국에서의 학문적 성취를 알 수 있도록 한 채 오지 마을에 갔던 것이다. 그는 학교 동료들과 몇몇 주민들에게 《논고》에 관해서 이야기했다. 책이 아직 출간되지 않았을 때이고, 비트겐슈타인은 〈명제〉라는 책이라고 언급하며 그들에게 "그 책의 한 글자도 이해할 수 없을 것"이라고 덧붙였다. 트라텐바흐에 도착한 지 얼마 안 돼, 비트겐슈타인은 핸젤의 방문을 받았다. 핸젤은 비트겐슈타인의 조각가 친구인 드로빌Michael Drobil과 비트겐슈타인의 가족사진사인 내어Moritz Nähr와 마찬가지로 두 달에 한 번씩 그를 보러 왔다. 여관에서 함께 점심을 하면서, 비트겐슈타인과 핸젤은 빈에서의 생활에 대해, 그곳에서 열심히 귀를 기울이고 있던 마을 사람들이 충분히 엿들을 수 있을 만큼 큰 소리로 이야기를 나눴다. 그가 핸젤에게 한 말 중 아직까지 기억되는 게 있다. "나는 언젠가 콘스탄틴이란 하인을 둔 적이 있다." 핸젤의 방문 중 언젠가 비트겐슈타인과 그는 교무실에서 불쌍한 게오르크 베르거를 몰아붙여 마을 사람들이 비트겐슈타인에 대해 뭐라고 하는지 얘기해보라고 요구했다. 베르거는 비트겐슈타인의 성깔을 두려워하면서 마지못해 이렇게 대답했다고 전한다. "마을 사람들은 당신을 부유한 귀족으로 여기고 있습니다." 비트겐슈타인은 이 대답에 만족스러워하면서 베르거에게 자신이 한때 부자였지만 '선행을 하기 위해' 모든 돈을 형제와 누이에게 나누어주었다고 말했다.

자신의 배경을 충분히 인지시킨 다음, 비트겐슈타인은 마을 사람들이 돈으로 살 수 있으리라 기대하는 것들에 대한 경멸 또는 최소한 무관심을 보여주는 일에 착수했다. 그는 과시하는 듯한 가난 속에서 생활했다. 노이루러 신부는 이미 장발과 남루한 옷차림으로 마을 주민들을 불편하게 했지만, 그래도 그는 집과 가정부(그의 누이)를 두고 생활한 반면, 비트겐슈타인은 작고 허술한 방에서 살았다. 처음에 그는 트라텐바흐의 여관 '갈색 사슴'의 옆 건물에 있는 방에 투숙했다. 하지만 도착한 지 얼마 되지 않은 어느 금요일 저녁, 비트겐슈타인은 아래층에서 들려오는 시끄럽고 취한 주민들의 노랫소리에 화가 나서 방을 뛰쳐나갔다. 그러고는 베르거에게 잠자리를 요청했다. 여관을 떠나서 얼마간 비트겐슈타인은 학교 식당에서 잠을 잤다. 훨씬 뒤에 그는 잡화점의 위층에 있는 작은 다락방으로 이사했다. 푸흐베르크와 오테르탈에서 그는 더 누추한 숙소에서 살았다.

옷차림에서도 비트겐슈타인은 교사의 전통 복장인 모자, 수트, 타이, 옷깃을 거부하고, 간소한 유니폼을 선호했다. 그는 옷깃을 풀어헤친 무늬 없는 깨끗한 셔츠와 회색 바지에, 따뜻한 계절에는 구두를, 겨울에는 부츠를 신었다. 추운 날씨에는 가죽 윈드재킷을 걸쳤지만, 트라텐바흐에서는 모자를 쓰지 않았다. 거의 항상 산책용 지팡이를 들고 다녔고 종종 낡은 서류 가방이나 공책을 지니고 혼자 산책하는 모습을 볼 수 있었다.

배고픈 마을 주민들에게 비트겐슈타인의 가재도구와 옷차림보다 강한 인상을 준 것은 그의 식생활이었다. 그는 트라트Traht 가족과 매일 오후 점심을 먹었는데, 트라트 가족은 그 지역에서 가장 가난한 집안이었다. 예외적으로 간소하고 경건한 농부들이라서 노이루러가 그에게 소개한 것이었다. 그들은 비트겐슈타인이 감정적 애착을 형성한 유일한 주민이었다. 매일 그는 30분 정도 마을 북쪽의 산길을 걸어서 점심을 먹으러 그들의 집으로 갔다. 비록 비트겐슈타인은 트라트 가족과 우정을 쌓을 정도의 의사소통은 거의 하지 못했지만, 그들의 종교적 경건함에 특히 깊은 인상을 받았다. 그들은 그가 1926년 노인키르헨을 떠난 이후에 접촉을 유지한 유일한 마을 주민이었다. 그는 영국에서 엽서를 보냈고, 1930년대에 두 번, 1933년에 마지막으로 몰래 트라텐바흐를 다녀갔다. 심하게 앓았던 트라트 부인을, 노이루러와 함께 문병하기 위해서였다.

비트겐슈타인이 이 가족에 강한 애착을 가졌을지는 몰라도, 그들이 대접했던 점심이 얼마나 빈약했을지는 상상도 하기 어려울 것이다. 자신들의 음식 역시 불충분했던 다른 마을 사람들이 트라트 가족을 가난하다고 경멸했을 정도였기 때문이다. 비트겐슈타인의 저녁 식사라고 더 나을 건 없었다. 저녁은 자기가 차린 코코아와 오트밀이었다. 때로 트라트네 집에서 우유를 가져왔고, 때로는 학생들이 가져다주었다. 성적이 좋은 학생들은 대부분 그와 때때로 저녁 식사를 함께했는데, 모두 똑같은 충격적인 이야기를 가지고 돌아왔다. 비트겐슈타인은 코코아와 오트밀, 그리고 다른 재료를 데우는 데 압력솥의 일종을 사용했다. 그는 솥을 설거지하지 않아서, 남은 것이 솥 안에 눌어붙었는데 점점 딱딱하게 굳고 두껍게 쌓여서 솥의 용량이 줄어줄었다. 나중에는 솥의 용량이 너무 작아져서 한 번에 오직 1인분의 코코아만 만들 수 있었다.

VII

물질적 가치에 대한 비트겐슈타인의 노골적인 무시는 트라텐바흐와 오테르탈 주민들을 불편하게 만들었다. 하지만 그들이 그토록 인내할 수 있었던 건, 어쨌든 그가 종교적인 은자일 뿐 아니라 괴짜 백만장자라는 걸 들었기 때문일지도 모른다. 그들은 노이루러를 1936년까지 인내했다. 그들에게 질투심을 일으켰을 뿐 아니라 경계심과 두려움까지 불러온 것은 아이들과 비트겐슈타인의 관계였다. 이미지와 실재, 또는 '인지부조화'가 여기에 극단적으로 관련되어 있음이 틀림없다. 그에 관한 열띤 입소문의 과정에서 주민들은 점차로 비트겐슈타인에 대해 항상 아이들을 무자비하게 때리는 믿을 수 없을 정도로 가혹한 교사의 상을 만들어갔다. 그럼에도, 그들은 아이들이 방과 후 집에 돌아오기보다 이 '괴물'과 기꺼이 하루 종일 보내고자 한다는 사실에 직면했다. 결국 주민들은 비트겐슈타인이 가학적으로 아이들을 때렸다는 것을 입증하기 위해 법원에 호소해야 했고, 이 시도는 실패로 돌아갔다.

오직 노이루러만 비트겐슈타인이 불러일으킨 경계심, 두려움, 질투심에 전적으로 무심한 것처럼 보였다. 그들은 사실 매우 잘 지냈다. 그들은 라틴어로 토론하고 편지를 교환했다고 전해진다. 그리고 비트

겐슈타인은 도스토옙스키의 《카라마조프의 형제들》을 반복해서 노이
루러에게 큰 소리로 읽어주었다.

하지만 무능하고 인기 없는 동료 교사였던 베르거는 아이들과 비트
겐슈타인의 성공에 주민들과 마찬가지로 위협을 느낀 나머지, 스스로
를 보호하기 위해 그 지방 풍습을 따라 주민들과 수다를 떨고 사교 생
활을 하는 데 상당한 시간을 할애했다. 그러면서 비트겐슈타인에 대
한 나쁜 감정을 조장하고 다녔다. 게다가 그는 오스트리아의 다른 교
사들이라면 할 필요가 없었을 행동까지 했다. 부유한 농민의 자녀들
을 편애하고 공장 노동자의 자녀들을 등한시하면서 다른 곳이 아닌
트라텐바흐에서의 입신출세를 노리기 시작했던 것이다. 비트겐슈타
인이 떠난 이후 그는 전임자가 취했던 조치들을 없앴고, 나중에는 여
전히 비트겐슈타인과의 마주침에 쫓기듯이 비트겐슈타인의 이름을
트라텐바흐 학교 기록에서 지워버렸다. 1934년 출간된 트라텐바흐
의 연감에는 다른 부분에서는 정확했던 역대 교사 목록에서 비트겐슈
타인의 이름이 빠진 것이 눈에 띈다.[20] 베르거는 비트겐슈타인의 사후
에 그의 명성을 들은 이후에야 자신의 옛 동료에 대한 친밀한 기억이
생겨났다.

VIII

트라텐바흐와 오테르탈 주민들이 비트겐슈타인에게 보인 격렬한
반응을 이해하려면, 그가 학생들을 대했던 몇몇 사례를 드는 것이 유
용할 것이다. 성인 주민들에게 비트겐슈타인이 거리를 두었다는 것은

우리가 알고 있다. 때때로 그는 공장의 증기 엔진을 수리하거나, 질병에 대해 처방을 하거나, 농부나 주부 들에게 장비 수리법을 알려주거나, 노이루러를 통해 가난한 주민들에게 신발을 보내주는 등의 일로 마을 사람들의 생활 속으로 내려왔다. 어린이들에게 그는 완전히 다른 사람이었다.

비트겐슈타인이 학생들에게 제공한 것들 중 일부는 가욋돈이 있는 교사라면 누구나 주었을 법한 유형의 것들이었다. 그는 자신 또는 미닝의 주머니에서 여분의 음식(특히 과일과 때로는 초콜릿)을 제공했다. 또한 정기적으로 학교 용품을 신청했지만 승인된 적은 거의 없었다. 그는 빈에서 자신의 현미경을 트라텐바흐로 가져왔고, 각 학교에서 학생들의 도움으로 작은 동물들의 뼈를 세심하게 조립하여 기초동물학과 자연학습 시간에 사용했다. 그가 푸흐베르크에서 조립한 고양이 골격은 아직도 거기에서 활용되고 있다. 그는 또한 아이들이 자기를 도와 증기기관 및 다른 기계 모형들을 만들도록 했다. 비트겐슈타인과 그의 학생들이 제작한 모형은 당시 다른 곳에서 만든 것들보다 뛰어났다고 전해진다. 하지만 이러한 활동 자체는 특별한 것은 아니었다. 이 기간에 대부분의 마을 교사들은 그러한 장비를 만들어달라는 요청을 받았다. 왜냐하면 학교 예산이 전문 장비를 살 정도가 못 되었기 때문이다.[*]

비트겐슈타인이 학생들을 데려갔던 글로그니츠의 인쇄 공장 및 빈으로의 견학도 같은 범주에 들어간다. 미닝과 비트겐슈타인이 모든

---

[*] 비트겐슈타인은 빈 사범대학교에서 알레크잔더 치네커Alexander Zinnecker와 함께 수공예Knabenhandarbeit를 공부했다. 그의 접근법에 대한 설명은 치네커의 *Knabenhandarbeit: Handbuck der deutschen Lehrerbildung* (Munich and Berlin: R. Olderbourg. 1931) 참조.

비용을 부담했지만 여윳돈이 있는 교사라면 누구나 같은 일을 했을 것이다. 이 시기에 바쁘게 비트겐슈타인에게 돈을 빌렸던 베르거(나중에 인플레이션으로 화폐가치가 떨어진 다음에 갚았다)는 이러한 소풍을 진행할 금전적 여유가 없었다. 하지만 이런 일들은 당시 오스트리아에서 일반적이었고, 특히 여행 경비가 쌌던 도시와 소도시에서 그랬다. 어떤 견학들은 개혁 프로그램에서 규정된 것이기도 했다.

비트겐슈타인은 의심할 여지 없이 학교개혁 프로그램이 있든 없든 이러한 체험학습을 했을 것이다. 그럼에도, 가장 많이 알려진 그의 공적, 종종 특이한 업적으로 간주되는 것들은 직접적으로 학교개혁의 지침과 일치했다. 실제로 비트겐슈타인은 정기적으로 쿤트에게 제출하도록 요구된 그의 계획과 학교 활동을, 개혁 방침을 참조하여 보고서에 기록했다.

학교개혁의 핵심 지침에 관계된 슬로건이 있었다. 그중 가장 중요한 두 개는 '자주적 행동'과 '통합 교육'이었다. 이러한 지침을 실행한 비트겐슈타인의 방식의 일부 취지는 그의 사전 편찬과 그가 이끈 학생들의 빈 견학에 관한 이야기로부터 명백해진다.

'자주적 행동'은 어린이들이 개혁 이전의 훈육 스타일로 교사에 의해 강제로 정보를 주입받는 대신 스스로 능동적으로 사물을 이해하도록 하는 것을 가리킨다. 1919년 이전에는 주입식 교육 방법론에 따라, 맞춤법과 문법이 구술되고, 칠판에 판서하고, 기계적으로 암기되었다. 개혁 이후 주입식 교육은 폐기되고, 어린이들이 맞춤법과 문법을 스스로 발견하도록 격려하는 시도로 바뀌었다. 먼저 어린이들은 특정한 맞춤법이나 문법에 신경 쓰지 않고 자유롭게 에세이를 쓴다. 그들이 글쓰기 표현에 숙달된 이후에야 글짓기를 교정하는 문법이 소개된다. 맞춤법을 교정하고 문법을 배우기 위해 학생들은 단어 목록을 모아야 했다. 1926년 학교 교재로 공식 승인된 비트겐슈타인의《초등학생용 사전*Wörterbuch für Volksschulen*》은 맞춤법과 문법을 자주적으로 학습하도록 도우려는 의도로 만들어졌다. 그는 학생들의 도움을 받아 1921년부터 사전을 편집하기 시작했다. 학생들은 각자 집에서 준비해서 자신의 에세이에 사용한 단어들을 포함하는 자신만의 사전을 엮는 과제를 받았다. 결과물로 나온 것은 판형 16×10㎝에 3부로 구성되었으며, 마분지로 표지를 만들고 튼튼하게 사철된 128쪽짜리 책자였다. 비트겐슈타인은 교정된 단어 목록 원부를 편집했다. 그것은 그의 학급에서 학생용 '사전'으로 쓸 수 있었다. 에세이를 더 쓰면서 맞춤법 또는 어떤 용법에 의문이 생기면, 학생들은 자신들이 제작에 참여한 사전에서 스스로 찾아볼 수 있었다.

그 자신의 사전을 출간하려는 결심을 설명하면서 비트겐슈타인은 당시 일반적으로 사용되던 사전들의 사례를 들면서, 맞춤법과 문법을 가르치는 데 얼마나 빈약한지를 매 페이지마다 보여주었다. 예를 들어 그 사전들은 아이들이 잘 알지 못할 뿐 아니라 사전을 다루기 어려운 도구로 보이게 만들 뿐인 쓸모없는 외국어들이 많았다. 또한 이러한 전통적 사전에서 용례들은 문어적이고 복잡해서 때때로 평균적 어린이들이 이해하기에는 너무 어려운 경향이 있었다. 비트겐슈타인의 사전은 자신의 학생들이 에세이에서 실제로 사용하는 단어들로만 이루어져 있었으며, **또한** 표준독일어뿐만 아니라 방언 단어들까지 소개한다는 점에서 구별되었다. 비트겐슈타인은 문법 용례를 가르치기 위해 방언을 소개하는 비정통적인 방식을 신중히 취했다. 독일어 방언을 사용하는 사람들은 종종 간접목적어 구문과 직접목적어 구문을 혼합해서 썼다. 따라서 두 경우의 차이를 충분히 납득시키기 위해 비트겐슈타인은 방언에서도 그 차이가 뚜렷하게 구별되는 단순한 사례들을 소개했다. 그의 방법론은 3인칭 대명사의 직접목적어와 간접목적어를 설명할 때 특히 분명했다.

ihm. "그에게", 간접목적어. 다음과 같이 설명함.
"방언에서는 'eam'. 예를 들어 'I hob *eam* g'sogt.'"
(비트겐슈타인이 여기서 제시하는 문장은 표준독일어 "Ich habe ihm gesagt(나는 그에게 말했다)"의 방언식 표현이다.)

ihn. "그를", 직접목적어. 다음과 같이 설명함.
"방언에서는 'n' 또는 'm'. 예를 들어 'I hob *m* g'sehn.'"
(비트겐슈타인이 여기서 제시하는 사례는 표준독일어 "Ich habe ihn gesehen(나는 그를 보았다)"의 방언식 표현이다.)

ihnen. "그들에게", 간접목적어. 비트겐슈타인은 비슷한 방식으로 설명한다.
"방언에서는 'eana'. 예를 들어 'I hob's *eana* g'sogt.'"
(이 사례는 표준독일어 "Ich habe es ihnen gesagt(나는 그들에게 말했다)"의 방언식 표현이다.)

이러한 설명은 단순하고 직접적이지만 독창적인 것이다. 방언의 사용에 반대하는 캠페인을 벌이는 대신 비트겐슈타인은 문법을 가르치기 위해 스스로 방언을 사용했던 것이다!
비트겐슈타인은 다른 차이, 예컨대 정관사 'das'와 접속사 'daβ'의 차이를 가르치기 위해 유사한 단계적 절차와 방언에서 가져온 예시를 사용했다.

비트겐슈타인은 비록 어려울 수도 있지만, 수학에서처럼 여기서도 어린이가 사물의 원리를 **흥미로운** 특수한 사례를 통해 배워야 한다고 주장했다. 아무리 다른 표준적인 사례들이 배우기 쉽다 하더라도, 어린이들이 사례의 이면에 있는 원칙들을 이해하고 응용하지 못한다면 사례들로 아이들을 혼란스럽게 만드는 것은 무의미한 일이었다. 그리하여 많은 교사들이 지금까지 생각했듯이 일반적인 것에서 예외적인 것으로 가기보다는, 예외적인 것에서 일반적인 것으로 갔다. 제네바 장자크 루소 연구소의 로베르트 도트렌스Robert Dottrens가 학교개혁운동에 관해 "국어와 글짓기의 교육에서처럼, 산수의 교육도 완전히 바뀌었다. (…) **연산의 의미는 기법을 익히는 과정에서 발견되었다**"[21]라고 썼을 때, 그는 비트겐슈타인이《쪽지》(412)에서 한 언급, 즉 자신은 "가르침의 개념과 의미의 개념 사이의 관련성을 드러내 보이고 있었다"는 언급의 핵심을 건드렸다.[22]

사전을 편집할 때 비트겐슈타인은 '자주적 행동'이라는 학교개혁 원칙만 실행한 것이 아니라 '통합교육'이라는 개혁 목표도 실행했다. 두 번째 슬로건은 긴밀하게 연결된 두 개의 목표를 가리킨다. 교사는 교육과정을 학생들의 현지 환경과 관습에 맞추도록 장려된다. 교사는 학습일 중에 언제, 어떻게 학생들이 한 주제에서 다른 주제로 넘어갈지, 그리고 어떻게 학생들이 한 주제를 다른 주제와 통합 또는 연결할지에 대해 재량권을 가진다. 예를 들면 읽기나 맞춤법 시간만 따로 그 자체로 분리하지 않는다. 비록 일반적인 목표는 제시되었지만, 아이들의 관심이 그날 수업을 어떻게 나눌지를 결정하도록 되어 있었다.

여기서 자주적 행동 이념의 설명에서처럼 모든 것이 '단위관념unit idea'으로 분할될 수 있고, 분할되어야 하며, 실제로 다른 주제들에 관한 교육은 엄격하게 구획되어야 한다는 것을 당연하게 간주한 전쟁 전의 연합주의적 교육 심리학에 대한 꽤나 명시적인 비판이 발견된다. 비트겐슈타인의 사전의 경우, 학생 자신이 용법의 애매성을 자각하도록 만든 자신의 사전을 편집하는 학생의 자주적 행동은 방언의 사용을 통해 현지 환경과 결합되었다.

교육부에 의해 승인받기에 앞서 비트겐슈타인의 사전은 검토와 비평을 위해 전문가이자 바이트호펜 안 데어 타야 지역 장학사인, 에두아르트 북스바움Eduard Buxbaum에게 보내졌다. 보고서에서 북스바움은 그러한 사전을 옹호하면서 학교개혁의 '작업 지침'에 호소했다. "작업 지침은 일반 초등학교 및 시립 초등학교의 상급 학년에서 사전의 활용을 가장 시사적인 문제로 만들었다."[23] 하지만 북스바움은 비트겐슈타인의 책에 있는, 특히 서문의 몇몇 오류를 인용했다. 그리고 또한 단어 선택이 한쪽으로 치우진 점에 대해서도 이의를 제기했다. 사전은 결점을 수정하고 나면 "어느 정도 유용한 교육 수단"이 될 것이라고 인정하면서, 북스바움은 그럼에도 불구하고 "현재의 형태로는 교육 당국에 추천할 정도의 가치가 있다고는 할 수 없다"고 판정했다.[24] 북스바움의 보고서는 사전의 출간을 금지하지는 않았지만, 비트겐슈타인의 서문은 삭제되었다.

우리는 학교개혁 프로그램의 다양한 지침들을 묶어내는 비트겐슈타인의 스타일을 보여주는 수많은 추가적인 일화와 사례를 인용할 수 있다. 앞서 언급한 빈으로의 견학은 적절한 마지막 사례를 제공한다. 이 짧은 여행에서 어린이들은 보통 이틀 밤을 빈에서 지냈는데, 미닝

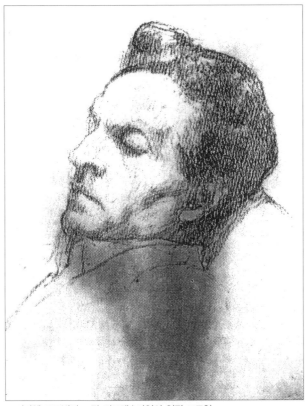

1 미카엘 드로빌이 그린 비트겐슈타인의 연필 드로잉.

2 1918년 6월 30일 군인 신분증에 있는 오스트리아군 장교 비트겐슈타인.

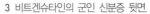
3 비트겐슈타인의 군인 신분증 뒷면.

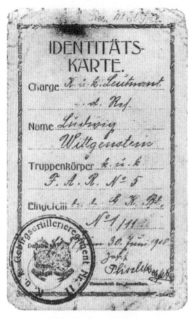

4 빈 알레가세에 있는 비트겐슈타인 궁전

5 비트겐슈타인이 서명한 이 문서는 그의 지휘관인 오스카어 귀르트Oskar Gürth가 1915년 10월 1일 자로 작성한 것이다. 이것은 비트겐슈타인이 받은 교육이 영국 대학 강사 자격이 있음을 증명하며, 진급 심사를 위한 신청 서류의 일부로 제출되었다.

6 1920년 여름, 호흐라이트에 있는 비트겐슈타인 가족의 여름 별장. 비트겐슈타인 기준에서 오른쪽
으로 누이 헬레네 잘처, 왼쪽으로 친구 아르비트 셰그렌. 셰그렌과 비트겐슈타인 건너편에 앉아
있는 것은 셰그렌의 형제와 헬레네 잘처의 딸이다. 테이블의 반대쪽 끝에는 화가인 해니시
Hänisch가 있다.

7 카를 비트겐슈타인.
  루트비히 비트겐슈타인의 아버지.

8 빈 프리드리히슈트라세 12번가 분리파 회관. 카를 비트겐슈타인이 후원했다.

9 누이 마르가레테 스톤버러를 위해 설계한 쿤트만가세 저택
안에서 테라스를 내다본 광경.

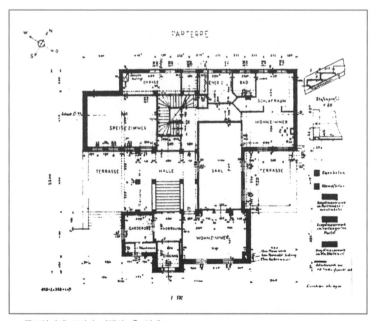

10 쿤트만가세 19번가 저택의 1층 설계도.

11 쿤트만가세 19번가 저택.

12 구스타프 클림트가 그린
마르가레테 스톤버러의 초상화.

13 1923년 봄. 푸흐베르크의 초등학생들과 비트겐슈타인.

Entlaſſungszeugnis.

*Gruber: Karl*_____, geboren am *9 Juni 1907*

zu *Trattenbach* in *N. Ö.*_____, *röm. kath.* Religion,

hat die allgemeine Volksſchule vom *1. Mai 1913* bis *9 Juni 1921*

und zuletzt die _____ Klaſſe der obenbezeichneten Schule beſucht und am

Schluſſe des ſchulpflichtigen Alters nachſtehende Noten erhalten:

     Betragen : *lobenswert*

     Fleiß : *ausdauernd*

Lehrgegenſtände	Fortgang	Unterſchriften
Religion	*sehr gut*	*Karl Neumann*
Leſen	*sehr gut*	
Schreiben	*sehr gut*	
Unterrichtsſprache	*sehr gut*	
Rechnen in Verbindung mit geometriſcher Formenlehre	*sehr gut*	
Naturgeſchichte und Naturlehre . . .	*sehr gut*	*Christian Kauninger*
Geographie und Geſchichte		
Zeichnen	*sehr gut*	
Geſang	*sehr gut*	
Turnen	*sehr gut*	
Weibliche Handarbeiten		
Äußere Form der ſchriftlichen Arbeiten	*gefällig*	.

    Da dieſe Schüler den Anforderungen des Reichsvolksſchulgeſetzes

entſprochen hat, ſo wird derſelbe demnach *laut § 21 R.V.J.*

aus der Schule entlaſſen.

Trattenbach, am *9 Juni* 19*21*

                                 Ludwig Wittgenstein

Leiter der Schule.   Klaſſenlehrer.

14 비트겐슈타인이 트라텐바흐에서 가장 아끼는 제자였던 카를 그루버의 통지표.

15 비트겐슈타인의 초등학교 제자였던 카를 그루버와 요
한 샤이벤바우어. 1969년 여름 트라텐바흐, 비트겐슈타
인이 한때 살았던 잡화점 앞에서.

16 트라텐바흐의 농부 트라트. 트라트 가족
은 비트겐슈타인이 트라텐바흐에서 지
내는 동안 그에게 점심을 제공했다.

17 보트에 탄 비트겐슈타인 노르웨이 송네피오르 스키올덴에 있는 우두막 근처.

18 케임브리지로 돌아온 뒤인 1930년대의
비트겐슈타인

19 1930년대 후반 케임브리지에서의
비트겐슈타인

20 데이비드 레빈David Levine
이 그린 비트겐슈타인

21 1926년 여름에 비트겐슈타인이 정원사로 일했던 휘텔도르프의 정원.

22 트라텐바흐의 잡화점. 비트겐슈타인은 지붕 아래 중간층 다락방에 살았다.

23 오테르탈에 있는 초등학교의 오늘날 모습.

24 케임브리지에 있는 베번 박사의 저택. 1951년 비트겐슈타인이 사망한 곳이다.

25 카를 크라우스.

26 빈 출신의 물리학자 루트비히 볼츠만.
청소년 때 비트겐슈타인은 그와 연구
하길 바랐었다.

27 오스트리아 학교개혁운동의 리더 오토 글뢰켈.

28 오토 바이닝거.

은 그들을 그린칭의 자기 학교에서 재웠다. 하지만 통합교육은 학생들이 트라텐바흐에서 출발하려고 모이는 순간부터 시작된다. 아이들이 글로그니츠의 기차역까지 숲을 지나 도보 여행을 하면서 비트겐슈타인은 그들에게 수업 시간에 이미 배웠던 그 지역 식물과 바위들을 알아맞히라고 요구했다. 빈의 거리들을 걸을 때, 그는 많을 질문들을 던지고 정보를 제공했다. 학생들이 기계, 건축 양식 또는 이미 학교에서 배운 다른 것들을 상기하게 하면서 말이다. 예를 들어 기술박물관에서 아이들은 증기 엔진 모형과 도르래 장치, 그리고 다른 기계류를 학교에서 배운 것과 관련시켜 설명해야 했다. 트라텐바흐에서 비트겐슈타인은 학생들에게 지렛대의 법칙을 가르쳤고, 이제 학생들에게 그 법칙을 특수한 사례에 응용할 것을 요구했다. 그들이 성 슈테판 성당에 도착했을 때, 그들은 부조들과 바로크와 고딕 같은 다른 건축 양식들을 식별했다. 학교에서 이미 배운 바 있는 것들이었다. 거리를 걷거나 쇤브룬 궁전에 입장할 때, 비트겐슈타인은 코린트, 이오니아, 도리아 등 상이한 종류의 기둥들을 지적하면서 식별을 요구했다. 여행이 끝날 때쯤 되어야 강도 높은 질문이 약해졌다. 돌아오는 기차는 해질녘이 되어서야 글로그니츠에 도착했기 때문에 아이들은 20킬로미터의 어두운 숲길을 비트겐슈타인과 함께 걸어야 했다. 아이들 중 일부가 무서워한다는 것을 감지하고 비트겐슈타인은 조용히 한 명씩에게 다가가 "무섭니? 그러면 하느님에 대해서만 생각하면 된단다"라고 말해주었다. 주기도문을 외우며 매일의 수업을 시작하고 마쳤던 비기독교 '복음전도자'는 주민들의 종교를 공격하지 않았다. 그들의 사투리를 공격하지 않은 것처럼.

IX

초등학교 개혁은 오스트리아 전역에서 종종 상급학교와 김나지움 사람들에게 내용을 희생하여 행동을 강조한다는 비판을 받았다. 하지만 비트겐슈타인은 열 살, 열한 살짜리 소년들에게 상급 대수학과 기하학을 가르쳐서 수학에서 놀랄 만한 결과를 성취했다. 남학생 가운데 삼분의 일은 김나지움에서만 소개되고 초등학교에서는 전혀 가르치지 않는 수학 이론을 배우고 과제를 수행했다. 학교개혁 프로그램의 범위를 훨씬 넘어서는 자신의 야심을 옹호하며 비트겐슈타인은 푸흐베르크의 동료인 노베르트 로스너에게 이렇게 설명했다. "대수학은 빨리 배울수록 좋다." 그는 또한 역사에서도 학생들을 초등학교 기준을 넘어서는 곳까지 이끌었다. 문학에서 그와 학생들은 함께 민화나 동화뿐만 아니라 미국으로 치면 중고등학생이나 되어야 접해볼 수 있는 형태의 시들도 읽었다.

그러한 내용과 성취에 대한 강조에서 우리는 이 교사가 — 농촌 학생들을 '진흙탕에서 구원'하기 위해 — 그들이 농촌 생활을 저버리기를 바랐을 거라고 가정할지도 모른다. 비트겐슈타인은 때때로 몇몇 제자들에게 초등학교를 나와서도 계속 학업을 이어가도록 권유했지만(이 권유는 성공하지 못했다), 그렇다고 농촌을 떠나라고 장려하지는 않았다. 오히려 그는 스스로의 힘으로 사유할 수 있는 정신적인 삶을 일깨우도록 노력했던 것으로 보인다. 아마도 그가 가장 학생들에게 주입하려고 했던 것은 정직함에 대한 헌신일 것이다. 학생들을 마을과 일에서 떼어내려 하기보다는, 그들이 이끌어가는 삶의 유형에 대한 그들의 태도를 바꾸려고, 즉 자기 아이들의 교육을 스스로 원하는 농부로 바꾸려고 했다.

그가 지향했던 목표와, 상황이 다른 학생과 가족을 다루는 그의 유연함을 전달하고, 또한 그가 학부모들에게 받았던 저항에 대해서도 이해하기 위해, 가장 탁월했던 제자 세 명인 에머리히 코더홀트Emmerich Koderhold, 카를 그루버Karl Gruber, 오스카어 푹스에 대해 그가 쏟았던 노력을 간략히 언급할 필요가 있다.

에머리히 코더홀트는 부유한 농부의 아들로 그 역시 부농이었고, 2차 대전 후 14년간 트라텐바흐의 시장으로 봉직했다. 똑똑하고 따뜻한 외향적 인물인 그는 아직도 비트겐슈타인이 가르쳤던 교가와 기타 노래들, 일부는 라틴어로 된 것까지 기억했고, 몇 시간이고 노래할 수 있었다. 또한 비트겐슈타인이 학생들에게 암기시켰던 뫼리케, 켈러, 실러의 시들을 암송할 수 있었다. 그의 재능은 비트겐슈타인의 눈에 띄었는데, 그때 비트겐슈타인은 트라텐바흐에서 2년째였고, 코더홀트는 마지막 학년이었다. 비트겐슈타인은 코더홀트의 아버지를 찾아가서 그의 아들이 상급학교에 진학할 능력이 있고 꼭 진학시켜야 하며, 자신이 빈에서 모든 조치를 취하도록 돕겠다고 말했다. 그의 아버지는 이를 거절하고는 자신의 농장을 이끌어갈 후계자가 필요하다고 비트겐슈타인에게 정중히 설명했다. 비트겐슈타인은 "물론 그러시겠지요. 하지만 공부를 하면 비료를 주는 일도 더 잘할 수 있을 겁니다"라고 대답했다. 비트겐슈타인은 마침내 코더홀트의 아버지를 설득하여 소년을 빈의 김나지움을 방문하도록 하락을 얻어냈다. 하지만 비트겐슈타인의 일은 뜻대로 진행되지 않았다. 코더홀트는 외롭게 살았던 것으로 보이는 어느 노부인의 집에 투숙했는데, 먹을 것을 제대로 얻어먹질 못했다. 며칠 후 그는 빈에서의 학교생활에 부정적인 생각을 가지고 돌아와 그의 아버지를 크게 안심시켰다. 그는 나중에 농장을 떠맡았다. 하지만 그는 분명 보통의 농부들과는 달랐고, 카를 비트겐슈타인의 표현을 빌면 '진보의 장애물'이 아니었다. 그는 김나지움에 갔든 안 갔든 교육받은 농부였다. 그는 지방 사투리와 함께 표준독일어도 썼고, 트라텐바흐와 오스트리아는 물론 세계정세에도 활발한 관심을 유지했다.

비트겐슈타인이 가장 좋아했고 가장 재능이 있었던 카를 그루버는 다른 방식으로 인상을 남긴다. 그는 가난한 농가의 여섯 자녀 중 하나였고, 그중 몇몇이 비트겐슈타인의 학급에서 공부했다. 그의 선생과 마찬가지로 카를은 재능이 뛰어났을 뿐 아니라 내성적이고 생각이 많았다. 비트겐슈타인은 그를 아주 좋아하게 되었다. 그는 카를이 진도를 못 따라오는 학생들의 숙제를 도와주고는 자신과 형제자매들의 빵을 얻는 일을 반대하지 않았다. 다른 학생들보다 한 살 많았던 카를은 1921년 졸업 후에도 비트겐슈타인의 개인 교습을 받았다. 매일 오후 네 시에서 일곱 시까지 비트겐슈타인은 라틴어, 그리스어, 수학의 고급 과정을 지도했다. 둘은 보통 잡화점 위층의 비트겐슈타인의 방에서 저녁 식사를 함께했다. 비트겐슈타인은 분명히 소년과 함께 있는 것을 즐겼다. 그해 내내 루트비히 핸젤의 격월 방문만이 개인 교습을 방해했다. 심지어 그럴 때에도 비트겐슈타인은 소년을 잊지 않았다. 당시 빈의 김나지움 교수였던 핸젤은 카를의 외부 시험관이 되어 역사, 기하학, 라틴어 등 빈의 김나지움 입학 자격에 필요한 다른 과목들에 대해 문제를 냈다.

마침내 비트겐슈타인은 수도에 가서 적절한 교육을 받을 수 있도록 보장하기 위해 그를 입양해야겠다고 결론을 내렸다. 하지만 코더홀트의 부모와 달리 그의 부모는 아들의 교육에 전혀 신경을 쓰지 않았다. 카를은 입양되기를 원했고, 비트겐슈타인은 가족을 방문하여 자신이 빈에서의 카를의 학업을 지도하고 모든 비용을 댈 수 있도록 조치를 취하겠다고 제안했다. 그루버 부인은 이 제안에 기꺼이 찬성했지만, 그의 아버지는 비트겐슈타인에게 더 이상의 교육은 필요 없고, 이미 충분히 교육받았으며, 그 나이의 소년은 돈을 벌기 위해 일해야 한다고 무뚝뚝하게 말했다. 비트겐슈타인이 집을 떠난 후 그루버 씨는 비트겐슈타인을 '미친놈'이라고 단언하면서 자기 아들을 믿고 맡길 수 없다고 말했다.

그리하여 카를 그루버는 일하러 다녔다. 비트겐슈타인이 그해 말 트라텐바흐를 떠나 푸흐베르크로 가며 개인 교습은 끝이 났다. 하지만 그루버는 나중에 트라텐바흐나 노인키르헨의 인근 마을에 남아 있던 다른 동창들과는 달리 가족을 벗어나서 빈으로 갔다. 빈에서 직장을 구한 후 카를은 비트겐슈타인에게 연락하려 했지만, 그때 비트겐슈타인은 빈을 떠나 케임브리지로 갔다는 소식을 들었다. 그는 비트겐슈타인에게 편지를 쓸까 고민했지만 그러지 않기로 결정했다. 이런저런 과정을 거쳐서 그는 결혼해서 빈의 우체국 공무원이 되었다. 추천장이 없었기 때문에 그는 자신의 지적 능력에 걸맞은 성공을 거두지는 못했지만, 그럼에도 불구하고 자신과 가족을 위해 적절하고 때로는 안정적인 도시 생활을 제공할 수 있었다. 오늘날 그는 슬픈 듯이 생각해본다. 만일 그때 비트겐슈타인에게 입양되었다면, 자신도 어느 대학교의 철학 교수가 되었을지도 모른다고 말이다. 만일 일이 그렇게 되었다면 당연히 비트겐슈타인의 가슴을 아프게 했을 것이다. 왜냐하면 그는 심지어 가장 재능 있는 케임브리지 학생들에게도 직업적인 철학자가 되지 말라고 촉구했기 때문이다.

하지만 비트겐슈타인은 여기에 자신의 흔적을 남겼다. 그루버는 비트겐슈타인의 다른 마을 학생들과는 다른 인상을 준다. 심지어 코더 홀트도 그루버의 지능에 대해 말할 때는 존경의 마음을 표시했다. 그리고 그루버가 트라텐바흐를 방문하러 돌아왔을 때 그루버의 옛 동창들과 친구들은 서로 간에는 표하지 않았던 조심스러운 존중으로 그를 맞이했다. 그루버 역시 스승을 잊지 않았다. 그는 비트겐슈타인에게 배웠던 시절의 추억을 소중히 간직하고 있다. 비트겐슈타인의 옛 제자들 가운데 그 혼자만 비트겐슈타인의 이후의 직업적 행로를 알고 있었다.

비트겐슈타인이 깊은 관심을 가졌던 세 번째 학생은 오스카어 푹스였다. 그는 나의 연구가 시작되기 전에 사망했다. 푹스 자신과 그와 비트겐슈타인 사이의 관계에 대한 정보를 얻기 위해서는 주로 두 가지 출처에 의존해야 했다. 하나는 노인키르헨에서의 비트겐슈타인의 활동에 관한 짧은 원고이다. 이것은 1964년 키르히베르크 암 벡셀 고등학교의 영어 교사인 루이제 하우스만 여사가 작성한 것이다. 다른 하나는 비트겐슈타인이 푹스에게 보낸 놀라운 편지다. 사람들은 비트겐슈타인의 문헌집행자들이 언젠가 이것을 출간하기를 원한다.[25] 비록 푹스는 비트겐슈타인의 탁월한 학생들 가운데 하나였고, 개인 교습을 받기도 했지만, 비트겐슈타인은 분명히 그에게 공식적인 학업을 계속하라고 권유하지는 않았다. 푹스는 하우스만 여사에게, 자신이 아버지의 뒤를 이어 구두 수선공이 되겠다고 하자 비트겐슈타인은 명백히 기뻐했다고 회고했다. 비트겐슈타인은 "사람은 열을 식힐 수 있으려면 할 수 있는 평범한 일을 가지고 있어야 한다"라고 말했다. 왜 비트겐슈타인이 푹스에게는 다르게 반응했는지 우리가 확인할 수는 없다. 아마도 푹스가 다른 학생만큼 재능이 뛰어나지 않았을 수도 있고, 분명히 푹스의 가정생활은 좀 더 행복했으며, 아마 비트겐슈타인은 그루버 가족이 자신의 제안을 거부했을 때 깊은 상처를 받은 나머지, 또다시 거절당하고 싶지 않았을지도 모른다. 어쨌든 비트겐슈타인은 푹스 가족에게 거절당한 전례가 있었다. 비트겐슈타인은 크리스마스 때 푹스를 빈으로 데려가 시립 극장에서 연극을 보여주려고 했던 적이 있었는데, 푹스의 어머니가 '이상한 남자'와 함께 집을 나간다는 생각에 반대하여 무산되었던 것이다. 또한 비트겐슈타인이 푹스를 후원하는 일이 성사되면, 집을 떠나 빈에서 공부하길 매우 원했던 카를 그루버에게 좋지 않은 효과를 불러올 것이라고 추측했을 가능성도 있다.

어쨌든 비트겐슈타인과 푹스는 계속 연락을 주고받았다. 비트겐슈타인이 트라텐바흐를 떠난 지 1년 반 후 두 사람은 푸흐베르크와 트라텐바흐에서 편지를 교환했다. 비트겐슈타인은 푹스에게 책을 보냈고, 여가 시간에 지질학을 공부했던 푹스는 트라텐바흐에서 발견한 암석 표본을 그에게 보냈다.

에머리히 코더홀트, 카를 그루버, 오스카어 푹스는 방과 후, 또는 가능한 경우에는 저녁 시간에 비트겐슈타인과 만났던 작은 학생 모임의 중심을 구성했다. 전체 모임 규모는 크지 않았고 주로 가장 똑똑한 학생들과 '그가 좋아하는 얼굴을 가진' 소수로 구성되었다. 이 소년들은 종종 저녁 여덟 시까지 비트겐슈타인과 함께 있었다. 토론 주제는 다양했다. 때로는 그날의 학과 공부가 계속되었다. 다른 때는 완전히 새로운 주제가 소개되었다. 비트겐슈타인은 그들을 숲으로 데려가 돌멩 이와 식물 들을 수집해서 세심하게 이름표를 붙였다. 또는 어두워진 후에는 별자리와 초급 천문학을 일부 가르쳤다. 비트겐슈타인이 부모 들로부터 가장 심한 저항을 받은 것은 바로 이 늦은 시간의 수업 때문 이었다.

마을에 관한 한 가지 사실, 즉 아이들이 그 지역 노동력의 중요한 일부분이었다는 사실은 이러한 대강의 윤곽을 분명히 보여준다. 대부 분의 가족들은 집이나 헛간, 농장 등에서 몇 시간씩 아이들의 도움을 필요로 했다. 카를 그루버의 아버지는 아들이 다른 학생들의 숙제를 도와주고 얻어 오는 빵 쪼가리에 전혀 만족하지 못했다. 그는 아들이 직업을 갖기를 원했다. 에머리히 코더홀트는 오스카어 푹스와 마찬가 지로 아버지의 사업 또는 직업을 인수받도록 키워졌다. 비트겐슈타인 은 이렇게 마을 생활의 경제적 면에 커다란 지장을 주고 있었다. 핵심 제자들을 키우면서, 그는 가족으로부터 아이들의 시간과 애정을 빼앗 고 있었던 것이다.

이러한 불만에도 불구하고 비트겐슈타인은 방과 후 교육을 그만두 려 하지 않았다. 푸흐베르크와 오테르탈에서도 트라텐바흐와 마찬가 지로 다른 학생들과 동일한 패턴을 따랐다. 좀 더 잘사는 푸흐베르크 에서는 비교적 저항을 받지 않았지만, 아이들의 저녁 노동이 농장에 서 중요한 오테르탈에서는 마침내 꽤 강력하고, 적극적이며, 악의적 인 반대에 직면했다.

X

1926년 오테르탈에서의 궁극적 실패의 원인은 4년 전 트라텐바흐에서 부지불식간에 그 기초가 마련되었다. 당시 비트겐슈타인이 좋아했던 또 다른 학생인, 카를 그루버의 동생 콘라트는 선생을 속여서, 자신의 '체벌'을 온 동네에 화제가 되게 만들었다. 지리 시간에 비트겐슈타인은 콘라트가 학습이 부진하자 뺨을 한 차례 때렸다. 콘라트는 남몰래 연필을 코에 찔러서 피가 나오게 했다. 피가 보이자 작은 소란이 일어났고, 콘라트는 집에 가서 지혈을 하라고 조퇴가 허락되었다. 하지만 40년이 지난 뒤 그 자신의 설명에 따르면, 그는 사실은 남은 수업 시간 내내 피를 흘리고 앉아 있었다 한다. 비트겐슈타인이 콘라트의 코피를 터트렸다는 소문은 순식간에 마을 전체에 퍼졌다. 이때쯤 콘라트는 상황이 너무 꼬여버려서 자신이 한 일을 밝히기 곤란해졌다. 하지만 일부 다른 학생들은 실제로 무슨 일이 있었는지 알았고 자기들도 비슷한 속임수를 썼다. 예를 들어 5분 동안 서 있는 벌을 받은 학생은 기절한 체하면서 바닥에 쓰러졌다. 그래서 비트겐슈타인의 거친 체벌 때문에 아이들이 피 흘리고 기절한다는 소문이 트라텐바흐와 오테르탈에 파다하게 되었다.

그렇다면 진실은 무엇일까? 그것은 전적으로 분명하지는 않다. 수많은 상반되는 이야기들이 있기 때문이다.

생존해 있는 제자들은 비트겐슈타인이 분명히 학생들을 회초리로 때렸고* 행실이 불량한 경우 귀를 잡아당겼으며 사소한 잘못에도 뺨

---

* 그는 어쩌면 여자 아이에 대해서도 같은 종류의 체벌을 가했을지 모른다. 파니아 파스칼 Fania Pascal에 따르면, 1937년에 비트겐슈타인은 자신이 여학생을 때려서 다치게 했으며

을 때렸다고 인정한다. 그러한 행위는 학교개혁 방침을 전적으로 위반하는 것이었다.[*] 게다가 다른 보고서는 비트겐슈타인이 이 당시 상당히 예민한 심리 상태였음을 암시한다. 그는 종종 수업 중 땀을 많이 흘렸고, 반복해서 턱을 문지르고 머리카락을 당겼으며, 구겨진 손수건을 잘근잘근 씹기도 했다.[26]

하지만 같은 학생들에 따르면, 비트겐슈타인이 다른 교사들보다 회초리를 더 자주 사용한 것은 아니며, 그들과는 달리 공정하고 일관되며 예측 가능하게 매를 들었다 한다. 그의 체벌은 임의적이지도 변덕스럽지도 않았고, 학생들을 깜짝 놀라게 하지도 않았다. 비록 오스트리아의 학교개혁론자들이 그랬듯, 많은 교육자들은 어떠한 종류의 체벌도 반대하지만, 가장 나쁜 상벌 체계는 그것이 체벌이든 다른 것이든, 갈팡질팡 흔들리는 것이라는 데 보통은 동의할 것이다. 왜냐하면 아이들이 자신의 행동의 결과에 대해 안절부절못하는 불확실한 상태에 놓이게 되기 때문이다. 비트겐슈타인은 이랬다저랬다 하지 않았다. 그는 단호하고 일관됐고, 어떠한 종류의 행동이 체벌에 해당하는지를 학생들에게 철저하게 분명히 이해시켰다. 항상 벌을 받았던 행동 중 하나는 부정직함이었다. 벌을 피할 수 있는 한 가지 방법은 비트

그 애가 교장에게 달려가서 일렀을 때 그 사실을 부인했었다고 그녀에게 고백했다 한다. 파스칼의 다음 글을 참조. "Wittgenstein: A Personal Memoir", in Rush Rhees, ed., *Ludwig Wittgenstein: Personal Recollections* (Totowa, N. J.: Rowman & Littlefield, 1981), p. 51.

[*] 글뢰켈 자신은 체벌을 하는 교사들을 정신과 상담이 필요한 장애를 가진 타락한 사람이라고 묘사했다. 그의 다음 책들을 참조. *Selbstbiographie sein Lebenswerk: die Wiener Schulreform* (Zürich: Verlag Genossenschaftsdruckerei, 1939), pp. 22, 43; *Die östereichsche Schulreform* (Vienna: Verlag der Weiner Volksbuchhandlung, 1923), pp. 4-5.

겐슈타인이 해명을 요구할 때 정직하게 고백하는 것이었다. 예를 들면 어느 날 수업에서 그는 얼마나 많은 학생들이 1년 열두 달의 이름을 아는지를 물었다. 많은 학생들이 손을 들었고 비트겐슈타인은 한 사람씩 번갈아 가며 질문했다. 공교롭게도 극소수만이 실제로 이름을 맞혔고 이 때문에 비트겐슈타인은 매우 화가 났다. 콘라트 그루버도 손을 들었지만 자기 차례가 왔을 때 제대로 답하지 못했고 비트겐슈타인은 해명을 요구했다. 콘라트는 "모른다고 하면 창피할 것 같아서요"라고 대답했고, 정직하게 말했다는 이유로 체벌을 피할 수 있었다. 다른 학생들에 대해서도 마찬가지였다. 자신들의 부정직함에 대해 해명을 한 아이들은 벌받지 않았고, 그렇지 못한 아이들은 벌을 받았다.

이와 비교할 만한 에피소드가 트라텐바흐에서 비트겐슈타인의 2년째 기간 중 카니발 시기에 일어났다. 농부인 트라트 씨가 비트겐슈타인에게 도너츠를 보냈는데, 항상 그랬듯이 학생 하나가 가져다주었다. 비트겐슈타인의 방에 오는 길에 소년은 도너츠 두 개를 자기가 먹었다. 다음 날 수업에서 비트겐슈타인은 소년에게 "너, 도너츠를 몇 개나 먹었니?"라고 물었다. 소년은 비트겐슈타인이 자신이 한 일을 알고 있었다는 데 소스라치게 놀라서 얼굴이 빨개졌지만 "두 개를 먹었어요"라고 대답했다. 비트겐슈타인은 대답을 듣고는 사실대로 말해서 고맙다고 한 후 소년을 벌주지 않았다. 그러고는 트라트 씨가 소년 모르게 빵 한 다스를 가리키는 숫자 '13'이 적힌 종이를 동봉했다고 설명했다.

하지만 코피 자작극 소동을 벌인 콘라트 그루버와 '기절'했던 다른 아이들은 부지불식간에 거짓말을 위한 기초를 닦았다. 트라텐바흐와 오테르탈 아이들의 마음을 너무나 사로잡은 나머지 아이들이 방과 후에도 그와 함께 긴 시간을 보내려 했고, 아이들이 가족에게 돌아가기 보다는 그의 체벌의 위험을 감수하려 했던 이 남자는 이제 학생들에 대한 가학적인 체벌 혐의로 공식 고발되었다.

위기는 1926년 4월 절정에 달했다. 일부 주민에 따르면 비트겐슈타인에 반대하는 진정한 '음모'가 이 시기에 꾸며졌다. 그 주동자, 또는 어쨌든 주요 선동자는 피리바우어Piribauer라는 이름의 사내였다. 그는 '비트겐슈타인을 곤란에 빠뜨릴' 기회를 얻기 위해 수 개월간을 '매복하며 기다렸다'고 전해진다. 마침내 비트겐슈타인이 한 아이의 뺨 혹은 귀를 때렸을 때 기회가 찾아왔다. 그 아이의 유모가 피리바우어의 집에 살고 있었던 것이다. 그 아이는 기절한 채로 교무실로 옮겨졌다. 그들 자신이 가짜로 기절해봤던 비트겐슈타인의 옛 제자들 중 일부는 이 아이도 가짜로 기절한 거라고 생각했다. 하지만 그 아이는 비트겐슈타인이 지역을 떠난 후에도 어떠한 외적인 자극 없이도 수차례 기절하였고, 2년 후에는 백혈병으로 죽었다.

정확한 상황이 어땠는지 간에, 비트겐슈타인에 대해 법적 소송이 제기되었다. 대질 심문에도 그는 조용히 말했다. "너희들이 나에게 반기를 들고자 한다면, 그건 내게 문제가 되지 않는다. 너희들 간에 합의가 되었다면 말이다. 나는 준비가 되어 있다." 그 후 그는 갑자기 마을을 떠났고, 두 번 다시 초등학교에서 가르치지 않았다.

아이의 치료를 위해 불려온 키르히베르크의 의사는 자신의 의무에 따라 보고서를 제출했다. 글로그니츠에서 청문회가 열렸는데, 비트겐슈타인의 정신적 책임 소재를 결정하기 위한 강제적 정신 감정으로 인해 중단되었다. 비트겐슈타인은 무죄 판결을 받았다. 하지만 교사 생활을 계속하는 것은 단호히 거부했다. 그는 4월 28일에 자발적으로 사임했다. 그는 이제 톨스토이의 고귀한 농노에 질려버렸다. 이때쯤에는 비트겐슈타인에게 오테르탈 주민의 적대감을 경고했고 여전히 비트겐슈타인의 사의를 번복하도록 노력했던 쿤트마저도 더 이상 그 지역에서 교사 생활을 하는 것은 무의미하다는 사실을 받아들였던 것으로 보인다.

XI

이 사건만 따로 떼어놓고 볼 경우, 비트겐슈타인의 교사 경력을 마감하는 이러한 사건들은 이상하게 보이지만, 그것이 비트겐슈타인에게 일어났다는 점을 제외하고는 별로 중요하게 보이지는 않는다. 하지만 학교개혁 프로그램과 오스트리아 정치를 배경으로 했을 때, 이 사건들을 훨씬 중요해진다.

거친 징계에 관한 불만이 그 정도로, 즉 비트겐슈타인을 법정에 세울 정도로 허용된다면, 징계 문제 이상의 것이 배후에 있는 것이 틀림없을 것이다. 왜냐하면 비트겐슈타인에게는 부당한 오명이라 볼 수 있는 체벌 교사라는 악명을 받아들인다 하더라도, 우리는 당시 체벌이 꽤 일반적이었다는 것을 기억해야 하기 때문이다. 거친 종류의 학내 징계는 합스부르크 시절에는 일반적이었고, 비록 그것이 그 즈음에는 학교개혁운동가들 사이에서도 논쟁의 주제가 되었지만 1920년대와 1930년대에도 광범위하게 존속하고 있었다. 따라서 언뜻 보기에는 비트겐슈타인의 동료들이 부모의 불만에 반대하여 그를 지지하지 않았을 것 같지는 않다. 비록 고발 내용이 사실이었다 하더라도 말이다.

사건의 전모에 대해서는 꽤나 복잡한 설명이 필요하다. 징계에 대한 이의 제기는 보다 깊숙이 자리한 반대를 위한 구실로 보인다. 더이상 세부 내용을 알 수는 없지만, 비트겐슈타인에 대한 '음모'는 피리바우어 같은 일부 주민들과 지역 성직자(노이루러는 아니다), 그리고 비트겐슈타인의 일부 동료들이 주동하였다.* 그리고 이것은 본질적으로 개인적인 것일 뿐 아니라 정치적인 것이었다. 이 사건은 1926년 봄 오스트리아 전역에서 격론이 벌어졌던 시기에 발생했다. 이 시기 학교개혁 프로그램은 농촌 지역에서 후퇴를 겪었고, 그 이후로 회복하지 못했다. 오테르탈의 보수적 농민 세력은 학교개혁운동가들에 대한 전국적 반대 운동의 힘을 감지하자, 재빨리 그들이 발견할 수 있었던 첫 번째 구실을 활용하여, 여러 면에서 자신들을 위협하고 공격한 것이 틀림없는 그 사내를 짐을 싸 빈으로 돌아가도록 만들었다. 비트겐슈타인은 금욕적인 생활에도 불구하고 여전히 부자로 여겨졌고, 사회주의자로 간주되었으며, 로마 가톨릭 신자가 아니라고 알려져 있었다. 그는 진보적 교육의 지지자였고, 실증주의 논문의 저자였으며, 마을 사람들은 그를 동성애자로 알았다(어떻게 알았는지는 알 수 없다). 마을 여자들은 그를 여성 혐오자라고 생각했고, 가장 참을 수 없었던 것은 그가 이 모든 점에도 불구하고 매우 성공적인 교사였다는 사실이었다. 너무나도 성공적이어서 마을에서 가장 재능 있는 아이들을 가정에서 떼어내 자신의 영향력 아래에 둘 정도로 말이다.

오테르탈에서 비트겐슈타인에 대한 고발은 어떤 경우에도 고립된

---

* 아돌프 휘프너는 일부 주민들의 보고에 동의하지 않고, 비트겐슈타인에 대한 일종의 음모가 있었다는 것을 단호히 부정한다. 그것이 단지 한 '정신병적 성격의 농민'의 작품이라는 것이다. 그의 "Bartley Refuted", *Schriftenreihe der Östereichischen Ludwig Wittgenstein-Gesellschaft*, 1978 참조. 또한 이 책의 후기 주 11도 참조.

사건이 아니었다. 1926년 소요의 결과로서 오스트리아 정당들 간에 발효된 타협안은, 실제로 빈에서처럼 사회민주당이 다수파로 남은 곳에서는 글뢰켈의 기본 프로그램이 유지되었다는 것을 의미했다. 하지만 농촌 지역에서는 기독교 사회주의자들의 가톨릭 정당이 대부분의 지역에서 확고한 우위를 점했다. 글뢰켈은 국정 요직에서 물러나 빈 학교위원회의 행정책임자가 되어, 농촌을 주요 지지 기반으로 삼은 돌푸스 독재정권이 학교개혁운동을 완전히 철폐하고 글뢰켈을 포함한 그 지도자들을 체포하는 1934년까지 그 자리에 머물렀다. 이때 그들의 주요 정기 간행물인 《샘물*Die Quelle*》과 《학교개혁*Schulreform*》 (비트겐슈타인도 한때 구독했던)이 강제 폐간되었다. 그 이후 검열 기간에는 심지어 이들 간행물을 국립도서관에 넣고 잠가버려 일반 독자들이 읽을 수 없게 만들었다. 교육개혁은 사실상 위험한 것으로 간주되었다.

심지어 비트겐슈타인의 친구이며, 초창기 개혁 프로그램의 열렬한 지지자였던 핸젤도 나중에 정치, 사회, 종교적 이유로 쓰디쓰게 학교개혁에 등을 돌렸다. 결국 그는 나중에 학교개혁에 반대하는 논쟁적인 논문 〈새로운 학교를 향하여Der neuen Schule entgegen〉를 썼다.

XII

비트겐슈타인과 학교개혁운동의 관계에 대한 나의 언급이 오해되지 않도록, 내 생각에 이 관계를 표현해주는 지적인 '영향' 등에 대해 좀 더 이야기해야겠다.

어떤 이들은 영향이 절대적인 조건인 것처럼 생각한다. 마치 누군가에게 영향을 받는 것이 노예처럼 그의 세계관 전체를 받아들이는 것으로 말이다.* 물론 이러한 종류의 영향은 실제 발생하며, 이는 교리적인 '추종'의 원천으로서 개인적 교류에서뿐 아니라 학문적·과학적 노력에서도 파멸이라 할 수 있다. 그 자신이 그러한 추종자인 사람은 어떠한 경우의 영향도 자신의 경우와 같으며, 따라서 비트겐슈타인이 글뢰켈, 뷜러 및 학교개혁운동가들에게 영향을 받았다고 말하는 것은, 그가 그들 이념과 실천의 맹목적인 추종자가 되었다는 것을 의미한다고 생각할지도 모른다.

자기비판적이고, 독창적인 사상가들 가운데 이런 식으로 심각하게 영향을 받는 사람은 없다. 그리고 나는 비트겐슈타인이 학교개혁운동의 노예적 추종자라고 생각한 적도 없다. 오히려 그 반대다. 비트겐슈타인 자신이 그러한 문제에 대해 말한 바 있다. "내가 스스로를 영향받지 않게 하는 것이 좋다! (…)단순히 정신에 의해 바람이 들어간 빈 튜

---

* Eugene E. Hargrove, "Wittgenstein, Bartley, and the Glöckel School Reform", *Journal of the History of Philosophy* 18 (October 1980), pp. 453-61 참조. 잘못된 진술과 오류 추론이 뒤섞인 하그로브Hargrove 논문의 핵심 주장은, 내 주장이 비트겐슈타인과 학교개혁운동 사이의 관계를 확립하는 데 불충분하다는 것이다. 나도 완전히 동의한다. 나는 이러한 종류의 '충분한' 논증에 반대하는 다음 책을 썼다.《공약으로의 후퇴*The Retreat to Commitment*》, second, enlarged edition (La Salle: Open Court, 1984). 나의 논증은 불확실한 추측이며 1920년대의 비트겐슈타인의 삶을 다른 대안적인 설명들보다 좀 더 잘 이해하는 한편, 이를 아동심리학과 학습 이론의 문제들이 두드러지게 등장하는 그의 후기 연구와 연결시키려는 목적을 가지고 있다. 나의 추측은 세밀한 조사를 통과한 것이다. 만일 처음부터 '영향받았다'와 같은 단어를 '완전히 지배되었다'로 해석하는 어처구니없는 짓만 하지 않는다면 말이다. 또한 루이제 하우스만의 "Wittgenstein in Austria", *Encounter*, April 1982에 대한 하그로브의 서문 및 주석도 참조. 그리고 하그로브에 대한 내 답변도 참조. "Remembering Wittgenstein", in *Encounter*, Septermber-October 1982, pp. 111-12.

브처럼 보이는 것은 수치스런 일이다."[27]

하지만 어떤 관점에 대한 비판적이고 열정적인 대결로 이루어진 또다른 종류의 영향이 있다. 이 대결 과정에서 우리는 그 관점을 흡수한다. 즉 우리는 그 관점에서 이해하고 생각할 수 있으며, 진지하게 시험해볼 수 있다. 또한 우리는 이론적이든 실천적이든 또는 문제의 개념화이든 뭔가 가치 있는 것들을 끌어내며, 오류와 쓸모없는 것들, 그리고 어떤 이유로든 우리가 흡수할 수 없는 것들을 거부한다. 이 과정에서 우리는 원래의 생각을 엄청나게 명료화하고 풍부하게 할 수 있다. 비트겐슈타인은 이러한 긍정적인 방식으로 프레게에게 영향받았다. 러셀과 비트겐슈타인은 서로 간에 이런 식으로 영향을 주었다. 내 견해는 비트겐슈타인이 오직 이러한 의미에서 자신의 교사 경험과 개혁운동, 그리고 그 운동이 표현된 철학적 심리학에 의해 영향을 받았다는 것이다. 비트겐슈타인의 삶에서 학교개혁과의 만남은 그의 사상에 중요한 차이를 만들어냈다.

비트겐슈타인 자신은 이러한 종류의 영향을 받았다고 스스로 믿었고 이를 겸허히 언급했다. 그는 자신의 노트에 다른 사람으로부터 빌려온 생각을 한 줄 적는다. 그리고 그것을 화두로 붙잡고 열중하면서 명료화하는 작업을 진행한다. 그는 이러한 종류의 작업을 "다른 이의 정신이라는 토양 속에서 자란 꽃이나 풀잎을 그려서 포괄적인 그림으로 전환하는 일"로 부른다.[28] 그는 심지어 어떤 논평자도 받아들이지 않을 겸손함을 가지고 자신의 독창성에 대해 이렇게 주장했다. 그것은 "씨앗에 속하는 것이 아니라 토양에 속하는 독창성이다. (나는 아마도 나만의 씨앗을 갖고 있지 못한 것 같다.) 내 토양에 씨앗을 뿌리면, 그것은 다른 흙에 뿌릴 때와는 다르게 자랄 것이다." 그는 자신의 독

창성을, 이러한 측면에서 유사하다고 본 프로이트의 독창성과 비교했다.[29]

XIII

방금 말한 이야기는 트라텐바흐와 오테르탈에 초점을 맞춘 것이다. 비트겐슈타인은 1920~1922년, 그리고 1924~1926년에 두 지역에서 각각 가르쳤다. 이것은 비트겐슈타인이 중간의 2년을 가르친 푸흐베르크 암 슈네베르크를 간과한 것이다. 비트겐슈타인의 이곳 경험은 다른 두 곳과는 약간 달랐다. 푸흐베르크에서 그는 **비교적** 행복했다.

푸흐베르크는 현재도 그렇지만 1920년대에도 꽤 잘사는 휴양지였다. 그곳은 인구 3천 명이 넘는, 꽤 큰 마을이라기보다는 도시에 가까운 곳이었다. 그리고 매우 아름다운 곳이다. 여기서 비트겐슈타인은 친구를 하나 사귄다. 자신과 유사한 열광적인 십자군인 노이루러와는 다른 성격의 수수하고 재능 있는 젊은 음악 교사였던 루돌프 코더였다. 코더는 뒤에 부인과 가족과 함께 빈으로 이사하는데, 비트겐슈타인과는 평생 친구가 되었고, 비트겐슈타인 가족에게도 환영받는 손님이 되었다.

비트겐슈타인이 푸흐베르크에 정착할 무렵에 《논고》가 마침내 출간되었고, 영국에서 상당한 철학적 관심을 끌고 있었다. 램지F. P. Ramsey가 푸흐베르크에 있는 비트겐슈타인을 성지순례하듯 방문했다. 비트겐슈타인은 또한 현지 신부와 죽이 맞아떨어졌다. 그리고 러셀에게 말한 불길한 예감에도 불구하고 동료들과도 어느 정도 따뜻한 관계를 맺었다. 그 가운데 하나인 수학 교사 노베르트 로스너와는 우정에 가까운 것을 즐겼다. 비트겐슈타인은 로스너의 요청에 따라 그에게 수학을 재교육하려고 노력했다. 로스너의 설명에 따르면, 비트겐슈타인은 별로 성공적이지 못했지만, 로스너는 그럼에도 불구하고 열심히 배웠고, 그들의 우호적 관계는 유지되었다. 푸흐베르크의 교장 역시 비트겐슈타인을 "이 사람은 이미 나 자신이 할 수 있기를 바라는 모든 것을 할 수 있다"라며 엄청나게 칭찬했다.

이런 평온함을 과대평가할 필요는 없다. 반면에 비트겐슈타인은 푸흐베르크에서도 트라텐바흐와 오테르탈에서과 마찬가지로 처신했다. 그는 학생들에게 엄격했고, 여전히 인상적인 교육적 성취를 거두었고, 실험 모형과 뼈대를 제작했으며, 푸흐베르크 아이들을 빈으로 견학시켰다.

푸흐베르크에서도 비트겐슈타인은 마을의 괴짜 노릇을 했다. 집주인 여자와 언쟁을 벌여 이사해야 했고, 이번에는 믿을 수 없을 정도로 작은 18제곱피트짜리 방을 얻었다고 한다. 비트겐슈타인은 이곳에서 밤 열 시 이후에는 덮개를 씌운 채 클라리넷을 연습하곤 했다. 그는 루돌프 코더와 음악을 연습하고 긴 산책을 나갔다. 하지만 아르비트 셰그렌의 정기 방문이 있는 날에는, 마을 사람들이 참석해서 조용한 즐거움 속에서 지켜봤다. 셰그렌은 음악에 소질이 없어서 비트겐슈타인과 코더가 연습하는 동안 벤치나 바닥에 누워 있다가 금세 잠들고는 했다. 마침내 비트겐슈타인은 그들의 연주팀에 합류할 만큼 음악적 재능이 있는 사람을, 전혀 어울리지 않는 장소에서 찾을 수 있었다. 포스틀Postl이라는 이름의 광산 노동자와 코더가 3중주단을 결성했다. 비트겐슈타인은 나중에 빈의 가족들이 포스틀을 관리인으로 채용하도록 했고, 포스틀은 나머지 근무 연한 동안 스톤버러 집안을 위해 일했다.

푸흐베르크와 다른 마을 사이의 차이는 매우 단순한 것처럼 보인다. 푸흐베르크의 주민들은 보다 풍족했고 야망이 있었다. 그들은 휴양 및 관광업을 통해 도시민의 방식에 보다 익숙했다. 그들은 비트겐슈타인이 아이들과 거둔 성공을 높이 평가했고, 경제적으로 아동들에게 별로 의존하지 않았다. 따라서 푸흐베르크에서는 비트겐슈타인의 방과 후 교실에 대해 아주 사소한 불만이 있었을 뿐이었다. 거리상으로 푸흐베르크는 오테르탈에 가까웠지만, 시간적으로는 빈에 더 가까웠던 것이다.

XIV

비트겐슈타인이 오테르탈을 떠난 이후 몇 개월은 그의 삶에서 급격한 과도기였다. 오테르탈을 떠난 지 6주 정도가 지난 6월 3일, 어머니가 사망했다. 그해 여름에는 빈 인근의 휘텔도르프에 있는 '자애로운 벗들Barmherzige Brüder'이라는 수도원에서 은거했다. 비록 예전에도 한 번 그랬듯이 정원사로 일했지만, 그는 진지하게 수도사가 되는 것을 고민했다. 그 수도원은 더 이상 존재하지 않으며, 현재는 빈곤층을 위한 모자원으로 사용되고 있다. 하지만 일부 오래된 관리인은 아직도 남아 있고, 몇몇은 비트겐슈타인을 '매우 훌륭하고 부지런한 정원사로, 그리고 또한 좌파'로 기억하고 있다.

1926년 여름이 지나고 빈으로 돌아왔을 때, 그는 지난 수년간보다

가족과 더 가까워졌다. 그리고 누이 마르가레테를 위한 작업에 착수하는데, 이를 통해 그는 자신의 껍질을 깨고 나와 성인들의 세계로, 그리하여 철학으로 복귀하게 된다. 마르가레테는 도심에 가까운 쿤트만가세의 넓은 부지에 거대한 저택을 지을 계획이었다. 한때 라주몹스키 궁전의 대지 일부였던 땅은 비트겐슈타인이 1919~1920년에 다녔던 사범대학교의 바로 건너편이었다.

비트겐슈타인은 저택의 건축에서 지배적인 역할을 하게 되고, 종종 친구인 파울 엥겔만과 함께 공동 건축가로 불린다.

처음에 비트겐슈타인은 그러한 건축가가 되는 것을 후퇴라고 생각했다. 오테르탈의 동료 교사 요제프 푸트레Josef Putré에게 고백했듯 "나는 한때 건축가나 약사가 되는 것을 생각해본 적이 있다. 하지만 그런 직업에서는 내가 찾는 바를 발견할 수 없으리란 결론에 도달했다. 그러한 직업으로는 원칙적으로 삼류 비즈니스맨 이상이 되지 못한다. 나는 존경받는 시민으로 죽고 싶다. 내게는 트라텐바흐 같은 곳에서 은거하는 것이 이를 성취할 수 있는 가장 좋은 방법으로 보인다. 그런 곳에서는 아이들의 선생이자 스승으로서 내가 존경할 만한 일에 종사할 수 있고, 단순한 삶의 양식도 지킬 수 있기 때문이다."[30]

하지만 건축 작업은 결정적인 진전으로 판명되었다. 지금까지 집의 설계에서 비트겐슈타인과 엥겔만이 어떻게 역할을 분담했는지 매우 불분명했었지만, 엥겔만 자신이 집의 대부분을 비트겐슈타인의 공적으로 돌린 이후로는 더욱 명확해졌다. 사실은 다음과 같았던 것으로 보인다. 집의 기초 계획은 엥겔만이 짰다. 비트겐슈타인이 시골에서 교사를 하던 시기에, 최종 도면과 면밀히 일치하는 엥겔만이 그렸던 최초의 스케치북이 보존되어 있다. 외부 벽면의 외관은 엥겔만의 스승이자 위대한 빈 건축가인 아돌프 로스의 작품에서 파생된 느낌이 강했다. 이는 1910년에 지어진 빈의 슈타이너 하우스 같은 로스의 다른 작품과 비교해보면 쉽게 알 수 있다.[31] 가장 놀라운 개별적 특징은, 집의 여러 곳에 있는 마루에서 천장까지 통유리로 된 키 큰 창문인데, 이것은 마르가레테 본인이 도입한 것이다. 그녀는 5년 전 그문덴에 있는 자신의 시골 별장을 재건축할 때 유사한 장치를 성공적으로 사용했다.

집에 대한 비트겐슈타인의 기여는 우선 전기 시스템과 난방 시스템 같은 어떤 공학적인 특징들을 도입하는 것이었다. 그는 또한 건축 기간 중에 세심하고 정교한 방식으로 근로자들을 관리했다. 그 자신의 독창적인 기여는 인테리어 디자인이었다. 이에 관해서는 이런 글이 있다. "인테리어는 (…) 20세기 건축사에서 독창적이다. 모든 것은 재고되었다. 그 안의 어떤 것도 전통적 건물이든 전문적인 아방가르드한 건물이든, 그로부터 직접적으로 이식되지 않았다."[32] 하지만 비트겐슈타인 자신은 그에 대해 유보적이었다. 몇 년 후 그는 이렇게 썼다. "모든 위대한 예술에는 **야생** 동물이 있다. **길들여진** 채로 말이다. (…) 내가 그레틀을 위해 지은 저택은 분명히 예민한 귀와 훌륭한 기법의 산물이자 (문화 등에 대한) 폭넓은 **이해**의 표현이다. 그러나 그것은 **원시적** 생명, 광장으로 분출하려고 투쟁하는 거친 삶을 갖고 있지 않다. 따라서 그것은 **건강**하지 않다고 말할 수 있다."[33]

그것이 어떻든 간에 집 짓는 일은 분명히 비트겐슈타인에게 건강한 영향을 끼쳤다. 건축과 관련된 활동들은 그를 국제적이고 교양 있는 성인 사회로 다시 이끌었다. 그리고 이 기간 동안 그는 슐리크, 바이스만 및 다른 빈학파 구성원들과 만남을 시작했고, 다시 철학 토론을 하기 시작했다. 따라서 건축가 시기를 보내면서 그는 비록 다른 방식으로는 아니더라도 심리적으로는 다시 철학으로 돌아가기로 결심할 준비를 할 수 있었다. 1929년 1월 케임브리지로 말이다.

4
언어게임

비트겐슈타인이라는 사건이 없었다면, 영국과 미국의 철학은 어떤 모습이었을지 궁금해진다. 왜냐하면 그는 무대에 등장하지 않았을지도 모르기 때문이다. (…) 그는 버트런드 러셀에게 강한 인상을 주고, 케임브리지의 대담한 결단을 통해 철학계에 받아들여진, 매우 특별한 상황을 통해 철학의 세계에 알려졌다. 자연은 낭비적이어서 우리가 예외적으로 좋은 것을 얻으려고 한다면 우리는 조야한 것들도 많이 받아들여야 하는 큰 위험을 감수해야 한다. 나는 러셀과 케임브리지가 그러한 정책을 취한 것이 옳았다고 확신한다. 그리고 케임브리지는 어떠한 값을 치르더라도 비트겐슈타인에게 연락할 세상에서 유일한 대학교일 것이다. 케임브리지가 없었더라면, 그리고 러셀이 없었더라면 — 일부 사람들은 그가 잘못 판단했다고 주장하곤 한다 — 거의 확실하게 비트겐슈타인에 대해 더 이상 아무런 소식도 듣지 못했을 것이다.[1]

—존 올턴 위즈덤 J. O. Wisdom

I

전쟁 전 케임브리지 시절에 비트겐슈타인의 천재성과 그의 연구의 중요성은 이론의 여지가 없었다.《논고》의 출간 9년 전에, 러셀과 무어는 열광적으로 그를 칭찬했다. 러셀은《나는 이렇게 철학을 하였다My Philosophical Development》에서 증언했듯[2] 비트겐슈타인의 비판을 고려하여 자신의 교리를 수정했고, 비트겐슈타인의 어머니에게 철학의 다음번 위대한 진보가 그녀의 아들로부터 나올 것으로 기대한다고 말했다. 1922년 이전에 많은 영국 최고의 지성들은 비트겐슈타인이 최선의 상황에서 자신의 철학적 발전을 이어나갈 수 있도록 많은 노력을 기울일 준비가 되어 있었다. 그리하여 몬테카시노의 포로수용소로부터 비트겐슈타인을 석방시키기 위해 케인스가 개입한 바 있었고 (석방이 보장이 되었으나 비트겐슈타인이 거부했다), 러셀은 그와 토론하기 위해 헤이그와 인스브루크를 방문했으며, 램지와 다른 젊은 영국 학생들이 푸흐베르크로 순례 여행을 떠났던 것이다.

1920년대에 비트겐슈타인과 그의 옛 선생 사이의 관계가 예전 같지 않다는 징조가 때때로 나타났다. 러셀과 비트겐슈타인은 예를 들어 1922년 인스브루크에서 서로 화를 내고 환멸을 느끼면서 헤어졌다. 하지만 1929년 1월 비트겐슈타인이 케임브리지에 복귀하기 전까지, 비트겐슈타인의 사유 방법에서나 옛 스승과의 관계에서 보인 전면적인 변화는 표면에 드러나지 않았다. 초기의 만남들, 특히 무어와의 만남은 대체로 만족스러웠다. 무어는 노르웨이에 머물던 비트겐슈타인을 방문했던 1914년 4월 이후 처음 만난 것이었다. 비트겐슈타인이 전쟁 전에 케임브리지에 재학했던 것이 박사학위를 위한 학점으

로 인정되었고, 《논고》가 학위논문으로 제출되었다. 램지가 논문의
지도교수였고 무어가 심사를 맡았다. 램지가 병으로 요절하는 바람
에, 무어와 러셀이 구두시험관 역할을 맡았다. 1929년 6월에 있었던
구두시험의 기묘하게 우호적인 분위기가 비트겐슈타인의 '논문'에 대
해 무어가 쓴 보고서에 전해진다.

내 개인적 의견으로 비트겐슈타인 씨의 논문은 천재의 작품입니다. 하지
만, 그건 그렇다 치고, 이 논문은 케임브리지의 철학박사 학위에 필요한
기준을 분명히 충족시키고 있습니다.

나중에 판명되었듯, 철학에서의 다음번 위대한 변화는 **정말로** 비트
겐슈타인의 영향으로부터 비롯되었다. 하지만 이 변화를 설명해주는
것은 《논고》의 영향이 아니었고, '새로운' 또는 '후기' 비트겐슈타인
의 영향이었다. 이 변화는 러셀이 예상했던 것과는 전혀 다른 것이었
다. 러셀은 비트겐슈타인의 "자신의 위대성에 대한 배반"이라고 쓰면
서 이렇게 말한다. "나는 비트겐슈타인의 《논고》를 높이 평가했지만,
그의 후기 저작에 대해서는 그렇지 않다. 그것은 내게 그 자신의 최고
의 재능을 부정하고 있는 것으로 보인다. (…) 그것의 긍정적 교리는
내게 사소한 것으로 보이며, 부정적 교리는 근거가 없다. 나는 비트겐
슈타인의 《철학적 탐구》에서 내게 흥미로운 것을 발견하지 못했다.
나는 왜 학교 전체가 그 책 속에 중요한 지혜가 있다고 보는지 이해하
지 못한다."[3]
　도덕철학 교수이자 그 자신 뛰어난 과학철학자였던 브로드C. D.
Broad는 러셀보다 신랄했다. 그는 나중에 자신의 지적 자서전에서 이

렇게 썼다.

내가 고의적으로 태만했던 의무 중 하나는 매주 열리는 도덕과학클럽 모임
에 참석하는 것이었다. (…) 나는 매주 한 번씩 비트겐슈타인이 어김없이
나름대로 애를 쓰고, 추종자들도 똑같이 어김없이 "바보 같은 숭배의 표정
으로 경탄하는" 동안 자욱한 담배 연기 속에서 시간을 보낼 준비가 안 되었
다.[4]

비트겐슈타인 자신은, 자신의 철학 연구를 숙고하면서, 다음과 같은
악절을 자신의 노트에 적었다.

그러고는 이렇게 썼다. "이것은 내가 알 수 없는 테마의 끝 부분임이
틀림없다. 그것은 오늘 내가 철학 연구에 대해 생각하면서 혼자 '나는
파괴한다, 나는 파괴한다, 나는 파괴한다…'라고 중얼거리고 있을 때
내 머릿속에 들어왔다."[5]

케임브리지 당국은, 반대의 목소리에도 불구하고, 더구나 비트겐슈
타인 자신이 그들을 곤란하게 했음에도 불구하고, 결코 그를 지원하
는 데 소홀함이 없었다. 1929년 6월, 트리니티 칼리지 심의회는 그에

게 연구기금을 수여했고, 그해 10월 16일에는 대학의 도덕과학 교수회가 강의 초빙을 했다. 1930년 12월 무렵에 그는 트리니티 칼리지의 펠로로 선출되었다. 하지만 비트겐슈타인의 연구에 대한 유보적 판단을 가장 잘 드러내는 것은 아마도 그의 트리니티 펠로 지명에 관한 무어와 러셀 사이의 서신일 것이다.

1930년 3월 초, 무어는 트리니티 칼리지 심의회를 대표하여 러셀에게 편지를 써서 비트겐슈타인이 당해 학년에 수행한 연구에 관한 보고서를 준비해달라고, 그리고 비트겐슈타인과 만나서 그에 관해 이야기를 해달라고 요청했다. "만약 심의회에서 연구기금을 주지 않는다면, 그[비트겐슈타인]가 연구를 계속하는 데 충분한 수입을 보장해 줄 방법이 달리 없을 것 같아서입니다. 나는 그들이 그 분야의 전문가들로부터 호의적인 보고서를 받지 못한다면, 연구기금을 줄 가능성은 거의 없다고 생각합니다." 러셀은 비록 그가 비트겐슈타인의 연구에 대한 보고서를 어떻게 거절할 수 있을지 모르지만, 그것이 상당한 시간을 요하는 일일 거라는 취지의 답신을 보냈다. 나중에 비트겐슈타인과 일주일의 토론을 마친 후에, 러셀은 다시 무어에게 편지를 써서 한 달가량 보고서 제출 기한을 연기해달라고 요청했다. "현재 내가 받은 인상은 약간 애매합니다. 그는 오스트리아에 있는 동안 연구 작업의 요약본을 만들 생각인데, 그게 있으면 좀 더 용이하게 제대로 된 보고서가 나올 것 같습니다." 5월 초 비트겐슈타인과 추가 협의를 하고 그의 원고를 검토한 후, 러셀은 무어에게 이렇게 보고했다. "그의 이론들이 중요하고 매우 독창적이라는 것은 확실합니다. 그것들이 옳은지는 나는 모릅니다. 나는 간절하게 그것들이 틀리기를 바랍니다. 왜냐하면 그것들은 수학과 논리학을 거의 믿을 수 없을 정도로 어렵게 만들기 때문입니다. (…) 나는 비트겐슈타인이 연구를 계속할 기회를 주어야 한다고 확신합니다." 이틀 후 무어는 러셀의 보고서에 대해 현재 상태로는 불충분하며, 비트겐슈타인의 **새로운** 연구의 중요성을 높이 평가하는 부분을 강조하고, 심의회의 영구보관용 보고서 형식에 맞추어 이를 다시 작성해달라고 요구했다. 러셀은 마지못해 동의했고, 비트겐슈타인은 적절한 때에 트리니티 펠로로 선출되었다. 우리는 굳이 행간을 읽지 않더라도 러셀뿐만 아니라 트리니티 칼리지 심의회도 비트겐슈타인의 최신 연구의 실질적 장점을 확신하지 못했다는 점을 쉽게 관찰할 수 있다.[6]

II

이러한 의구심은 비트겐슈타인이 《철학적 단편*Philosophische Be-merkungen*》(트리니티 칼리지를 위해 러셀이 읽었던 저작)과 《철학적 문법*Philosophische Grammatik*》을 쓴 지 50여 년이 지난 오늘날의 많은 지식인들 사이에도 남아 있다. 전자는 다소 그의 후기 철학적인 방식으로 쓰였다. 비록 비트겐슈타인의 연구가 여러 해 동안 다른 곳보다 영어권 국가에서 더 영향력이 있었지만, 가장 날카로운 비판도 여기서 나왔다.

《논고》에는 꽤 불분명한 문단들이 나타나지만, 그럼에도 그것은 그 목표 및 내용의 골자를 요약할 수 있는 체계적인 작품이었다. 비트겐슈타인의 후기 저작의 거의 대부분은, 심지어 그의 후기 사상을 가장 완결되게 진술한 《철학적 탐구》조차도, 상황이 전혀 다르다. 순수하게 논쟁적인 부분을 제외하고는, 작품의 의도와 목적이 상당히 불분명하다. 그리고 작품은 요약하기가 매우 어려운 스타일로 쓰였다. 왜냐하면 핵심 요점들은 언급되기보다는 보여지거나 암시되기 때문이다. 후기 저작을 이해하는 데 따르는 어려움은 그에 대한 비판뿐 아니라 명료화와 설명에 쏟아진 그토록 많은 2차 저작, 논문 및 선집이 존재하는 이유를 설명해준다. 이 책을 준비하면서 나는 비트겐슈타인 자신의 저서들을 다시 읽는 한편 이러한 2차 문헌들을 많이 읽었는데, 많은 논평자들이 그의 사상이라고 주장한 것들을 그의 저작물에서 찾을 수 없는 경우가 종종 있었다. 다른 이들의 체험도 나와 유사했으리라 생각한다. 이로 인해 그러한 논평들이 그의 후기 사상의 강조점이 어디인지 및 그 중요성이 어디에 있는지에 대한 관념 면에서 크게 다를 뿐만 아니라 그의 후기 사상에 대해 광범위하게 다양한 해석들을 포함한다는 문제가 발생한다.

그래서 나는 비트겐슈타인의 후기 저작에 대한 설명을 그 자체로 매우 논쟁의 여지가 큰 그의 철학과, '**비트겐슈타인학파** 철학'의 일부라고 이름 붙일 수도 있는 꽤 많은 수의 서로 다른 입장들 사이의 차이를 상기시키는 것으로 시작하고자 한다. 이들이 비트겐슈타인학파라 불리는 이유는, 자신의 연구가 비트겐슈타인의 영향을 받았음을 강조하거나, 비트겐슈타인의 저작에서 가져온 문제들, 정식들 및 사례들을 다루거나, 종종 학생이든 동료든 비트겐슈타인과 함께 공부했거나 또는 그런 이들과의 긴밀한 관계에 있는 철학자들로 이루어졌기 때문이다.

비트겐슈타인의 철학에 대해 쓰는 것은 적어도 비트겐슈타인의 후기 사상이 케임브리지에서의 강의를 통해, 그리고 그의 강의 노트 및 책자, 또는 그에 의해 영감을 받은 논문들의 형태로 확산되던 1930년 대부터 영국과 북미의 철학적 시대상에 대한 상당 부분의 역사를 쓰는 일을 떠맡는 것이다. 이 책은 그러한 목적으로 쓰인 것이 아니다. 나는 단지 그 자신의 저작에 관한 짧은 보고서를 쓸 생각이다.

왜냐하면 이 시기에는 **저작**이 있기 때문이다. 1920년대에 비트겐슈타인은 육체적·정신적으로 폐인이었다. 램지와 많은 이들이, 비트겐슈타인 자신을 포함하여, 그가 얼마나 지쳤는지, 얼마나 붕괴 직전인지, 어떻게 겨우 일하고 있는지를 보고했다. 하지만 1930년대에는 극적인 변화가 일어났다. 사람들은 다시 그의 생기와 엄청난 연구력에 대해 말하기 시작했다. 그리고 그가 더 행복해졌다는 데 의심의 여지가 없었다. 케임브리지에 돌아오자마자 그는 자신보다 스물세 살이나 어린 젊은 수학자 프랜시스 스키너와 친구가 되었다. 스키너와 비트겐슈타인은 케임브리지에서 함께 살면서 함께 일했고, 1941년 스키너가 요절하기 전까지 변함없는 동반자였다.[7]

III

비트겐슈타인의 후기 관점이 최초로 나타난 것은 일반적으로 1920년대 후반으로 거슬러 올라간다. 그의 관점의 일부 변화는 1928년 슐리크와 바이스만과의 대화 중에 나타난다. 그리고 비트겐슈타인 자신은 1929년 케임브리지에서 램지와 피에로 스라파Piero Sraffa와의 대화가 그의 사유에서 급진적 변화를 강요했다고 언급한다. 1929년에서 1933년까지 그는 자기 입장의 주요한 변화의 일부인 상당량의 원고

두 권을 기록했고, 이는 그의 사후에《철학적 단평》과《철학적 문법》으로 출간되었다. 만일 비트겐슈타인의 강의 노트들(비트겐슈타인의 사후 무어가 출간한)이 정확하다면, 1930년대 초반 무렵에는 그의 후기 저작의 중심 사상이 되는 많은 것들과 전기 저작에 대한 세부적인 논박들이 이미 나타났다. 이러한 것들은《청색 책*The Blue Book*》과《갈색 책*The Brown Book*》에서 영어로 보다 다듬어진 예비적 진술로 나타났다. 두 타자본은 비트겐슈타인이 1933~1935년에 구술한 것으로, 책 이름은 이를 제본한 표지의 색깔을 따라서 붙인 것이다. 이 책들은《철학적 탐구》의 직접적인 전조였다. 몇몇 다른 저작들이 또한 사후에 출간되었다.《쪽지》와《수학의 기초에 대한 논평*Remarks on the Foundations of Mathematics*》같은 저작들은 비트겐슈타인이 출간할 의도가 없었던 것들로서 그의 문헌집행자들이 논평의 형태로 재구성한 것들이다. 다양한 문제들을 다룬 이러한 미완의, 때로는 매우 거친 논평들은, 그럼에도 불구하고 비트겐슈타인의 철학하는 새로운 방법론을 넓은 범위의 사례에 적용하는 예시로서 매우 유용하다.

정확히 언제 어떻게 비트게슈타인이 자신의 철학적 접근법을 바꾸었는지는 풀지 못할 역사적 수수께끼일 것이다. 1920년대 후반까지는 자신의 철학적 관점이 어느 정도까지 바뀌었는지 그 자신도 의식하지 못했을 가능성도 꽤 있다. 하지만 변화가 더 일찍, 그가 빈학파의 구성원들을 만나고 케임브리지에 복귀하기 훨씬 이전부터 시작되었다는 증거가 있다. 나는 이미 비트겐슈타인이 1921년 트라텐바흐의 학생들에게 언어를 배우지 못한 세 사람이 세상에서 고립된 채 스스로 원시 언어를 배우거나 발명할 수 있을지를 알아보는 실험에 대해 이야기했다는 일화를 언급했다. 이 일화의 주제는 사적 언어 및 언어

습득의 조건 등 그의 후기 관심사의 일부를 예고하고 있다.

비트겐슈타인이 슐리크와 바이스만과 나눈 초기 대화의 일부 성격뿐 아니라 이 사례는 그가 1920년대 후반에 이미 《논고》를 떠났으며, 더욱이 그것이 무엇이 잘못되었는지, 어떤 방향으로 가야 더 만족스런 철학함의 방법이 나올지에 관해 꽤 결정적인 관념을 가지고 있었음을 암시한다. 변화를 유발한 것은 무엇일까? 물론 이러한 변화에 대한 **전설들**이 있다. 예를 들어 비트겐슈타인이 이유로 들었다는, 스라파의 나폴리적 제스처를 '분석할' 수 없었다는 자각 같은 것 말이다. 하지만 비록 이 일화가 진짜라 하더라도, 그것은 비트겐슈타인의 관점의 변화를 뉴턴의 중력 이론을 사과로 설명하는 정도로밖에는 설명하지 못한다.

내 추측은 비트겐슈타인의 초기 저작과 깊이 상충되는 오스트리아 학교개혁운동의 주제가 점진적으로 — 아마도 그의 의도나 기대와는 꽤나 상반되게 — 그의 초기 믿음을 붕괴시켰고, 그 자리를 부지불식간에 대신 차지했다는 것이다. 이러한 변화의 과정에서 비트겐슈타인에게 영향을 미쳤던 개별 사상가로는 카를 뷜러를 꼽아야 할 것이다. 그는 빈 대학교의 철학 교수이자 학교개혁운동의 핵심 이론가였다.[8]

IV

어린이를 적절한 정보로 채워야 할 빈 양동이가 아니라 적극적인 사회적 존재로 보는 암묵적인 아동심리학이 글뢰켈의 개혁을 떠받치고 있었다. 훈련학교Drillschule와 학습학교Lernschule에 대한 공격에서,

개혁운동가들은 심리학과 학습 이론 측면에서 꽤 명시적으로 반혜르바르트주의자였고, 반연합주의자였으며, 반원자론자였다. 빈 대학교, 빈 교육학기관, 여러 사범학교에서 가르쳐진 대안적 학습 이론과 교육철학은 뷜러의 견해에 지배되고 있었다. 그는 자신의 아내이자 탁월한 아동심리학자인 샤를로트Charlotte와 함께 1922년 글뢰켈과 그의 동료들에 의해 빈으로 초청되었다.[9] 1923년, 뷜러가 빈에 도착한 지 몇 달 후, 글뢰켈은 오랫동안 생각해온 것을 공식적으로 선언했다. "전체 학교개혁은 본질적으로 어린이의 마음에 대한 심리학적 연구 결과 위에 세워진다."[10] 뷜러의 저작, 특히 《아동의 정신 발달Geistige Entwicklung des Kindes》(1918) ─ 나중에 《The Mental Development of the Child》(1930)라는 영문 축약판이 나온다 ─ 은 학교개혁운동의 출발부터 영향을 주었고, 신규 사범학교의 교육학 교재로 즉시 채택되었다.

뷜러주의 아동심리학은 게슈탈트 심리학의 비판적 버전으로, 정확하게 분류하기는 힘들지만, 게슈탈트학파의 유명한 지도자들인 막스 베르트하이머Max Bertheimer, 쿠르트 코프카Kurt Koffka, 볼프강 쾰러 Wolfgang Köhler, 쿠르트 레빈Kurt Lewin 같은 학자들보다는, 뷜러에게 큰 영향을 받은 스위스 심리학자 장 피아제의 사상과 유사하다.

뷜러 자신은 독일의 뷔르츠부르크에서 1906년 오스발트 퀼페 Oswald Külpe의 조수가 되면서 경력을 시작했다. 퀼페는 비판적 실재론자로서 에른스트 마흐의 실증주의를 공격하면서 명성을 얻었다. 퀼페의 연구를 발판으로 뷜러는 '이미지 없는 사고'라 불리는 이론을 개발하기 시작했다. 그리고 퀼페와 함께 뷔르츠부르크에서, 처음에는 본으로 이어서 뮌헨으로 이직하면서, 그의 견해를 확장하고 정교화했다. 퀼페와 뷜러가 제시한 이미지 없는 사고라는 관념은, 표상이라는 의도적 행위 속에서, 사용되는 특별한 이미지 또는 모형은(그런 게 있다면) 그것이 표상하는 것과 '이미지적으로' 닮을 필요가 없다는 점을 강조했다. 추상적인 단어들은 관습적으로 사용되며, 감각적 인상을 포함하는 원자나 요소로 환원될 수도 없고 될 필요도 없다. 그러한 견해는 게슈탈트 심리학자들의 견해와 마찬가지로 근원적으로 실증주의에 반대했으며, 그와 연관된 많은 철학적·심리학적 교설들, 예컨대 연합주의, 환원주의, 행동주의 및 논리적 원자론 등과도 반대됐다.

게슈탈트주의자들처럼, 뷜러도 이론 만들기(조직화)는 감각 인상 또는 다른 '생각의 원자들'의 연합과는 독립적으로 인간 정신의 기본 기능임을 보여주고자 했다. 인간 정신의 조직화하고 이론화하는 활동은, 사유의 '요소들'로 다루어지는 전체의 종류를 결정하는 일종의 우선권을 향유했다. 쾰러 ― 그의 연구는 영어권 국가에서 더 유명하다 ― 처럼, 뷜러는 심리학적 원자론에 대한 그의 논박이 인식론적 철학적 원자론도 타파한다고 주장한다.

1차 대전이 끝날 무렵 뷜러는 언어 이론 및 아동심리학에 중요한 기여를 한다. 이러한 주제들은 그의 《정신 발달》 및 세 개의 다른 중요한 저작(그가 빈으로 옮긴 후 출간한) 《심리학의 위기 *Die Krise der Psychologie*》(1926), 《표현 이론 *Ausdruckstheorie*》(1933), 《언어 이론 *Sprachtheorie*》(1934)의 논의를 지배한다. 오스트리아 내에서, 특히 빈에서 그의 영향력의 범위를 과대평가하기란 어려울 것이다. 또한 그 범위가 오스트리아 공화국에만 한정된 것도 아니었다. 제네바의 장자크 루소 연구소의 로베르트 도트렌스 Robert Dottrens는 이렇게 썼다.

체코슬로바키아, 독일, 벨기에, 잉글랜드, 프랑스를 지나는 여행의 결론에서, 나는 빈이 교육적 진보의 관점에서 유럽의 모든 다른 도시들에 앞선다고 말하는 것을 주저하지 않는다. (…) 현대 학교의 새로운 순례자들이 그들의 꿈과 희망이 실현된 것을 보기 위해 반드시 가봐야 할 교육학의 메카는 바로 빈이다.[11]

16년간 빈에 있으면서, 뷜러는 나중에 자신의 힘으로 명성을 얻게 되는 많은 학생들과 동료들을 그러한 순례자로 끌어들였다. 그들 중에는 폴 라자스펠드Paul Lazarsfeld, 이곤 브런즈윅Egon Brunswik, 엘제 프렝클-브런즈윅Else Frenkel-Brunswik, 콘라트 로렌츠, 칼 포퍼, 로테 셴크-단칭거Lotte Schenk-Danzinger, 알베르트 벨레크Albert Wellek, 에드워드 톨먼Edward Tolman 등이 있었다. 비록 그의 이름은 뷜러의 학생 목록에 올라 있지 않지만, 그에게서 배운 가장 저명한 인물은 비트겐슈타인인 것으로 보인다.

V

비트겐슈타인은 의심의 여지 없이 게슈탈트 심리학자들의 책을 읽었고, 깊은 인상을 받았다. 《철학적 탐구》에서의 몇몇 사례들은 코프카의 책에서 빌려온 것이었고, 비트겐슈타인은 자신의 유명한 '오리-토끼' 사례(오리로도 또는 토끼로도 보이는 그림)를 조지프 재스트로Joseph Jastrow의 것으로 여겼다. 그것이 실제로는 수백 년 동안의 응접실 마술사들의 레퍼토리 가운데 하나였음에도 말이다. 비트겐슈타인은 뷜러의 이름을 언급하지는 않았다. 그는 개인적으로 그의 '거만한 교수 행세'를 매우 싫어하게 되었고, 때때로 뷜러를 사기꾼이라고 비난했다. 그럼에도, 카를과 샤를로트 뷜러는 비트겐슈타인의 누이인 마르가레테 스톤버러의 손님으로[12] 슐리크와 비트겐슈타인과의 유명한 첫 번째 만남에 참석했다. 그들은 뷜러와 함께 빈 대학교에서 공부하던 비트겐슈타인의 조카의 제안으로 초청되었던 것이다. 비트겐슈타인의 뷜러에 대한 개인적 반응은, 긍정적인 지적 영향을 받은 것뿐 아니라, 그가 뷜러에 대해 일시적인 흥미 이상의 많은 것을 취했음을 암시한다.

앞서 인용한 《쪽지》의 구절(412)에서 비트겐슈타인은 자신이 하고 있는 것이 아동심리학인지를 자문한다. 《쪽지》, 《청색 책》, 《갈색 책》, 《철학적 탐구》는 많은 다양한 방식으로 읽어야 한다. 하지만 두 개의 필수적인 방법은 《논고》 또는 러셀 또는 헤르바르트로 대표되는 원자론에 대한 논박으로 읽는 것과, 언어에 관한 아동심리학의 개요를 발전시키려는 시도로 읽는 것이다. 어쨌든 《탐구》는 어린이가 어떻게 언어를 배우는지에 관한 아우구스티누스의 설명을 비판하는 것으로 시작하고 있지 않은가? 《탐구》의 제1부의 상당 부분은 어떻게 어린이가 모국어를 배우는가에 대한 의문에 초점을 맞추고 있다.

따라서 뷜러와 다른 게슈탈트 심리학자에 대한 참조는, 비트겐슈타인의 후기 철학에 관한 나의 논의에서 때때로 불쑥 튀어나온다. 왜냐하면 뷜러와 후기 비트겐슈타인의 가장 중요한 사상들 사이에는 놀라운 유사성이 존재하기 때문이다. 이러한 유사성 가운데 (1) 심리학적 및 논리적 원자론에 대한 반대, (2) 원자론 대신 맥락주의 또는 형태심리학, (3) 급진적인 언어 관습주의, (4) '이미지 없는 사고' 등을 들 수 있다.

빌러가 비트겐슈타인에게 영향을 미쳤다고 주장하는 것은 비트겐슈타인 자신의 기여를 폄하하는 것이 결코 아니다. 오히려 반대로 비트겐슈타인 자신의 연구의 중요성을 탄탄하게 지지하는 것이다. 내가 바라는 바는 비트겐슈타인이 흔히 독해되는 매우 영국적인 맥락에서 벗어나 덜 친숙한, 또 다른 그의 사상적 배경을 비추어보자는 것이다. 나는 비트겐슈타인과 빌러의 사상이 동일하다고 주장하는 게 아니다. 하지만 차별화라는 중요한 작업을 수행하려면, 그 전에 우리는 마음대로 사용할 수 있는 비교할 만한 이론들이 필요하다. 비트겐슈타인과 게슈탈트 심리학자들 모두는 형태나 그림만이 그것들의 배경 혹은 맥락에 따라 유사하거나 상이한 것이 아니라, **사람들과 그들의 사상도 또한 배경과의 관계 속에서 유사하거나 상이하다**는 데 동의해야 할 것이다. 비트겐슈타인과 게슈탈트주의자들의 '매우 상이한' 철학들의 사라진 배경이 제공된다면, 기본 쟁점에 관한 그들의 유사성이 드러나게 된다.

VI

《논고》는 오직 하나의 유의미한 언어적 기능을 인정했다. 그것은 세계를 모사하는 것이다. 비록 이 기능이 일상 언어에서 항상 명백한 것은 아니지만, 그럼에도 그것은 논리 분석을 통해 복잡한 것을 단순한 원자들로 드러내 보여야 했다.

케임브리지로 복귀한 직후인 1930년 무렵에 비트겐슈타인이 옹호했던 철학은 그의 초기 저작과 너무도 현저히 달라서, 교사 시절에 시작되고 뷜러 및 게슈탈트 학자들을 접함으로써 심화된 그의 초기 저작의 붕괴가 그때쯤에는 훨씬 진전된 것으로 보인다. 하지만 그의 '후기 사상'의 발전은 그의 생이 끝나는 순간까지 계속되었다. 후기 사상은《논고》의 체계적인 형태에 끝내 도달하지 못했다. 그리고 비트겐슈타인은 그 결과에 대한 자신의 깊은 불만족을 고백했다. 그의 사후 2년 뒤 출간된《철학적 탐구》(1953)에서, 그는 자신의 새 저작을 철학적 논평들의 '앨범'에 비유하면서 이러한 불안을 토로한다. 이러한 논평들은 오직《논고》에 표현된 그의 옛 사고방식을 "배경으로 하여 대조함으로써만" 올바르게 이해할 수 있다고 썼다. 그는 이제《논고》를 "중대한 오류"(《탐구》, page x)를 담고 있는 책이라고 선언했다. 그는 "다른 이들의 사유와 마찬가지로, 나의 사유에는 내가 이전에 가졌던 (시든) 생각들의 잔해가 달라붙어 있다"라고 썼다.[13]

따라서《탐구》는 부분적으로 자신의 젊은 자아에 대한 논쟁적인 공격이다. 하지만 그것은 또한 논리학, 의미, 사유와 이해, 언어, 철학의 본성에 관한 새로운 논증을 발전시킨다. 그 취지는《논고》의 교리에 대한 비판에 의해 추방된 교리를 대체하고 보완하기 위한 것이다.

비트겐슈타인이 결국 논리적 원자론을 거부하게 되었다는 사실은 전혀 놀라운 일이 아니다. 칸트 이후 원자론을 반박하는 일련의 논증들이 19세기 동안에 철학자 및 심리학자 들에 의해 개발되었다. 비록 일부는 참신했지만, 대부분은 오래된 것들이었다. 참신한 것은 원자론, 또는 종종 '요소주의'로 불리던 것에 대항하는 강력한 전쟁기계의 체계화였다. 원자론에 대한 비트겐슈타인의 거부에서 놀라운 것은, 그가 이렇게 쉽게 사용 가능한 원리에서 가져온 논증에 거의 의존하지 않고 다른 논증들을 개발하여 사용했다는 점이다. 문제는 이들 새로운 논증들이 무엇인지, 그리고 그것들이 옛 논증만큼이라도 효과적인지의 여부이다. 그것들이 옛 논증보다 우월한지 여부는 제쳐두고라도 말이다.

전통적인 원자론이 타당한 이론은 감각적 관찰 보고로부터 이끌어낼 수 있어야 한다고 주장하는 경향이 있었던 것처럼, 원자론에 반대하는 전통적 이론도 이론에 의해 채색되지 않은 감각적 관찰 보고는 불가능하다고 주장했다. 즉 모든 관찰에는 이론이 스며들어 있다. 게다가 이 논증들은 다음과 같이 계속된다. 비록 순수 관찰 보고가 사실상 불가능한 수단을 통해 존재할 수 있더라도, 이것만으로는 타당한 이론을 생산하는 데 충분치 않다.

비트겐슈타인의 강의를 기록한 노트에서, 무어는 강의가 시작되자마자 비트겐슈타인이 자신의 의견 가운데 요소명제 부분이 가장 많이 변했다고 선언한 것으로 전한다. 자신이《논고》에서 요소명제의 사례를 제시하지 못한 것을 지적한 후에 그는 요소명제로의 최종 분석에 대해 말하는 것은 사실 무의미하다고 언급했다. 무어의 전언만 볼 때, 우리는 비트겐슈타인이 원자론에 대한 전통적 비판의 방향을 취했다고 결론을 내릴지도 모른다. 즉 심리학적이든, 논리학적이든 사실상 원자 명제가 가능하지 않기 때문에, 원자명제의 사례를 하나도 제시하지 못했다는 방향으로 말이다.

하지만 비트겐슈타인의 원자론에 대한 공격이 틀에 박힌 게 아니라는 점은 금세 분명해진다.《탐구》에서뿐만 아니라《갈색 책》과《청색 책》에서, 그는 원자명제의 불가능성 또는 불충분성에 대해서는 별로 언급하지 않았다. 오히려 그의 논증은 원자명제들이 **의미 있는 의사소통에 불필요하다**는 것이었다. 하지만 많은 철학자들이 오직 의미 있는 의사소통만이 원자명제로의 분석을 필요로 한다고 주장했는지, 혹은 심지어 그러한 분석이 가능하다고 주장했는지는 분명하지 않다. 초기 원자론의 제안자가 강조했던 필요성은 타당한 주장과 부당한 주장을 구분하려는 것이었다. 이러한 필요성에 답하기 위해, 우리는 의문이 생겼을 때 분석에 호소했다. 원자론의 초기 제안자가 질문을 받았다면, 당연히 분석이 의미 있는 의사소통에 대개는 필요하지 않다는 점, 그리고 의미 있는 의사소통에 필요한 종류의 의미를 위해서는 **사용**에 대한 분석으로 충분하다는 점을 인정했을 것이다.

그럼에도 불구하고 비트겐슈타인의 공격은 그 목적과 가정에 대해 꽤 분명했던 것으로 보인다. 그는 《논고》에서(가령 3.251) 자신이 모든 명제가 완전히 결정적 또는 명백한 의미를 가진다고 가정했다고 지적한다. 그리고 자신을 그 결론으로 이끈 추론에 대해 자세히 이야기한다.

우리는 우리의 연구에서 특별하고, 심오하고, 본질적인 것들이 언어의 비할 데 없는 본질을 파악하려고 노력하는 데 있다는 착각에 빠져 있다. (…) 문장의 뜻은 ─ 우리는 이렇게 말했으면 한다 ─ 물론 이런저런 가능성을 열어두고 있지만, 그럼에도 불구하고 문장은 **하나의** 명확한 의미를 가져야 한다. 애매한 의미 ─ 그것은 사실은 **전혀** 의미가 아닐 것이다 ─ 이것은 불명확한 경계는 사실은 전혀 경계가 아닌 것과 같다. 여기서 우리는 아마 이렇게 생각할 것이다. 내가 "나는 그 사람을 그 방에 단단히 가두어두었다 ─ 다만 문 하나는 열어두었다"라고 말한다면, 나는 그저 그 사람을 전혀 가두어둔 게 아니다. 그 사람이 갇혔다는 것은 가짜다. 우리는 여기서 "당신은 전혀 아무것도 해둔 게 없다"라고 말하려는 경향이 있을 것이다. 구멍

이 뚫린 포위는 포위를 **안 한 것**과 마찬가지다 — 그런데 이것이 맞는 말인가?(《탐구》, §§ 97, 99)

비트겐슈타인은 자신의 질문에 단호하게 부정적으로 대답한다. 프레게에게서 근원을 찾을 수 있는 관점, 즉 '흐릿한 개념'은 전혀 개념이 아니라는 견해를 부정하면서 말이다. 비트겐슈타인은 이렇게 말한다. "프레게는 개념을 영역과 비교하면서, 경계가 애매한 영역은 전혀 영역이라고 부를 수 없다고 말한다. 짐작컨대 이것은 우리가 그것을 가지고는 아무것도 할 수 없다는 것을 의미하는 것 같다 — 하지만 '대략 거기쯤 서 있어라'라고 말하는 것이 무의미한 것일까?"(《탐구》, § 71)

비트겐슈타인이 문장이 명확한 의미를 가져야 한다는 견해를 반대한 위와 같은 사례는 수없이 많다. 그는 그러한 소박한 사례를 가지고 특정 상황에서 요구되는 정확성의 정도는 문맥에 따라 상대적이며, 명제의 정확성 또는 분석의 정도를 높인다고 해서 의사소통이 반드시 개선되지는 않는다고 주장했다.

일상적 대화에서 가져온 사례를 통해 각 명제가 확정된 의미를 가져야 한다는 선험적 요구를 공격하는 과정에서 그는 철학에서 일상 언어에 대한 세밀한 검토가 중요하다는 점을 강조하게 되었다. 언어에서 많은 명제들이 애매하고 부정확하고 불명확하지만, 그럼에도 추가적인 분석 없이도 꽤 적절하게 우리의 목적에 기여한다는 사실이 드러난다. 그의 빗자루 논증은 그의 후기 저작의 내용과 방법뿐만 아니라 스타일 면에서도 유명한 사례를 제공한다.

내가 "빗자루가 구석에 있다"라고 말할 때, 이것은 정말로 빗자루의 자루와 솔에 관한 진술일까? 뭐, 어쨌든 이 진술은 자루의 위치와 솔의 위치를 알려주는 진술로 대체될 수 있을 것이다. 그리고 이 진술은 분명히 첫 번째 진술을 좀 더 분석한 형태이다 ― 그런데 왜 나는 이것을 '더 분석한' 것이라고 부르는 걸까? ― 자, 빗자루가 저기에 있다면, 그것은 자루와 솔이 저기에, 서로 특정한 관계 속에 있어야 한다는 것을 의미한다. 그리고 이것은 말하자면 첫 번째 문장의 의미 속에는 숨겨져 있었고, 분석된 문장에서는 **말로 표현되어** 있는 것이다. 그렇다면 빗자루가 구석에 있다고 말하는 사람은 실제로는 자루가 거기에 있고, 솔도 거기에 있다는 것을 뜻하는 것일까? ― 만일 우리가 그 사람에게 이것이 당신이 말하고자 하는 바였는지를 묻는다면, 자루나 솔에 대해서는 결코 특별히 따로 생각하지는 않았다고 대답할 것이다. 그리고 그것은 **올바른** 대답일 것이다. 왜냐하면 그 사람은 자루나 솔에 대해서는 특별히 이야기하려고 한 것이 아니기 때문이다. "나에게 그 빗자루를 가져오라"라고 말하는 대신 "나에게 자루와 거기 붙어 있는 솔을 가져오라"라고 말했다고 가정해보자 ― 그러면 "당신이 원하는 게 빗자루인가? 그런데 왜 그렇게 이상하게 말하는 건가?"라고 답하지 않을까? ― 그 사람은 더 분석된 문장을 더 잘 이해하게 될까? ― 우리는 더 분석된 문장이 통상적인 문장과 동일한 결과를, 좀 더 번거로운 방식으로 가져온다고 말할 수 있을 것이다.(《탐구》, § 60)

어떤 용어에 대해 정확한 정의 혹은 분석을 제공할 수 있어야 한다는 관념에 대한 대안으로, 비트겐슈타인은 '가족유사성'이라는 개념을 발전시킨다.* 공통적이거나 본질적인 어떤 것을 만들어내는 대신, 그는 논의하고 있는 현상이 우리로 하여금 모든 것에 대해 같은 단어

---

* 비트겐슈타인은 이 개념을 1931년에 이미 사용하고 있었다. 《문화와 가치》, p. 14 참조.

를 사용하게 하는 하나의 공통적인 것을 가지지 않으며, 오히려 다양하게 상이한 방식으로 서로 간에 **연관되어** 있다는 것을 보여주고자 한다. 자신이 의미하는 바를 설명하기 위해, 그는 독자들에게 **게임들**을 생각해보라고 권유한다.

내가 의미하는 것은 보드 게임, 카드 게임, 공놀이, 올림픽 게임 등이다. 이들 모두에게 공통적인 것은 무엇인가? ― "뭔가 공통적인 것이 있어야 **한다.** 그렇지 않다면 그것들이 '게임'이라고 불리지 않을 것이다"라고 말하지 말고, 그 모든 것에 공통된 뭔가가 있는지를 **보라**. 왜냐하면 그것들을 자세히 살펴보면, 모든 것에 공통된 어떤 것이 보이지는 않겠지만, 거기에는 유사성과 근친성, 그리고 이러한 것들 전체의 계열이 보일 것이기 때문이다. 다시 말하지만, 생각하지 말고, 보라! 예를 들어 잡다한 근친성을 가진 보드 게임들을 보라. 이제 카드 게임으로 넘어가자. 여기서 당신은 첫 번째 그룹과 대응되는 많은 것들을 발견하지만, 또한 여러 공통된 특징들은 떨어져 나가고, 다른 것들이 등장한다. 다음으로 공놀이로 넘어가면, 공통된 많은 것들이 유지되지만, 또 많은 것들이 상실된다 ― 그것들은 모두 "재미있는"가? 장기를 오목과 비교해보라. 그러면 항상 승패가 있거나 경쟁이 있는가? 솔리테어solitaire를 생각해보라. 모든 공놀이에는 승패가 있다. 하지만 아이가 벽에 공을 튕겨 받기를 할 때, 이 특징은 사라진다. (…) 그리고 우리는 이와 같은 방식으로 많고 많은 다른 게임 집단들을 훑어볼 수 있으며, 어떻게 유사성들이 나타났다가 사라지는지를 볼 수 있다.
   그리고 이러한 고찰의 결과는, 때로는 전면적인 유사성들이, 때로는 부분적인 유사성들이 서로 겹치고 교차되는 복잡한 유사성들의 그물을 우리가 보게 된다는 점이다.

나는 이러한 유사성들의 특징을 표현하는 말로 '가족유사성'보다 나은 단어를 떠올리지 못하겠다. 왜냐하면 가족 구성원들 사이의 다양한 유사성들은, 몸집, 용모, 눈 색깔, 걸음걸이, 성격 등이 그와 같은 방식으로 서로 겹치고, 교차되기 때문이다 — 그리고 나는 '게임들'이 하나의 가족을 이루고 있다고 말할 것이다.(《탐구》, §§ 66-7)

가족유사성의 개념이 본질주의적 분석에 대한 대안으로서 독창적으로 적용된 것과 마찬가지로, 그가 들고 있는 사례도 유쾌하다. 하지만 원자론이 **의미 있는 의사소통**은 원자명제들로의 분석을 요구한다는 주장에 크게 의존하고 있다는 것이 보여질 수 없다면, 비트겐슈타인의 본질주의에 대한 논의 및 분석에 대한 공격 전체는, 비록 주제와 세부 내용이 옳다 하더라도 핵심을 벗어난 이야기가 되고 만다. 이러한 명민함과 명백한 부적절함의 조합이 러셀과 브로드를 화나게 만들었던 것이다.

또한 용어를 정의 또는 분석하려는 철학적 기획에 대한 비트겐슈타인의 논박이 실제로 옳은지 의심해볼 수 있다. 이 쟁점을 결정하기 위해, 우리가 매우 자주 그리고 일반적으로 애매하고 부정확한 언어로 의사소통을 한다는 그의 주장과 싸우는 것은 불필요하다. 정확성의 요구를 너무 멀리 밀어붙이는 것 — **지나치게** 정확하게 되는 것 — 이 멍청하게 될 위험을 감수하는 것이라는 그의 주장에 이의를 제기할 필요도 없다. '게임'과 '가족유사성' 같은 특정한 용어의 정확한 정의를 내리는 것이 불가능함을 보여주는 그의 개인적 논증이 건전한지 질문할 필요도 없다. 우리는 정의에 필요한 필요충분조건들이 주어질 수 없다는 것, 또는 그 조건들이 전혀 필요하지 않다는 것을 허용하지 않고서도 이 모든 점에서 그에게 동의할 수도 있다. 사실, 필요충분조건과 독창적인 정의 기준, 둘 모두가 주어질 수 있고, 주어질 필요가 있는 곳에서 중요한 사례가 나타나는 것처럼 보인다. 비트겐슈타인의 논의에 꽤 적합한 한 사례는, **가족 관계**의 사례이다. 우리는 '형제자매', '어머니', '아버지', '아주머니', '보호자'와 같은 단어의 정확한 정의를 제공할 수 있다. 그리고 예를 들어 법적 분쟁의 경우에, 우리는 그렇게 해야 할 필요도 있다. 그렇다면 정의와 본질이 꽤 유효한 일부 **문맥**들이 있다.

이 점은 원자론에 반대하는 비트겐슈타인의 또 다른 주요 주장인, 후기 철학의 맥락주의 또는 형태심리학으로 이어진다. 《탐구》에서 그는 언어의 단순체the simples of language와 실재의 단순체 사이의 일대일 대응에 대해 이야기하는 것은 무의미하다고 주장한다(심지어 두 종류의 단순체가 존재한다고 가정하더라도). 그는 단순성이 절대적인 문제가 아니라 맥락 의존적이라고 추론한다. 그는 우리가 꽃의 시각 이미지를 분해하여 그것을 구성하는 모든 다양한 색깔로 쪼갤 수 있다고 지적한다. 비록 그것조차, 그가 언급하지 못한 대로, 매우 정교한 절대 색채에 관한 이론을 전제하지만 말이다. 심지어 이것이 가능하더라도, 어떤 속성이 더 단순한가의 질문은 의미가 없다고 그는 추론했다. 다색성multicoloredness은 일종의 복잡성이다. 직선으로 구성된 것은 또 다른 복잡성이다. 비트겐슈타인의 관점에서, 우리는 '복합적'과 '단순한'이라는 단어를 크게 다른 방식으로 그리고 다르게 연관되는 방식으로 사용하기 때문에, **문맥과 분리된 절대적** 복잡성과 단순성을 전제하는 질문은 대답 가능하지 않고, 물어서도 안 된다. 이 점에서도 비트겐슈타인의 추론은 뷜러와 게슈탈트 심리학자들과 꽤 가깝다. 예를 들어 퀼페는 정신적 과정은 감각으로 환원될 수 있다는 마흐의 주장을 반박하기 위해 카드를 사용하는 유명한 실험을 고안해냈다(이것은《탐구》§48에 나오는 비트겐슈타인의 색 사각형의 사례와 유사하다). 퀼페는 실험 대상자들에게 다양한 색깔과 배열의 무의미한 음절을 포함하는 카드를 제공했다. 일부 대상자에게는 색깔에 관한 보고를 하도록 요구하였고, 다른 대상자들에게는 패턴에 관해, 또 다른 대상자들에게는 항목의 숫자에 관한 것들을 보고하라고 요구했다. 모든 경우에서 대상자들은 보고하도록 지시받은 특징들을 추상화했고, 카드의 다른 특징들에 대해서는 언급하지 않았으며, 대부분의 경우 이를 기억하지 못했다. 이러한 특징들은 똑같이 단순한 것들로 간주될 수 있었음에도 말이다. 여기서 다시 대답들은 던져진 질문들에 의존했으며, 문맥에 의존했다. 연합주의자들에게 조직화 또는 이론은 이전의 연합에서 발생하는 반면, 퀼페나 뷜러, 그리고 다른 게슈탈트 심리학자들에게 ― 그리고 비트겐슈타인의 후기 철학에서는 ― 연합은 조직화 또는 이론에 의존한다.

VII

《논고》에서 비트겐슈타인은 타당한 과학적 명제를 모든 다른 발언과 구별한다. 비록 그는 "인생의 문제들을 전혀 손대지 못하고 남겨두는"(《논고》6.52) 과학적 명제에 전혀 경의를 표하지 않았고 "얼마나 적은 것이 성취되었는지"(《논고》, page 5)를 보여주었지만, 그것들은 그의 철학에서 최상위 자리를 차지한다. 그래서《논고》의 입장이 불가능하다는 것을 발견했을 때, 그는 근본적인 방향 전환을 하였다. 《탐구》에서는 더 이상 최상위 자리는 없다. 과학적 명제들은 많은 다른 종류의 명제들과, 많은 다른 언어게임들과 연결된다. 이 가운데 어떤 것도 다른 것들을 판단하거나 비판할 권력을 누리지 못한다. 그것들 각각은 어떠한 기성 담론의 영역 내에서 사용되며, 그로부터 자신의 의미를 얻는다. 만일 과학이 권위를 가질 수 없다면, 그 무엇도 권위를 가질 수 없다. 만일 어떠한 원자적 과학적 명제도 세계를 반영할 수 없다면, 세계는 언어에 의해 전혀 반영되지 않는다. 《논고》에서 전개된 자신의 비판 이론이 작동할 수 없다는 것을 발견하고서, 비트겐슈타인은 어떠한 철학적 비판 이론도 불가능하다고 결론을 내렸다. 비판하고, 정당화하고, 설명하는 것, 이러한 것들은 더 이상 적합한 철학적 목표가 아니었다. 철학자들에게 남아 있는 모든 것은 많은 다른 종류의 언어게임들과 그것들이 뿌리박고 있는 '삶의 형식'들을 **기술하는** 것이었다. 그러한 기술은 그 자체로 **주체 중립적**subject neutral이다. 논리학 또는 다양한 종류의 담론의 문법을 명백히 하려는(기술하려는) 시도를 하면서, 그것은 이들 중 하나가 다른 것들 위에 있다는 가정을 **원칙적으로** 할 수 없다. 심지어 논리학자들이 명확한 언표에 대한 성공 기준을 가지고 있는 논리학의 기본 법칙들도 이제는 **관습들**로, 진술들을 규칙성 있게 배열하는 매우 체계적인 도식으로 간주된다. 논리학의 법칙은 세계의 논리적 구조를 '명백히 밝히기'는커녕, 인간이 창조한 분류 도식일 뿐으로, 역시 인간이 창조한 다른 언어게임들보다 **결코 더 기본적인 것이 아니다.** 정교하게 인간중심적인 상대주의, 그 의미가 사용에 의해 결정되는 언어 체계에 관한 일종의 비교 인류학이 《논고》의 객관적 실재론을 대체했다.

하지만 명백하게 변하게 않은 게 하나 있다. 즉《논고》의 해법이 '결정적이고 공격받을 수 없다'는 비트겐슈타인의 확신이다. 그것은 단순한 것들로의 분석이, 만일 그러한 분석이 존재한다면, 어떻게 진행되어야 하는지를 진술한다. 만일 **그의** 설명이 통하지 않는다면, 그러한 **어떠한** 설명도 통할 수 없다!

비트겐슈타인의 후기 급진적인 주관주의는 — 때때로 반대되는 주장에도 불구하고 — 초기의 실재론과 마찬가지로 칸트주의적인 것이 아니다. 그럼에도, 후기 비트겐슈타인에게는 일부 칸트적인 주제의 반향이 남아 있다. 범주, 논리, 문법 등 언어게임의 상이한 준거틀들은, 세계의 구조를 반영한 것이 아니라, 인간과 환경의 상호작용의 자연사적 기록으로 간주된다는 점에서 칸트의 **특징**이 있다. 인간의 행동에 뿌리박혀 있는 인간의 언어는, 언어에 대한 탐구가 더 이상 실재에 대한 접근을 제공한다고 가정하지 않는 탐구를 위한 출발점으로 간주된다. 여기에서 오히려 인간의 언어는, 실재를 **창조한다**는 의미에서 세계에 대한 모사라기보다는 마음의 **투영**으로 간주된다. 하지만 여기에서도 칸트와는 근본적으로 차이가 있다. 칸트에게 세계의 구조는 알 수 없는 것이었고, 지성의 범주는 불변하는 것이었다. 초기 비트겐슈타인에게 세계의 구조는 알 수 있는 것이었고, 후기 비트겐슈타인에게 지성 — 언어 — 의 범주는 끊임없이 변화하는 것이었다.

VIII

과학이라는 하나의 단일 언어만 존재한다는 주장은《탐구》에서 폐기되었다. 그리고 그 자리를, 언어는 상이하고 종종 상호작용하는 수많은 언어게임들로 구성된다는 견해가 대신했다. 각 언어게임은 자신만의 '문법', 즉 사용 규칙을 갖는다. 여기서 사용되는 '문법'이라는 단어는, 비트겐슈타인의 용법과 마찬가지로 주어, 술어, 명사, 동사, 형용사 및 기타 '언어의 부품들', 즉 비트겐슈타인이 매우 오도적이라고 보았던 분류 체계를 지칭하지 않는다. 그는 꽤 심사숙고하여 이 오래된 단어를 골라내 새로운 방식으로 사용한 것으로 보인다. 왜냐하면 학교문법이 프레게, 러셀, 화이트헤드, 비트겐슈타인 및 다른 학자들의 연구에 의해 쓸모없게 된 아리스토텔레스의 논리학과 긴밀하게 관계된 것처럼, 그의 '심층 문법' 또는 '언어의 기초를 이루는 논리'로서의 문법이라는 새로운 의미는 새로운 논리학에 연결되었다. 사실 비트겐슈타인은 '문법'이라는 단어를 최소한 두 가지 의미로 사용하는데, 어느 것도 학교문법과는 일치하지 않는다. 첫째, 표층 문법은 단어가 특정한 발화의 구성에서 사용되는 방식과 관계된다. 둘째, 심층 문법은 단어가 그 속에서 어떤 역할을 하는 언어게임 또는 삶의 형식의 **취지**point에 의존한다.*

---

* 종종 주장되는 것과 달리, 비트겐슈타인의 심층 문법은 촘스키가 언어 이론에서 소상히 설명한 심층 문법과 일치하지 않는다.

IX

후기 비트겐슈타인에게는 모든 언어 또는 철학자가 관심을 가지는 어떠한 하나의 언어조차도 원자명제로 환원 가능한 특정한 문법을 가질 필요는 없다. 철학적 당혹감은 더 이상 원자명제들로 분석되지 않는 발언을 사용한 탓으로 돌려지지 않는다.

하지만 그의 관심은 여전히 철학적 당혹감을 제거하는 것이었고, 철학의 본성에 대한 그의 전 관점은 이러한 관심사에 대한 그의 이해에 달려 있었다. 철학적 당혹감을 제거하려는 그의 프로그램을 그 자신은 "우리 지성이 언어라는 수단에 의해 마법에 걸리는 것에 대항하는 투쟁"으로 간주했고(《탐구》, § 109), 이 프로그램은 당혹감의 **기원**에 대해 그가 제공하는 설명에 의존한다. 《탐구》에서 철학적 당혹감은 몇 가지의 주요 오류의 원천으로 추적된다. 하나는, 시간을 흐름으로 보는 것처럼, 그림에 '사로잡히는' 것이다. 두 번째는 표층 문법과 심층 문법을 혼동하는 것이다. 더욱 중요한 오류는 세 번째이다. 다른 언어게임들 사이의 복잡한 상호작용을 혼동하여, 한 언어게임의 규칙을 다른 언어게임에 잘못 적용하고, 다른 문법을 뒤섞는 것이다. 이런 오류가 발생하면, 중요한 발언은 꽤나 의도와 다르게 적절한 문맥에서 벗어나버리게 된다. "다른 어떤 것도 함께 움직이지 않는데도 돌아갈 수 있는 바퀴는 그 기계의 부품이 아니다."(《탐구》, § 271)

비트겐슈타인이 철학적 당혹의 원천으로 보는 이러한 종류의 오류는 현대 분석철학자들이 '범주 오류'라고 부르는 것과 유사하다. 비록 비트겐슈타인 자신은 이 용어를 사용하지 않았지만 말이다.[14] 범주 오류를 피하기 위해서는 일상 언어에 대한 세부 연구, 즉 삶, 행동, 자연과의 그 모든 상호작용이라는 맥락에서 언어를 연구하는 것이 필요해진다. 비트겐슈타인은 이렇게 썼다. "나는 또한 언어와 그 언어가 얽혀 있는 활동들로 이루어진 전체를 '언어게임'이라 부를 것이다."(《탐구》, § 7)

'받아들여진 것, 주어진 것'에 대해 '순수하게 기술적인' 세심한 연구를 통해 비트겐슈타인은 우리가 어떻게 사회적으로 고정된 '언어게임' 또는 삶의 형식 안에서 다양한 표현들의 '적절한 사용법'을 배우는지 설명하려 한다. 이러한 적절한 사용법을 배우면서, 우리는 게임의 규칙을 배우는데, 언어 표현은 이 규칙 안에서 일어난다. 특정한 종류의 표현들이 적절한 영역 또는 적용 범위를 벗어나 사용될 때, 언어는 한계를 벗어나거나, 그의 표현대로 '휴가를 떠나게' 된다. 따라서 철학적 비평은 언어가 어떻게 적절한 장소에서 벗어났는지를 보여주고, 올바른 문맥으로 되돌려놓는 활동이 된다. 비트겐슈타인은 이렇게 설명한다. "내가 사용하는 가장 중요한 방법 중 하나는, 우리 관념들의 역사적 발전 과정을 실제 일어났던 것과 다르게 상상하는 것이다. 그럴 경우 우리는 문제를 완전히 새로운 각도에서 보게 된다."[15]

따라서《논고》는 전체적으로 하나의 거대한 범주 오류로 간주된다. 이 경우는 다른 언어게임들이 하나의 최고 권위를 갖는 언어게임, 즉 과학의 기준을 충족해야 한다고 가정하는 오류다. 비트겐슈타인은 《탐구》에서, 그리고 다른 후기 저작에서, 그러한 '문법적' 오류들의 많은 사례들을 제시한다. 이들 중 다수는 그가 기껏해야 우리의 물리적 개념에 적합하거나 심지어 여기에도 적합하지 않은 개념 및 규칙들을 심리적 개념에 부과하는 경향이라고 간주한 것들과 관련된다. 물리적 개념과 심리적 개념을 뒤섞는 경향은 왜 철학자들이 그렇게 많은 시간을 일원론자와 이원론자로 나뉘어 '정신적 실체'의 존재에 관해 고민하면서 보내는지를 설명하는 데 도움이 된다고 비트겐슈타인은 생각한다. 이 오랜 불일치는 논쟁에 관련된 사람들이 생각했던 것처럼 사실의 문제에 관한 불일치가 아니라, 심리적 개념의 문법을 물리적 개념의 문법에 잘못 적용한 것 혹은 그 반대로 적용한 것이며, 단어를 적절한 문법적 문맥에서 이탈시킨 것이라고 생각한다.

비트겐슈타인은 이러한 경로에 의해《탐구》의 상당 부분을 심리적 개념, 예컨대 '생각', '느낌', '의미', '이해', '의도' 등의 연구에 할애하게 되었다. 여기서 그는 퀼페와 뷜러의 개념과 매우 유사한 '이미지 없는 사고'의 관념을 발전시킨다. 그는 이렇게 말한다.

상상 가능성이 우리의 탐구에서 어떤 역할을 하는지는 불분명하다. 즉 문장이 의미가 통하도록 하는 데 상상 가능성이 어느 정도로 보증하는지는 불분명하다. 우리가 문장과 관련해서 무언가를 상상해야 한다는 것은, 문장을 가지고 스케치를 해야 한다는 것과 마찬가지로 문장의 이해에서 본질적인 것은 아니다. '상상 가능성' 대신에 우리는 또한 여기서 특별한 재현 방법에 의한 '재현 가능성'이라고 말할 수도 있다. 그리고 그러한 재현은 사실 문장을 그 이상으로 사용하는 길을 확실하게 알려줄 수도 있다. 다른 한편으로, 어떤 그림이 불쑥 끼어들어서, 전혀 쓸모없게 될 수도 있다. (《탐구》, §§ 395-97)

비트겐슈타인은 그의《강의와 대화Lectures and Conversations》(page 30)에서 유사한 방식으로 이미지 없는 사고에 관한 개념을 발전시키는 동시에 바로 그와 상이한《논고》의 전제를 거부한다. 여기서 그는 어떤 프랑스인이 "Il pleut"라고 말하고, 어떤 영국인이 "It is raining"이라고 말할 때, 무엇인가가 두 사람 마음에서 일어나는데, 그것이 '비가 온다'의 진짜 의미라는 주장을 부정한다. 비트겐슈타인은 설명한다. "우리는 뭔가 심상 같은 것, 국제 공용어인 것을 상상한다.* 하지만 실제로, (1) 사유(또는 심상)는 단어가 말해지거나 들릴 때 수반되는 것이 아니다. (2) '비가 온다'는 생각 속의 의미는 어떤 종류의 심상을 **수반하는** 단어들조차 아니다."[16]

《논고》의 그림 이론에 반대하여, 비트겐슈타인은 비록 우리가 심리적 이미지를 **가진다고** 가정한다 하더라도 이들은 여전히 해석되어야 하며, 따라서 사용할 수 있다 하더라도 사유와 실재 사이의 즉각적이고 무오류의 접촉을 제공할 수 없으리라고 언급했다. 따라서 물리적 언어는 심리적 언어로 환원될 수 없을뿐더러, 후자의 언어는 어떤 경우에도 우리에게 실재의 궁극적 구성물에 접근할 수 있게 할 수 없다. 이것은 마치 논리학이 실재의 궁극적 구조에 접근할 수 없는 것과 같다.

X

철학의 역사에서, 오류에 대한 새로운 설명 — 비트겐슈타인의 후기 사상이 그러한 것이다 — 은 종종, 그러한 오류들이 더 이상 발생하지 않는 조건들을 창조하기 위한 연구 프로그램을 낳는다. 비트겐슈타인

---

* 이것은 분명히 오토 노이라트에 대한 약간 노골적인 비판이다. 노이라트는 학교개혁프로그램에 기여했던 것과 마찬가지로, 스스로 '빈식 방법'이라고 부른 것을 만들었는데, 이것은 말의 오해를 피하고 국제적인 '보편 언어'를 창조하는 데 기여하기 위해 단어보다 그림을 사용하는 것을 옹호했다.

에게도 마찬가지다. 그 자신은 사람들이 참가하는 모든 특별하게 식별 가능한 원칙과 활동 들이, 각각 그 자신의 규칙(문법)의 세트를 가진, 분리된 언어게임들이라고 주장한 적이 없다. 그가 사태가 그것보다는 복잡하다고 생각했다는 것은 명백하다. 하지만 많은 그의 추종자들은 바로 이 실수를 저질렀다. 각 개별 활동 — 법, 역사, 과학, 논리학, 윤리학, 정치학, 종교 등 — 이 그 자신만의 특별한 문법 또는 논리를 가진다고 가정했고, 이들 가운데 한 문법을 다른 것의 문법과 섞었을 때 철학적 오류로 이어진다고 가정했으며, 이들 분리된 논리 또는 문법을 세부적으로 기술하는 것이 철학의 **새로운** 일 — 비트겐슈타인적인 체제하에서 새로운 연구 프로그램 — 이라고 가정했던 것이다. 이러한 정신에서 두 세대의 영미 철학자들이 다음과 같은 제목의 책을 쓰게 되었다. 《정치학의 어휘*Vocabulary of Politics*》,《도덕의 언어*The Language of Morals*》,《도덕적 담론의 논리*The Logic of Moral Discourse*》,《역사적 설명의 논리*The Logic of Historical Explanation*》,《문학 비평의 언어*The Language of Literary Criticism*》,《소설의 언어*The Language of Fiction*》,《논증의 사용법*The Uses of Argument*》,《사회과학의 논리*The Logic of Social Science*》,《과학의 논리*The Logic of Science*》,《논리학의 분야*The Province of Logic*》,《교육의 언어*The Language of Education*》,《종교적 언어의 논리*The Logic of Religious Language*》,《신앙과 논리*Faith and Logic*》,《기독교적 담론*Christian Discourse*》,《기독교 신앙의 언어*The Language of Christian Belief*》,《색채 단어의 논리*The Logic of Colour Words*》 등등 진저리가 날 정도다. 자신의 주제에 노련한 철학자든 신예 철학자든, 어떤 철학자도 이런 식으로 어떤 책이나 학술논문을 생산될 수 있는 단순한 '연구 공식'을 제공받았다. " 'x의 논리', 'x의 언어', 또는 'x의 문법'이라는 구절을 가져온다. x에는 어떤 활동 또는 위에 언급한 학과목이 대입된다. 그렇게 생성된 주제에 관한 논문을 쓴다." 이런 프로그램을 실행할 때 손쉽게 처리되는 용이함은 이러한 비트겐슈타인식 철학함의 엄청난 성공을 설명하는 데 도움이 된다. 그 증거로 나는 앞서 인용한 각 제목들이 실제 출간된 책과 전공 논문 들이라는 점을 언급하겠다. 러셀이《탐구》의 이러한 측면을 인식했다면, 그는 비록 여전히 환멸을 느끼겠지만, '학교 전체가 그 책에서 중요한 지혜를 발견한다'는 것의 의미를 보다 잘 이해했을 것이다.

하지만 비트겐슈타인 자신은 이러한 종류의 활동을 승인하거나 그에 개입하지 않았다. 사실 비트겐슈타인이 잘 알고 있었듯이, 범주, 언어게임, 문법 규칙 또는 무엇이라고 부르든 이것들을 실제로 분류하는 것은 ― 심지어 그것이 유용하다 하더라도 ― 결코 쉽지 않다. 이것은 몇몇 사례를 통해 보여질 수 있다. 철학적 문법에서 발생하는 오류의 예시로 종종 인용되는 사례들로 집합과 원소의 혼동이 있다. 옥스퍼드, 케임브리지, 런던, 더럼, 예일, 샌타크루즈 등 대학교university와 그것을 구성하는 단과대college를 혼동하는 것이나, 중대中隊를 그것을 구성하는 병사들과 혼동하는 것. 무슨 기준에 의해 우리는 그런 범주들을 구별하는 걸까? 종종 다른 적용 문법을 가지는 두 개의 주어들은 다른 종류의 술어들이 그것에 적절할 때마다 다른 범주들이라고 생각된다. 예를 들어 우리는 "군인들은 뚱뚱하다"라고 말하지만 "중대는 뚱뚱하다"라고 하지는 않는다. 또는 "단과대는 아늑하다"라고 하지만 "대학교가 아늑하다"라고 하지는 않는다. 마찬가지로, 두 개의 주어들은 같은 술어들이 그것들에 붙을 때마다 같은 범주라고 생각된다. 예를 들어 '잘 먹인'이라는 표현은 군인들과 미군의 수병들 모두에게 쓸 수 있다. 하지만 언어게임 또는 범주를 구별하는 이 특별한 방식은 종종 실패한다는 것을 보여주기는 쉽다. 한 사람과 그의 몸은 둘 다 수척할 수 있다. 비록 두 개의 주어들이 표면적으로는 다른 범주로 생각되지만 말이다. 또한 2와 0은 많은 문맥에서 같은 범주로 간주되지만, 전자는 분모로 쓸 수 있는 반면 후자는 쓸 수 없다. 또는 전자기파와 광파, 음파, 물결파의 차이를 들어보자. 상식적 접근법은 전자기파를 하나의 범주로 두고, 광파와 음파를 또 다른 범주로, 그리고 물결파를 별도의 범주로 볼 것이다. 하지만 물리학에서는 처음 두 개를 하나로 묶고, 나중 두 개를 별도로 묶는다. 첫 번째 경우는 전자기파와 광파는 동일하다는 이론에 따른 것이고, 두 번째 경우는 음파와 물결파는 매질 속에서 파동 친다는 이론에 따른 것이다.[17]

물론 여기에 깔려 있는 문제는, 부적절한 기준을 특별한 주제에 적용하는 것이 실제로 잘못인 반면, 우리는 종종 어떤 기준 또는 범주의 기준이 적절하거나 부적절한지를 미리 알 수 없다는 것이다. 이것 또한 탐구해야 할 문제이다. 따라서 일부 비판에 대해, 예컨대 그것이 '과학적 성격'과 같은 어떤 조건을 만족한다는 측면에서 주제에 적절한지를 먼저 묻는 것은 잘못일 것이다. 문제 되는 주제에 대한 어떠한 범주의 반대들을 우리가 수용할 준비가 되어 있는지를 더 잘 **발견하기** 위해서는, 비판을 그 자체로 진지하게 받아들이는 것이 아마 더 좋을 것이다. 이것은 놀라움으로 다가오는 것이 당연하다.

비트겐슈타인은 일부 추종자들과는 반대로 그러한 난점을 적어도 이론적으로는 피했다. 왜냐하면 그는 본질주의에 대한 공격의 일부로서 단호히 어떠한 언어나 언어게임도(**어떠한** 게임과 마찬가지로) 본질적인 정의 기준을 소유하지 못한다고 주장했기 때문이다.

XI

비트겐슈타인의 후기 철학에 대해 방금 한 설명의 핵심에는 철학의 기본 쟁점 가운데 하나가 놓여 있다. 이것은 그의 후기 사상에서 가장 문제가 되는 측면이다. 내가 말하는 것은 바로 언어게임, 생활양식 및 문법 등의 발전, 정교화, 변화, 생성 및 소멸의 문제이다. 비록 그의 저작에서 이러한 문제를 다루는 부분들은 불분명하고 만족스럽지 않지만, 일관된 입장이 진술되고 있다.[18]

난점이 발생하는 이유는 세 개의 중요한 주장들이 어떤 쉬운 방법으로 서로 맞아떨어지지 않는다는 것이다. (1) 하나의 언어게임 또는 문법은 다른 것들을 판단해서는 안 된다고 주장하면서, (2) 비트겐슈타인은 또한 (칸트와는 반대로) 우리의 언어게임들 및 문법적 범주들과 개념들은 바뀌거나 발전하거나 진화할 수도 있음을 허용한다. 문장의 종류 사이의 차이에 관해 쓰면서 비트겐슈타인은 이렇게 말한다. "이 다양성은 영구적으로 주어진, 어떤 불변의 것이 아니다. 하지만 새로운 유형의 언어, 새로운 언어게임들이 생기게 되고, 다른 것들은 쓸모없이 되고 잊혀진다(우리는 수학의 변화에서 이에 관한 **대략적** 그림을 얻을 수 있다)."(《탐구》, § 23) 하지만 그는 계속해서 (3) 철학은 이러한 변화에 간섭해서는 안 된다고 말한다. "철학은 어떤 방식으로도 언어의 실제 사용에 간섭해서는 안 된다. (…) 철학은 모든 것을 있는 그대로 놓아둔다."(《탐구》, § 124) "받아들여야 하는 것, 주어진 것, 우리는 그

것을 **삶의 형식**이라고 말할 수 있다."(《탐구》, page 226)

첫 번째와 세 번째 주장은 종종 이데올로기적 보수주의로, 이미 확고하게 인정된 삶의 형식들의 평화로운 공존으로 간주되는데, 이는 충분히 이해할 만하다. 이러한 입장은 실제로 변화의 여지를 남기지 않기 때문이다. 두 번째 주장 또한 종종 별로 중요치 않은 형식적인 양보로서 무시되거나 간과된다.

문제는 이중적이다. 먼저 만일 상충되는 언어게임들 또는 삶의 형식들이 서로 옳으니 그르니 간섭함으로써 스스로 문법적 변화를 시작하는 것이 허용되지 않는다면, 어떻게 그러한 변화가 시작**되는가**? 그리고 그것은 어떻게 평가해야 하는가? 비트겐슈타인은 어떠한 설명도 제시하지 않는다. 둘째, 만일 그가 근본적인 문법적 변화를 기꺼이 지지하려고 한다면, 왜 그는 철학이 그것에 영향을 미치는 것을 금하는 것일까? 그의 설명은 철학의 전통과 상충된다. 전통 철학에서는 아마도 근본적인 범주적 변화를 불러오는 가장 중요한 방법은 상반되는 범주적 준거틀 사이의 충돌에 참여하는 이성적·지적 비판을 통해야 한다고 가정된다. 우리가 참여하는 언어 행위의 문법에서의 기본적 변화는 과거에는 종종 한 묶음의 범주들, 하나의 문법 및 한 언어게임에 대한 다른 것의 비판을 수반했다. 이것은 비트겐슈타인에게 친숙했던 몇몇 중요한 개념적 또는 범주적 변화를 언급하자면 현대 논리학, 비유클리드 기하학 및 아인슈타인의 상대성이론의 발전에서 일어난 개념적 변화에서는 참이다. 비트겐슈타인이 신뢰했던 제자인 프리드리히 바이스만은 비트겐슈타인의 후기 철학의 원칙에 관한 개론적 설명을 역사적 기록에 긴밀히 연결할 목적으로 쓴 책에서, 아인슈타인의 동시성 분석을 철학이 과학의 진보에 도움을 준 개념적 변화와

명료화의 사례로 인용한다.[19]

여기서 쟁점이 되는 개념적 준거틀의 발전과 변화, 언어게임 및 삶의 형식의 범위와 한계, 의사결정, 규칙 준수, 철학의 본성 등은 비트겐슈타인의 연구 전체에서 다루어진다. 하지만 그것들은 아마도 그가 종교를 다룰 때 가장 분명하고 중요하게 드러난다. 그 자신도 이를 느낀 듯하다. 자신의 후기 철학에 대해 언급하면서, 비트겐슈타인은 한때 이렇게 평했다. "그것의 장점은 이러하다. 만일 당신이 예컨대 스피노자나 칸트를 믿는다면, 이것은 종교적 신앙을 방해한다. 하지만 당신이 내 말을 믿는다면, 그런 일은 일어나지 않는다."[20] 비트겐슈타인의 비판가들 또한 그의 철학에서 이 점의 중요성을 간과하지 않았다. 대표적으로 어니스트 겔너Ernest Gellner의 공격이 종교에 초점을 맞춘다. 그에 따르면 비트겐슈타인은 "철학을 파괴함으로써 신앙의 여지를 마련하였다. (…) 종교 신자들은 비트겐슈타인의 철학에서 단지 철학적 비판을 배제하는 장치뿐만 아니라, 그들 믿음에 대한 긍정적 정당화까지 발견할 수 있다."[21] 그들은 그렇게 **할 수 있을** 뿐 아니라, 이미 그렇게 하였다. 비트겐슈타인의 가장 친했던 학생들 몇몇은 로마 가톨릭으로 개종했다. 다른 한 명은 영국 성공회 지원자였다. 그리고 영국과 미국의 대부분의 동시대 종교철학자들이 비트겐슈타인의 논증에 의존했다.

겔너의 언급은 과장되었지만 근거가 없는 건 아니다. 비트겐슈타인은(일부 그의 제자들과는 반대로) 종교적 믿음에 대한 '긍정적 정당화'를 제공하지도, 종교적 문법 또는 종교적 삶의 형식에 대한 비판을 배제하지도 않았다. 그가 **실제로 한** 것은, 종교적 삶의 형식에 대한 비판은 철학자의 자격으로서 철학자가 할 일이 아니라고 언급한 것이다.

철학자들을 다양한 범주와 준거틀의 기술로 제한하면서 비트겐슈타인은 사실 플라톤, 스피노자, 흄, 칸트 및 — 비트겐슈타인의 동시대 철학자들 중에는 — 러셀 등의 이름과 결합된 철학적 전통의 부분으로부터 떨어져 나온 것이다. 이 모든 사상가들은 철학자들이 근본 범주들에 대한 근원적 비판을 떠맡을 필요가 있다고 강조했고, 심지어 때로는 이것이 철학자의 핵심 역할이라고 말했다. 전통이 나쁜 것일 수 있다고 허용한다면, 우리는 아직도 비트겐슈타인이 말한 '철학자의 자격으로서 철학자'라는 작위적인 조어가 의미하는 바를 이해하지 못한 것이다. 왜냐하면 비트겐슈타인은 다양한 종교를 구현한 생활양식이 나타났다 사라지는 것도, 그러한 생활양식이 비판받는 것도 부정하지 않았던 한편, 철학자가 그러한 변화에 철학자의 자격으로 영향을 미치려는 시도를 금했기 때문이다. 구별은 어리석다. 우리는 철학적 발언을 하기 위해 어떤 종류의 모자를 쓰지 않는다. 철학적 발언을 무효화하기 위해 모자를 벗지도 않는다!

그렇다면 비록 종교에 대한 비트겐슈타인의 접근법은 비판자의 접근법이 아니지만 그렇다고 옹호자의 입장인 것도 아니다. 분명히 그 자신은 1차 대전 기간 중에는 기도를 했다. 하지만 그는 이것을 **교리**에 대한 신앙 또는 옹호와 분리하고 싶어 했다. 그는 자신이 전통적 종교 교리를 지지하지 않으며, 여러 경우 심지어 그것이 의미하는 바를 이해하지 못한다는 것을 분명히 했다. 그는 제안했다. "어떤 사람이 이렇게 말했다고 가정해보자. '비트겐슈타인, 당신은 무엇을 믿습니까? 당신은 회의주의자입니까? 당신은 죽은 후에도 살아남을 것인지를 압니까?' 나는 정말로 이렇게 말할 것이다. '말할 수 없군요. 나는 모릅니다.' 이것은 사실이다. 왜냐하면 '나는 존재하기를 멈추지 않는다'라고 말할 때, 무슨 말을 하고 있는지 명료하게 알지 못할 것이기 때문이다."[22] 또한 그는 비록 자신이 우리의 죄와 죄책감의 인식과 관련된 신의 개념을 이해할 수 있지만, 창조주의 개념은 이해할 수 없다고 말했다.[23]

다른 저작에서와 마찬가지로 《탐구》에서 비트겐슈타인은 매우 자기의식적으로 자신에게 당혹스러웠던 종교 및 다른 삶의 형식에 대해, 인류학자 또는 "낯선 언어를 가진 미지의 나라로의 탐험가"(《탐구》, §§ 206-8)[24] 역할을 떠맡았다. 그리고 비록 그 나라 사람들이 언어를 진화시키고 "일상적인 인간 활동에 [종사하더라도] (⋯) 우리가 그들의 언어를 배우려고 할 때 우리는 그것이 불가능함을 발견할"(《탐구》, § 207) 가능성을 제기했다. 그러한 종족에 관해 그가 말하는 것은 현대 기독교의 여러 형태에 대해서도 말할 수 있다. "그들의 말, 즉 그들이 내는 소리와 그들의 행동 사이에는 규칙적인 연관이 없다. 하지만 그 소리들이 쓸데없는 것은 아니다."

심지어 언어가 이해되는 곳에서도, 비트겐슈타인은 상호 간의 이해가 불가능할 수 있음을 허용했다. 그는 "한 인간은 다른 인간에게 완전한 수수께끼일 수 있다"라고 말했다. "우리는 이것을 완전히 낯선 전통을 가진 외국에 갔을 때 알게 된다. 그리고 더욱이 그 나라의 언어를 완전히 숙달했더라도 그럴 것이다. 우리는 그 사람들을 **이해하지** 못한다(그것은 우리가 그들끼리 하는 말을 모르기 때문이 아니다). 우리는 그들에게 익숙해질 수 없다."(《탐구》, xi, page 223). 그의 가까운 친구와 학생 중에 로마 가톨릭 신자가 된 스마이시스와 앤스콤에 대해, 그는 맬컴에게 말했다. "나는 그들이 믿는 것을 내게 믿도록 할 수 없을 것이다." 맬컴은 이렇게 덧붙였다. "나는 이 언급에서 그가 그들의 신앙을 폄하한 게 아니라고 생각한다. 그것은 차라리 그 자신의 역량에 관한 관찰이었다."[25]

종교에 대한 그러한 언급은 그의 주요 저작에서는 암시적이고 간접적으로 나타난다. 그의 사상을 종교에 직접 적용한 것을 발견하려면, 우리는《강의와 대화》에 수록된 종교에 관한 그의 세 강의와 프레이저의 걸작《황금가지The Golden Bough》에 관한 논평을 연구해야 한다. 이 두 곳 모두에서 비트겐슈타인은 자기 사회의 규준과, 검토되지 않은 자신의 이성 및 과학에 대한 존중을 기준으로 원시적 사회든 종교든, 다른 생활양식에 접근하는 것의 오류를 특수한 사례를 들어 경고한다. 그것이 아무리 일관되더라도, 그러한 과정은 다른 문법에 대한 오해로 이어지게 되어 있다. 그러한 마주침은 다른 삶의 형식에 체화된 합리성의 기준을 탐색하는 데뿐만 아니라 자신의 합리성의 기준에 초점을 맞추어야 한다. 누군가 "비트겐슈타인은 이성의 토대를 허물고 있다"라고 비난한다면, 그는 "이 말이 잘못된 것은 아닐 것이다!"라고 대답할 것이라고 공언한다.[26] 이것은 그가《논고》를 처음 거부한 경우도 아니다. 비록 이성의 토대를 허물려는 시도는 아니지만, 분명 중요한 **합리성 이론** 하나를 공격한 것이다.

우리는 '믿다', '모순된다', '이해한다', '의견', '오류', '증거', '예언' 등 관련된 주요 용어들 모두가 조사자들의 비종교적 문법을 기준으로 볼 때 정상적인 사용 범위의 바깥에서 사용된다는 것을 고려하지 못하기 때문에, 종교적 담론의 전체 취지를 쉽게 놓친다고 비트겐슈타인은 경고한다. 종교적 삶의 형식에 참여하는 사람들은 종종 일종의 그림을, 예를 들면 최후의 심판과 관련된 보상과 처벌이라는 그림을 붙들고 있다고 그는 주장한다. 하지만 만일 우리가 "이 사람들은 최후의 심판이 존재한다는 의견(또는 견해)을 엄격하게 고수한다"라고 말한다면, 우리는 이러한 삶의 형식의 문법에 대한 우리의 이해를 심각하게 왜곡하는 것이다.[27] 왜냐하면 그것은 전혀 비종교적 대화에서 사용되는, 통상적인 증거, 검증 가능성 및 높은 개연성 등의 규범에 좌우되는 어떤 종류의 '의견'이 아니기 때문이다. 이것이 바로 '가설' 또는 '의견' 대신에 '교리' 또는 '신앙' 같은 단어가 사용되는 이유이다.

비트겐슈타인을 비판하면서, 일부 종교 신도들은 핵심 용어를 그렇게 통상을 벗어나는 의미로 사용하지만, 많은 신도들이 종교적 신앙이 증거의 지지 및 과학적 검증 가능성의 규범에 좌우되는 가설과 같다고 주장한다는 사실을 내세우는 것은 당연하다. 비트겐슈타인은 그런 사람들이 존재한다는 것을 잘 알고 있다. 하지만 그는 그들이 터무니없다고 본다. 그러한 신자에 대해, 그는 이렇게 말한다. "나는 확고하게 비이성적이라고 본다. 만일 이것이 종교적 신앙이라면, 그것은 완전히 미신이라고 하겠다. 하지만 나는 그것이 불충분한 증거에 기초하고 있다고 말하는 게 아니라 그것을 조롱할 것이다. (…) 당신은 이 사람이 우스꽝스럽다고 말할 수 있다. 왜냐하면 이 사람이 신자이면서도 믿음을 취약한 이성에 기초하고 있기 때문이다."[28]

이 지점에서 비트겐슈타인은 일관성조차 없다. 왜냐하면 최소한 '정상적' 관점에서 과학적 규범을 **오용하는** 범주의 신앙인들이 그런 것을 하는 것은, 만일 그것이 **그들 자신의 삶의 형식**의 일부라면, 허용되어야 하지 않을까? 만일 그렇지 않다면, 이것은 결국 가능한 삶의 형식에 대한 **철학적** 개입이 아닐까? 그러한 삶의 형식을 문제조차 되지 않는 개념이라고 가정하면서, 자기기만의 탓으로 돌리는 것은 사실 경솔한 일일 수 있다. 왜냐하면 비트겐슈타인 자신이 경계했듯이

"이러한 진술들은 단지 그 진술들이 다루는 주제의 측면에서만 다른 게 아닐 것이다. 전적으로 다른 연관들이 진술들을 종교적 믿음으로 만들 수 있고, 그것을 종교적 믿음이라고 부를지 또는 과학적 믿음이라고 부를지 평생 알지 못할 그런 변화들을 우리는 쉽게 상상할 수 있기 때문이다."[29]

종교를 다룰 때의 비트겐슈타인의 이러한 약점은 종교에 관한 세 개의 강의에서는 수면 아래에 잠겨 있는 반면, 프레이저의《황금가지》를 짧게 다룬 곳에서는 강하게 표면에 나온다. 비트겐슈타인은 '우월한' 19세기 유럽인의 문화적 규범들이 프레이저가 다룬 많은 종교들을 평가·비판·분석할 수 있다는 속물적인 가정에 분별 있게 반대하고자 하지만, 전적으로 선험적인 방식을 제외하면, 프레이저가 종교의 **의견**과 **제의**를 연결하기 위해 의존하는 사실과 관계의 보고에 맞서는 증거나 만족스런 이론을 가지고 있지 않다.

자연에 대한 잘못된 믿음, 의견, 해석의 측면에서 제의를 설명한 프레이저를 일축하면서, 비트겐슈타인은 밑받침하는 증거가 결여된 대안적 설명을 냉정하게 적고 있다. 종교적 관습은 긴장 이완과 만족을 위한 내적인 요구에 대한 본능적 대응이며, 무의식적이며 아무런 목적이 없다고 그는 주장한다. 그는 이렇게 설명한다. "무언가에 대해 화가 날 때, 나는 때때로 지팡이로 땅을 두드리거나 나무를 때린다. 하지만 이 문제에 대해 나는 땅이 잘못이라거나 때리는 것이 어떤 도움이 된다고 믿지는 않는다. '나는 화를 푸는 것이다.' 그리고 **모든 제의는 이와 같은 종류이다.** 그러한 행동은 본능적이라고 부를 수 있다."[30]

비트겐슈타인은 평이할 때조차도 환상적이다. 바로 여기서 그러하듯이. 그리고 비록 무의식적이지만 핵심을 말하고 있다. 왜냐하면 어떻게 인류학자나 심리학자가 그 제의를, 비트겐슈타인이 1920년대 초에 자신의 귀중한 지팡이를 잃고 꿈속의 부름을 거절한 후에 채택한, 긴장의 이완으로 해석하겠는가? 그는 여성적인 땅과 남성적인 나무를 남근적인 지팡이로 때리는 것이 1890년대에 비트겐슈타인 궁전에서 자라난 작은 소년에 의해 형성된, 어떤 분석되지 않은 그림 또는 세계에 대한 해석과 관계가 있을지 모른다고 의아해하지 않았을까? 일곱 명의 더 크고, 다재다능한 손위 형제자매들과 한 집에 살면서 자신의 게임을 하려 했던 소년, 늙은 카를 비트겐슈타인이 정문 현관을 걸어 들어와 주홍빛 양탄자가 깔린 계단을 올라올 때면 — 거기 있던 사람들이 전하기로는 — 벽이 울렸다는 그 집의 소년 말이다. 어린 루트비히가 보다 세심히 그가 지팡이로 때린 나무를 조사했다면, 그는 올려다보다 황금가지를 발견했을지도 모른다.

그러한 추측 또한 하나의 삶의 형식이다. 그리고 비트겐슈타인은 프로이트를 '나의 스승'이라고 인정했다.

XII

악화되는 건강과 거의 끊임없는 우울증에도 불구하고 말년에 케임브리지의 비트겐슈타인의 주위에는 재능 있고 열정적인 일단의 학생들이 남아 있었다. 어떤 다른 철학자도 지난 2세기 동안 그토록 헌신적이며, 책임감 있고, 충성스런 학파를 구성한 적이 없었다. 또한 그토록 괴롭힘을 당한 학파도 없었다. 비트겐슈타인은 친구들과 제자들에게 폭군처럼 굴었고, 서로 이간질했고, 그들의 재능을 잔인하게 조롱했다.[31] 하지만 어찌 됐든 그는 그들과 애착 관계 없이도 충성심을 보존할 수 있었다.

1949년 가을, 옛 제자인 코넬 대학교의 노먼 맬컴을 여름 동안 방문한 직후, 비트겐슈타인은 암으로 죽어가고 있음을 알게 되었다. 가족들에게는 병을 알리지 않고, 그는 제자들과 장래의 문헌집행자들을 불러 그의 논문과 일 들을 가능한 한 깨끗이 정돈했다. 그가 원고의 일부, 특히 여전히 미완이던 《철학적 탐구》가 출간되기를 원했다는 것은 분명하다. 그들이 출간하리라고 기대했는지는 분명하지 않다. 그는 그 책이 받게 될 환대를 상상하지 못했을 것이다.

1949년 크리스마스에, 그는 마지막으로 빈에 돌아와서 가족과 친구들과 함께 이야기를 나누었고, 코더와 포스틀과 함께 음악을 다시 연주했으며, 미닝이 암으로 임종을 맞이하는 것이 지켜봤다. 1950년 2월 그녀가 죽은 지 오래지 않아, 그는 빈을 영원히 떠났다. 여생의 대부분을 그는 잉글랜드에서 보냈다. 하지만 가을에는 짧게 노르웨이의 오두막을 방문했고, 낙관적이었던 짧은 동안 그곳에 정착할 것을 고려하기도 했다. 1951년 2월, 점차 악화되자 그는 케임브리지의 주치의 집으로 옮겼고, 거기서 4월 29일에 죽었다.*

이 기간 동안 그의 제자들은 그를 정기적으로 만났고, 그가 죽기 며칠 전까지 계속 철학을 토론했다. 그는 자신에 대해서는 별로 근심하지 않았지만, 자신의 저작에 대해서는 대체로 계속 비관적이었다. 친구들에게는 그가 이미 《탐구》에 썼던 종류의 비관적 전망을 표현했다.

---

* 그는 케임브리지의 성 자일스 교회 마당에 묻혔다. 비트겐슈타인의 죽음과 장례에 관한 짧은 설명이 드루어리의 "Conversation with Wittgenstein", in Rush Rhees, ed., *Ludwig Wittgenstein: Personal Recollections*, p. 184에 나온다.

"나는 좋을 책을 만들어내고 싶었다. 결과는 그렇게 되지 않았다. 하지만 내가 이것을 개선할 수 있을 만한 시간은 지났다. (…) 나는 이들 소견들에 대해 미심쩍은 느낌을 가지고 세상에 내놓는다. 이 시대의 빈곤과 어두움 속에서 한두 사람의 머리에 빛을 던지는 것이 이 책의 책임이라는 게 불가능하지는 않겠지만, 그렇게 될 것 같지는 않다. (…) 나는 이 책이 다른 이들이 생각하는 수고를 덜어주기를 바라지 않는다. 하지만 만일 가능하다면, 누군가 자신만의 사유를 할 수 있도록 자극하기를 바란다."

에필로그

　비트겐슈타인은 사람의 허를 찌르는 교육법으로 너무도 유명해서, 그의 기술은 선승의 기법과 비교되었다. 하지만 그것은 오해다. 분명히 그는 나를 놀라게 했다. 왜냐하면 그의 초등학교 시절의 제자들을 만나기 전에, 나는 그에 관한 책을 쓸 의도가 없었기 때문이다. 이 짧은 연구를 읽은 누구도 비트겐슈타인에 대한 나의 존경을 의심하지는 않을 것이다. 하지만 이 책이 추종자에 의해 쓰이지 않았다는 점을 밝히지 않고 독자와 헤어지는 것은 잘못일 것이다. 나는 그의 초기 및 후기 저작의 핵심 가르침을 거부한다. 그의 중요성이 어떤 가르침 속에 있는 게 아니라, 철학하는 새로운 스타일 또는 방법에 있다고 한다면, 나는 비트겐슈타인이 옹호하고 실천한 철학적 분석의 스타일과 방법이 때로는 유용하지만 과대평가된 것으로 본다는 것을 고백해야겠다. 이 언급은 단지 기록을 위한 것이다. 비록 나는 그의 견해를 앞 장의 여기저기서 비판했지만, 그의 저작에 관한 어떤 비판이나 포괄적인 평가도 하지 않았고, 그런 것을 마음속으로 상상하지도 않았다. 한 철학자를 책임 있게 비판하기에 앞서, 우리는 그의 문제들이 무엇이었는지, 그것에 관해 그가 말한 것이 무엇인지를 매우 정확하게 확정해야 한다. 비트겐슈타인에 대해서는 이것이 결코 쉬운 일이 아니다. 그리고 옹호자이든 비판자이든, 이미 너무 많은 작가들이 그의 연구를 자신들이 선호하는 바를 위한 일종의 로르샤흐 검사(좌우 대칭의 잉크 얼룩을 통해 개인에게 잠재한 성격 구조를 분석하기 위한 검사법 — 옮긴이)로 사용했다.

이 책이 그러한 일에 숫자 하나를 보태지 않았기를 희망한다. 오히려 누군가 다른 이들이 내가 언급한 그의 삶과 연구에 대한 일부 실마리를 찾도록 격려하고, 그에 대한 보다 명확한 이해를 할 수 있게 되기를 바란다.

어느 경우든, 최근의 비트겐슈타인 연구의 발전은 그의 사후 계속되어 온 문구 해석적 추측과 같은 종류의 가능성이 거의 끝났다는 약간의 희망을 준다. 두 사례를 들자면《논고》의 주요 관심사가 논리적 문제이며 인식론은 단지 주변적인 문제였다는 점이 입증됨으로써 40년이 넘은 오독이 교정되었다. 만일 잘못된 해석이 없었다면 지난 반세기의 철학이 어떻게 달라졌을지 궁금해할 만도 하다. 또한 비트겐슈타인과 파울 엥겔만 및 루트비히 폰 피커와의 서신의 출간은《논고》의 '쓰여지지 않았지만 보다 중요한' 절반, 즉 윤리학과 '신비적인 것'을 다룬 절반에 대한 그의 견해를 적절히 조명하였다. 이것은 어떠한 주해보다 극적으로, 비트겐슈타인이 얼마만큼, 아직도 종종 우스꽝스럽게도 그가 창시했다고 여겨지고 있는 논리실증주의로부터 멀리 떨어져 있었는지를 보여준다.

비록 비트겐슈타인은 생전에 단지 한 권의 짧은 철학책과, 인쇄기에 걸자마자 거부했던 작은 철학 논문 하나를 출간했지만, 그는 엄청난 양의 글을 썼다. 대부분이 보존되어 있는 이 연구물은, 사후에 문헌 집행자들에 의해 출간되었다. 아마도 앞으로 10년 또는 그 이상이 지나야 놀랄 만한 서신들을 포함한 그의 저작 모두가 출간될 것이고, 독일어뿐만 아니라 영어로도 활용될 수 있게 될 것이다. 내가 서신들을 언급하는 이유는, 인물에 대해서뿐만 아니라, 철학적 대화와 인간적 관심사들의 분위기를 전달하는 그 생생한 느낌에도 불구하고 너무 작은 서신들만이 출간되었기 때문이다.*

또한 더 이상의 단순한 회고록보다는 전기와 지적인 역사에 관한 야심 찬 연구가 필요하다. 후기 시절의 그를 친밀하게 알고 있는 사람들과 충실하게 그의 문헌들을 관리하는 사람들뿐만 아니라, 이 서클의 바깥에 있는 철학자들 모두로부터 나와야 할 것이다. 이것이 만족스럽게 이루어지려면 두 종류의 전기는 두 가지 조건을 기다려야 할 것이다. 첫 번째는, 그의 저작물 전체 및 관련 논문들에 대한 원천적 접근이 ― 출간 허락과 함께 ― 허용되어야 하며, 두 번째는 두 차례의 세계대전에 의해 찢겨진 영미 철학 및 독일-오스트리아 철학 전통 사이의 가장 중요한 연결을 재건하고 회복하는 것이다.

---

* 지금까지 출간된 서신에 대해서는 이 책의 참고문헌을 참조하라.

비트겐슈타인과
동성애

다른 사람들 앞에서 자신을 연다는 것은 오직 특별한 종류의 사랑에서만 가능하다. 말하자면, 우리 모두는 사악한 아이들이라는 것을 인정하는 사랑. (…) 사람들 사이의 미움은 우리가 서로를 분리한다는 것에서 비롯된다. 왜냐하면 우리는 타인이 우리의 속을 들여다보기를 원치 않기 때문이다. 그 속은 아름다운 모습이 아니므로.[1] **—루트비히 비트겐슈타인, 1944**

'확실성', '확률', '지각' 등에 관해서 잘 생각하는 것이 어렵다는 것을 나는 잘 알고 있다네. 하지만 우리 인생과 다른 사람들의 삶에 관해서 참으로 정직하게 생각하거나 그러려고 노력하는 것은 가능하긴 하지만 훨씬 더 어려운 일이지. 문제는 이런 것들을 사유하는 것이 가슴 설레는 게 아니라 종종 노골적으로 불쾌하다는 사실이지. 그리고 불쾌할 때가 가장 중요한 거라네.[2] **—루트비히 비트겐슈타인, 1944**

내가 노파심에서 이런 소리를 한다고 생각한다면 — 다시 생각하기 바라네![3] **—루트비히 비트겐슈타인, 1944**

I
나를 비판한 사람들에 대한 논쟁적인 답변

비트겐슈타인의 동성애는 이 책에서 네댓 페이지 정도로 매우 짧게 언급되었다. 거기서 제공한 정보는 앞서 언급한 대로 그의 친구들의 은밀한 전언에 기초한 것이다. 그의 다른 친구들은 이 책의 영문판 초판에 실린 그 보고에 대해 강력하게 이의를 제기했다. 하지만 그 이후 비트겐슈타인의 동성애는 암호로 적은 일기장에 쓴 그 자신의 기록에 의해 입증되었다. **따라서 비트겐슈타인의 동성애 행위가 사실이라는 점에 대해서는 더 이상 논쟁의 여지가 없다.** 하지만 동성애는 계속 부인되었고 논쟁은 계속되고 있다.[4]

동성애 문제를 이 책에서 너무 짧게 다루었기 때문에, 나는 후기에서 이 문제를 심화하여 논의하는 것에 대해 양면적인 감정을 가지고 있다. 여기에는 두 가지 이유가 있다. 첫째, 나는 여기에 부적절한 중요성을 부여하고 싶지 않다. 그리고 나는 많은 사람들이 그러한 문제를 다룰 때 '제대로 생각'하지 못하거나 전혀 솔직하지 않다는 것을 안다. 이 점에서 나 자신의 경험은 비트겐슈타인의 경험과 일치한다. 하지만 비트겐슈타인 자신이 경고했듯 "불쾌할 때가 **가장** 중요"하다. 따라서 개정판에서 이 논쟁을 짧게 다루는 것이 분명히 필요하다. 그렇지 않으면 추가적인 오해와 논쟁이 불가피하게 발생할 것이다.

***

동성애는 성적 취향 자체가 차분하게 다루어지기 전에는 차분하게 다루어질 문제가 아닌 듯하다. 지난 세기의 발전에도 불구하고, 그런 일이 조만간 일어날 것 같지는 않다. 1973년과 1974년 뉴욕과 런던에서 이 책이 출간된 후 받은 최초의 반응만큼 이것을 잘 보여주는 사례는 없다.

일부 신선한 반응도 있었다. 나는 결코 성적 취향이나 행위를 가지고 비트겐슈타인을 비난하거나 비판한 적이 없다. 그리고 많은 독자들은 이 정보를 리튼 스트레이치, 에드워드 모건 포스터, 존 메이너드 케인스, 버지니아 울프, 비타 색빌-웨스트, 데이비드 허버트 로런스 및 다른 저명한 영국 사상가들에 관한 유사한 폭로에 대해서와 마찬가지로, 차분하고 이해하려는 마음으로 받아들인 것처럼 보였다. 이 사상가들은 직간접적으로 케임브리지와 블룸즈버리그룹을 통해 비트겐슈타인과 일반적으로 연결되었고, 또한 동성연애자들이었다.[5] 어쨌든 책은 관대하게 좋은 서평을 받았다. 그리하여 《영국 과학철학 저널British Journal for the Philosophy of Science》은 "예외적으로 간결하다", "아주 재밌게 쓰였다", "심오하다", "비트겐슈타인에 대해 쓰인 어떤 것들보다 흥미 있고 도발적이다"라고 평했다.[6] 그리고 찰스 퍼시 스노는 자신의 서평에서 내가 비트겐슈타인의 동성애를 다룬 방식이 "절제되어 있고, 비상하게 공정하다. (…) 중립적으로 썼다"라고 묘사했다.[7]

하지만 이것은 이야기의 매우 작은 부분에 불과했다. 비트겐슈타인의 문헌집행자 몇몇과 친척들은 이 책의 출판을 금지하기 위해 법적 조치를 취하겠다고 위협했고, 내 책의 영문판 발행인에게 전화하여 출판을 중단하도록 설득하려 했다.[8] 《타임스 리터러리 서플먼트The Times literary Supplement》와 다른 간행물의 칼럼에는 논쟁이 불붙었다. 그리하여 비트겐슈타인의 문헌집행자 중 한 명인 케임브리지 대학교의 앤스콤 교수는 내가 잘 알지도 못한다고 폄하하면서, 그런 주장을 하지

말았어야 했다는 것을 시사하는 두 장의 편지를 출간했다.[9] 비트겐슈
타인의 가까운 친구였던 드루어리는 자신이 정신분석가이므로 "그것
[동성애]이 잠재적이든 활동적이든, 동성애의 문제에 주의하는 것은
내 업무의 고유한 영역이었다"라고 설명한 다음 이렇게 썼다. "바틀리
는 그가 비트겐슈타인이 어느 때고 '동성애 행위로 인해 고통을 받았다'
고 가정할 때 오류를 범했다. (…) 어떤 형태의 육체적 욕망도 그의 금욕
적 성격에는 전적으로 낯선 것이었다."[10] 또 다른 문헌집행자인 런던 대
학교의 러시 리스 씨는 "소설"과 "가십 칼럼 수준"이라는 단어를 사용
하여 내 책을 묘사했다.[11] 그리고 편지 보내기 캠페인이 벌어졌다. 내가
감사의 글에서 언급한 분들에게 연락을 취해 나와 관계를 끊으라고 요
구한 것이다. 그런 연락을 받은 분 가운데 어느 저명한 영문학 비평가
는 내게 편지를 보내왔다. "당신과 당신의 책을 존중하여 나는 솔직하
게 쓰겠습니다. 나는 당신이 그 책의 출간 이후 뒤따랐던 일들이 얼마
나 추잡하였는지를 제대로 이해하는지 의심스럽습니다. (…) 요점을
말하자면, 당신은 학계에서 제명될 것이며, 지금부터 영국에서는 당신
에게 어떠한 학술대회 초청장도 보내지 않을 것입니다."

　이러한 추잡함이 수년간 계속되었다. 그리하여 연례 비트겐슈타인
학회가 열리는 오스트리아 키르히베르크 암 벡셀의 비트겐슈타인 문
헌 센터에는 비트겐슈타인이 동성애자가 아니었고 나의 설명은 "날조
된 것"이라고 주장하는 두 개의 진열 상자가 봉헌되었다.*

---

* 하지만 나는 이 센터의 이사인 아돌프 휘프너 박사가 이와 관련하여 흥미 있는 변화를 겪었
고, 이제는 자신의 견해를(비록 사적이지만) 철회했다는 사실을 전해야겠다. "Bartley
Refuted" (Schriftenreihe der Österreichischen Ludwig-Wittgenstein Gesellschaft,
1978)에서 휘프너는 비트겐슈타인이 동성애자였다는 것을 부정했다. 그가 쿠르트 부흐테
를과 공저한 *Wittgenstein* (Hamburg: Rowohlt, 1979)을 출간할 즈음, 휘프너는 자신의

내 책과 진정성에 대한 이러한 공격 전체는 엄포bluff와 투사projection, 그리고 어설픈 생각에 기초하고 있다.

먼저 엄포에 대해 말해보자. 비트겐슈타인의 동성애를 확증하는 문서들은 줄곧 비트겐슈타인 문헌보관소의 소유였다. 나에 대한 공격이 한창이던 시기에, 비트겐슈타인의 문헌집행자들은 비트겐슈타인이 직접 매우 단순한 암호로 쓴 노트들 가운데 동성애에 관한 나의 진술을 확증하는 노트들을 암호화했다. 그것들은 오래전에 암호를 풀어 옮겨 적었던 것들이다. 또한 비트겐슈타인이 맨체스터 대학교의 공대생 시절(1908~1911년)에 누이 미닝에게 보낸 편지에 그의 동성애에 대한 암시가 있다.

암호화된 노트 가운데 오직 두 권만 보존된 것으로 보인다. 노트 가운데 몇 권은 비트겐슈타인 자신의 지시에 따라 1950년에 파기한 것으로 보인다. 내 책의 주요 관심 기간인, 1918~1928년 시기의 노트북이 이들 파기 노트에 포함된 것으로 보인다.* 어쨌든 그것들은 사라졌다.

의견을 수정하여, 비록 여전히 내 책을 맹렬히 비난하면서도, 스스로 비트겐슈타인의 "동성애적 경향"(p. 67)에 대해 썼다. 1979년 9월 9일, 휘프너는 내게 "다시는 당신의 것과 같은 비난에 대응하여 그[비트겐슈타인]의 성격을 옹호하는 글을 쓰지 않겠다. 나는 그의 문헌집행자들이 비트겐슈타인이 동성애적 경향 때문에 고통스러워했다는 것을 알고 있다고 꽤 확신한다"라고 편지를 보내왔다. 계속해서 휘프너는 자신의 논문이 비트겐슈타인에 대한 존경이 "여전히 끝이 없던" 시절에 쓰였다고 말했다. 하지만 내 책에는 비난이 없다. 그리고 비트겐슈타인에 대한 나의 존경은 결코 그의 성 정체성에 대한 발견으로 영향받지 않았다.

* 나의 편지 "Wittgenstein and Homosexuality"를 참조하라. *Times Literary Supplement*, February 8, 1980, p. 145. 우연인지 몰라도 비트겐슈타인의 동성애를 논의한 사람이 나밖에 없는 것은 아니다. 이에 관한 논의는 다음 글들에도 나타난다. A. L. Rowse, *Homosexuals in History* (New York: Macmillan, 1977), pp. 328-50; George Steiner, *After Babel* (Oxford: Oxford University Press, 1975), p. 40. 또한 다음 글들도 참조. George Steiner, "The Language Animal", in *Encounter*, 1969, 그의 *Extraterritorial* (London: Penguin, 1972), pp. 66-109에 재출간됨; "Rare Bird", *The New Yorker*,

보존된 두 권의 노트 가운데 첫 번째는 1차 대전 기간에서 시작해서 1918년 이전에 끝난다. 그 노트에서 비트겐슈타인은 자신의 동성애적 소망과 갈망, 되풀이되는 "육욕"에 대해, 그리고 "그것들 때문에 자신이 어떻게 고통받고 있는지를" 명시적으로 논의한다.* 하지만 아직 동성애 **행위**에 대한 명쾌한 증거는 없었다. 따라서 우리는 친구인 데이비드 핀센트와의 관계 — 종종 동성애적 관계로 생각되었다 — 에 적극적인 성관계가 개입되었는지 확실하게 판단할 수는 없다.

두 번째 노트는 1928년 이후의 후기 시절에서 시작하며, 비트겐슈타인이 동성애 행위에 개입되어 있고 이것이 그에게 엄청난 정신적 고통을 불러왔음을 보여준다. 이들 페이지에서 비트겐슈타인은 그러한 욕망을 가지고 있다는 것을 혐오스러워하지만 또한 그런 욕망을 가진 데 대해 자신을 비난할 수는 없으며, 그것이 나쁜 건 아니라고 언급한다. 이 노트는 또한 비트겐슈타인과 그의 친구인 프랜시스 스

November 30, 1981, pp. 196-204. esp. p. 202. 또한 다음 책도 참조. Paul Levy, *Moore: G. E. Moore and the Cambridge Apostles* (London: Weidenfeld & Nicholson, 1979), p. 270. 다른 사람들이 일찍이 1915년에 비트겐슈타인을 동성애자로 판단했다는 것을, 우리는 무어의 일기로부터 알 수 있다. 무어에 대한 전기에서, 폴 레비Paul Levy는 이렇게 전한다. "1915년 8월 7일 무어가 웨지우드 가를 방문해 있을 때, 친한 친구인 리처드 컬Richard Curle(줄리아 웨지우드Julia Wedgwood의 편지들을 편집했고, 또한 조지프 콘래드의 친구였다)이 비트겐슈타인과의 다툼에 대해 말해보라고 요청했다. 그때 컬과 아이리스 웨지우드Iris Wedgwood가 무어에게 불쑥 '자신은 그것을 좋아하지 않지만, [비트겐슈타인이] (여성에 대해) 정상적인지를' 물었다." Levy, *Moore: G. E. Moore and the Cambridge Apostles* (London: Weidenfeld & Nicolson, 1979), p. 274 참조.
* 비트겐슈타인의 공식 전기를 쓰고 있는 브라이언 맥기니스는(1970년대 초부터 여러 차례 발표되었으나 아직도 출간되지 않았다), 이것을 매우 간접적으로 자신의 "Wittgenstein's 'Intellectual Nursery-Training'"에서 언급했다. *Wittgenstein, the Vienna Circle and Critical Rationalism, Proceedings of the 3rd Inter- national Wittgenstein Symposium* (Vienna: Hölder-Pichler-Tempsky, 1979), p. 39.

키너와의 관계에도 적극적인 동성애의 행위가 개입되어 있음을 보여준다.*

엄포에 대해서는 이쯤 하기로 하자. 동성애에 대한 드루어리의 '예의주시'에 대해서도 마찬가지다.

다음으로 투사에 대해 말해보자. 나는 '투사'라는 단어를 심리학적 의미에서 사용하고 있다. 여기서 내부의 주관적 상태가 외부 세계에 대한 근본적인 오인을 불러온다. 사람들이 동성애에 관한 정보가 있을 때 종종 얼마나 믿을 수 없게 되는지 예시하기 위해, 나는 내 책에 대해 우호적인 저자들이 쓴 두 개의 묘사를 선택했다. 1장을 읽은 어떤 독자라도 내가 비트겐슈타인의 성적 파트너가 남창이었다든가 혹은 그가 그들을 경멸했다고 주장하거나 암시하지 않았다는 걸 확인할 수 있다. 내가 **실제** 말한 바(이 책의 42~43쪽)는 다음과 같다.

도보로 10분 정도 동쪽으로 (…) 그는 금세 프라터 공원에 도착할 수 있었다. 거기에는 성적인 서비스를 제공할 준비가 된 거친 청년들이 대기하고 있었다. 일단 이곳을 발견하자 비트겐슈타인은 두렵게도 그곳에서 거의 벗어날 수 없다는 것을 깨달았다. (…) 비트겐슈타인은 자신이 케른트너 슈트라세의 지르크에케Sirk Ecke와 도심 부근의 바에 드나드는 세련된 외

---

* 비트겐슈타인 자신에 의한 이 증언은 스키너와 비트겐슈타인의 관계에 대한 파니아 파스칼의 증언과 반대된다. "Wittgenstein: A Personal Memoir", *Encounter*, August 1973, pp. 23-29. 하지만 파스칼의 그 증언은 Rhees, ed., *Ludwig Wittgenstein: Personal Recollections*에 재수록될 때 정정되지 않았다. 파스칼이 자신의 언급을 **정정**하지 않는다 해도, 적어도 그녀는 스키너를 언급했다. 비트겐슈타인과 스키너가 파스칼의 말로는 "뗄 수 없는" 사이였지만, 노먼 맬컴은 자신의 《비트겐슈타인의 추억》에서 스키너를 완전히 뺀다. 이러한 누락은 맬컴이 그린 비트겐슈타인의 초상에서 큰 흠이다 — 로이 해러드Roy Harrod가 존 메이너드 케인스의 전기에서 동성애 문제를 빠뜨린 것과 마찬가지의 흠이다.

모의 청년들보다 프라터 공원의 산책길과 골목을 어슬렁거리는 거칠고 솔직한 타입의 동성애 청년을 선호한다는 것을 알게 되었다.

이 진술로부터, 허드슨W. D. Hudson은 — 자신의 책《비트겐슈타인과 종교적 신앙Wittgenstein and Religious Belief》에서 — 다음과 같은 보고를 상상으로 만들어낸다.

바틀리의 책은 공개적으로 비트겐슈타인의 끊임없는 양심의 가책이 적어도 부분적으로는 그가 정기적으로 런던과 빈에서 역겨운 종류의 남창들과 어울려 지냈던 사실로부터 발생했다고 언급한다.[12]

그리고 벤-아미 샤프스타인Ben-Ami Scharfstein은 자신의 책《철학자들The Philosophers》에서 내 책을 언급하면서 비트겐슈타인에 대해 이렇게 쓴다.

누군가의 주장처럼, 그가 만일 자신이 경멸했던 거친 동성애 남성들에 대한 애착으로부터 고통을 받았다면, 그의 전체 상황은 자기 자신의 품위에 대한 맹비난과 마찬가지로 보다 잘 이해된다.[13]

이것은 마치 상상 속에서 무언가, 내가 아는 한도 내에서는 존재하지 않았던 것, 즉 역겹고 경멸스런 남창을 도입하면 문제가 덜 위협적이 된다는 것처럼 보인다.

끝으로 나의 책에 쏟아졌던 놀라울 정도로 어설픈 반응들에 대해 이야기해보자. 비트겐슈타인의 동성애에 관한 세부적인 증거를 내가 확보하지 못했을 것이라는 억측을 입증하기 위해 많은 터무니없는 주장들이 출간되었다. 이 가운데 두 개만 언급하겠다. 먼저 1차 대전 직후 비트겐슈타인의 성생활에 대해 알 수 있었던 사람들은 이미 사망했거나 너무 늙어서 기억하지 못할 것이라는 주장이다. 하지만 내가 1960년대 초중반에 그 정보를 입수했을 때, 정보 제공자는 물론 60대 초중반의 나이였다.* 60대의 사람들이 자신들의 젊은 시절의 성적인 행각을 기억할 수 없다는 주장은 진지한 것일까? 특히 비트겐슈타인처럼 그토록 독특한 개성을 가진 사람이 관련되었을 때?

두 번째, 비트겐슈타인은 동성애자였을 수가 없다고 종종 주장된다. 왜냐하면 그렇게 유명하고 음성과 복장이 독특하며 부자인 사람은, 만일 동성애자이고 책에서 묘사된 종류의 행위를 했다면, 쉽게 알아볼 수 있고 협박당했을 것이기 때문이란다.[14] 이것은 매우 기묘한 주장이다. 물론 사람들은 비트겐슈타인을 알아봤다. 그렇지 않았더라면 어떻게 내가 정보를 얻을 수 있었겠는가. 게다가 비록 동성애 행위가 오스트리아에서 1차 대전 전후로(사실은 1970년까지) 불법이었지만, 그리고 비록 산발적인 법 집행이 있었지만, 동성애에 대한 적극적이고 심각한 혹은 일관된 박해 또는 법적 고발은 히틀러 시기 이전에는 거의 없었다. 따라서 해리 케슬러Harry Kessler 백작은 그의 일기에서 오스트리아 제국 외무장관인 레오폴트 베르히톨트 Leopold Berchtold 백작에 관해 다음과 같은 이야기를 전한다.

1914년 7월 31일, 전 세계가 오스트리아의 최후통첩에 대한 세르비아의

---

* 비트겐슈타인이 가르쳤던 하 오스트리아 마을로의 첫 번째 여행은 훨씬 뒤였다. 이 책에서 논의된 모든 문제에 관한 나의 연구는 10년 이상에 걸쳐 진행된 것이다.

반응을 기다리고 있을 때, 그[쿠Kuh]는 빈의 프라터 유원지에서 베르히톨트가 남창들의 만남의 장소로 악명 높은 회전목마 옆에 서 있는 것을 보았다. 회전목마에 탄 흰색 바지와 흰색 스웨터를 입은 매우 잘생긴 젊은이는, 말쑥하게 차려입은 신사를 지나칠 때마다 노골적으로 윙크를 했다. 신사의 눈길은 청년에게서 떨어질 줄 몰랐다. 회전목마가 멈추었을 때, 청년은 목마에서 내려 신사에게 다가왔다. 신사는 청년에게 인사하고는 그를 데려갔다. 그 신사는 베르히톨트였다. 그 둘이 떠나는 순간, 신문팔이가 그 자리에서 소리쳤다. "세르비아가 최후통첩에 답했어요! 세르비아와 전쟁입니다! 오스트리아가 세르비아를 침공했어요!" 베르히톨트가 예상했던 세계대전의 시작이었다.*

베르히톨트는 분명히 비트겐슈타인보다 훨씬 협박받을 위험이 큰 사람이었다. 하지만 협박은 동성애보다 훨씬 드물었다. 그리고 이곳은 비트겐슈타인의 조카인 존 스톤버러가 동성애자들의 유혹 행위를 찾아보기 힘들다고 주장한 똑같은 프라터였다.[15]

---

* Graf Harry Kessler, *In the Twenties: The Diaries of Harry Kessler* (New York: Holt, Rinehart & Winston, 1971), p. 457. 만일 이 보고가 신뢰할 만하다면, 베르히톨트는 그해 여름 꽤 많은 시간을 대중들의 눈에 띄게 보낸 것으로 보인다. Max Graf의 *Legend of a Music City* (New York, 1945), pp. 69-70의 소품문 참조. "나는 1914년의 어느 여름날 여전히 유명한 베르히톨트 백작이 링슈트라세 호텔의 현관문 앞에 서 있는 것을 볼 수 있다. 그는 막 세르비아에 대한 선전포고에 서명을 마쳤다. 호리호리한 몸매를 한 그는 이제 아이러니컬한 웃음을 지으며, 잘 손질한 손가락에 금빛 물부리 담배를 쥔 채 여기 서서, 군중들을 바라보고 지나는 사람들과 대화를 하고 있다." 동성애자들의 밀회에 대해 비교할 만한 정보로는 빅토리아 시대의 소설 *Teleny, or the Reverse of the Medal* (London: Leonard Smithers, 1893), 또는 Brian Reade, *Sexual Heretics* (New York: Coward-McCann, Inc., 1970), pp. 223-45 참조. 이 시기 유명한 동성애자의 또 다른 사례로 베르사유 회의 독일 대표단장이었던 브록도르프-란차우Brockdorff-Rantzau 백작을 들 수 있다.

II
비트겐슈타인의 철학과 동성애의 관련성 문제

때로 한 사람의 철학은 기질의 문제라고 말한다. 여기에는 뭔가 중요한 게
있다.[16]

-루트비히 비트겐슈타인

비록 비트겐슈타인의 동성애가 내게는 분명해 보이고, 그 사람과
그의 영향력을 이해하는 데 중요하긴 하지만, 나는 책에서 동성애와
연결하여 그의 **사상**을 설명하려고 시도하지는 않았다. 이 점도 비판을
받았다. 그리하여 내 책에 대해 관대한 환영을 표했던 조지 스타이너
는, 그럼에도 불구하고 내가 문제의 핵심을 피해 갔으며, 비트겐슈타
인의 성생활과 언어 이론은 긴밀히 연결되어 있다고 주장했다.[17]
　이것이 본 절에서 내가 다루고자 하는 문제다.

***

　나는 벤-아미 샤프스타인이라는 이름의 좋은 친구가 있다. 그는 텔
아비브 대학교의 철학 교수이며, 예술과 미학, 중국학 및 비교연구,
신비주의, 그리고 철학자들의 삶에 관한 멋진 책들을 쓴 저자다. 그는
대부분의 철학자들이 파사드(건물의 출입구로 이용되는 정면 외벽 부분
― 옮긴이)의 뒤편에 숨어 있다고 주장한다. 그들의 사상은 사실은 파
사드를 뚫기 힘들게 만들기 위해 지어진 건물이다.[18] 그리고 때로 그들
의 사상은 그 자체가 파사드이다.
　그러한 주장은 물론 공정하게 평가하기 어렵다. 왜냐하면 우리 모

두는 우리 손에 떨어지는 것들을 이익으로 바꾸는 데 너무나 능숙한
나머지, 우리가 어떤 것을 우리에게 이익이 되도록 일으킨 것인지 아
니면 단지 우리의 이익이 되도록 그것을 **바꾼** 것인지를 구별하기가 어
렵기 때문이다. 의심할 여지 없이 철학을 발명할 정도로 현명한 사람
은 누구라도, 만일 그가 숨기고자 한다면, 그것을 숨기는 방법을 알
정도로 현명할 것이다. 그것이 바로 이해를 오염시키거나 혼란을 주기
위해 사상을 조작할 수 있는 능력의 전제 조건이다.

하지만 사정이 이러하더라도, 그것이 최소한 표면적으로라도 적용
되는 것처럼 보이는 일부 철학자들이 없었다면, 샤프스타인의 견해는
발전하지 못했을 것이다. 비트겐슈타인은 그 좋은 사례로 보일지도
모른다. 그리고 나는 또한 스타이너가 어떻게 그를 그렇게 보이도록
할 수 있는지를 안다. 확실히 자신의 초기 언어 이론에서 비트겐슈타
인은 진정 중요한 모든 것은 말할 수 없다고 주장했다. 그리고 그는
또한 한 사람의 내면은 언어로 꿰뚫을 수 없다고 말한다. 샤프스타인
의 관점에서, 이것은 파사드다. 호기심을 보이는 사람들의 눈길을(그
리고 아마도 자기 자신의 주의도 마찬가지로) 비트겐슈타인에서 딴 데로
돌리게 만드는 너무도 편리한 파사드 말이다. 마치 이것을 확증이라
도 하듯, 비트겐슈타인은 "무엇보다도 그의 개인적 생활에 대해 질문
하는 사람들을 혐오하곤 했다"라고 전해진다.[19] 비트겐슈타인 자신도
이렇게 썼다. "타인의 마음 깊은 곳에 있는 것을 가지고 장난치지 말
라."[20] 그리고 비록 그 자신은 심각하게 정신분석가가 되려는 생각을
했지만, 제자인 드루어리(실제로 정신분석가가 되었다)에게는 이렇게
말했다. 자신은 분석 훈련으로 알려진 과정을 거치고 싶지 않다고. 자
신의 생각 모두를 낯선 이에게 드러내는 것이 옳지 않다고 생각한다

고.[21] (우리는 여기서 드루어리가 비트겐슈타인에 대해 정확하게 전하고 있
는지 알 수 없다. 하지만 만일 그렇다고 한다면, 정신분석가는 비트겐슈타인
을 무책임하다고 비난할 것 같다. 정신분석가는 분석 훈련을 받지 않고 다른
사람들을 치료하려고 주제넘게 나서는 사람에 대해 사실상 환자들의 심각한
상황을 가지고 **노는** 것이라고 말할 것이다.)

어쨌든 비트겐슈타인의 친구들과 문헌집행자들은 그가 분명히 원
했던 것을 실행하기 위해 최대한 신경을 썼다. 그중 한 명은 이렇게
썼다. "만일 단추를 누름으로써 사람들이 비트겐슈타인의 사생활에
관심을 갖지 않도록 보장될 수 있다면 나는 단추를 눌렀어야 했을 것
이다."* 또 다른 문헌집행자는, 비트겐슈타인의 메모들을 가지고 선
집을 출간할 때 "전체 메모 가운데 순수하게 '개인적인' 종류, 즉 자기
삶의 외부 환경에 대해 언급한 것들, 그의 마음 상태와 다른 사람들과
의 관계에 관한 메모들은 제외했다."[22] "기독교인들 사이에서는 불러
서는 안 될", "감히 그 이름을 부르지 못하는 사랑" 같은 부분은 보지
못하게 막아야 했던 것이다.

---

* G. E. M. Anscombe, 다음에서 재인용함. *Letters from Ludwig Wittgenstein with a
Memoir* (Oxford: Basil Blackwell, 1967), p. xiv. 1953년 비트겐슈타인 문헌보관소는
비트겐슈타인의 6촌이자 저명한 노벨경제학상 수상자이며, 존 스튜어트 밀의 전기 작가인
폰 하이에크에게 비트겐슈타인의 일부 편지들을 출간하는 것에 대한 허가를 자신들이 먼저
출간하기 전까지 거부했다. 그 결과 하이에크는 자신의 비트겐슈타인 전기를 포기했고 이
것은 우리 모두의 손실이다. 나중에, 앤스콤은 이러한 일이 있었다는 것을 부인했다. *The
Times literary Supplement*, January 18, 1974에 보낸 그녀의 편지와 같은 저널, February
8, 1974에 실린 폰 하이에크의 편지를 참조하라. 또한 하이에크의 "Remembering my cousin
Ludwig Wittgenstein", *Encounter*, August 1977, pp. 20-22도 참조. 전기적·역사적 연
구에 대한 비트겐슈타인 문헌집행자들이 보인 적대감은 효과적이었다. 그들은 많은 연구
자들의 관심을 피할 수 있었고, 그 결과 비트겐슈타인을 그린 모든 초상이 잘못되게 되었다.
그의 학파 형성과 그의 영향력이 창조해낸 것들에 대해 이야기하거나 그것에 비판적인 관
심을 두는 것이 거의 불가능했다는 것은 말할 필요도 없다.

한 사람의 철학적 산물은 그의 내적 상태의 위장된 표현이라는 샤프스타인의 논지는 '인식론적 표현주의',[23] 즉 한 사람의 작품은, 예술이든 철학이든, 그 사람의 내적 상태, 감정, 인격의 표현이라는 대중적인 관념의 정교한 변종이다. 따라서 철학자이자 심리학자인 위즈덤은 버클리 주교의 철학적 관념론은 그의 정신분석을 통해 발견될 수 있는 그의 내적 상태의 표현이라고 주장했다. 위즈덤은 물질의 존재를 부정하는 버클리의 관념론은 그를 대장염 때문에 육체적으로 고통스럽게 만든 것과 동일한 무의식적 항문애와 연결된 것, 그것의 표현이라고 주장한다.[24] 다른 곳에서는 헤겔의 철학은 그의 고립과 외로움, 그리고 우울증의 표현이라고 주장했다.[25]

하지만 **비트겐슈타인**의 사상이 이런 방식으로 이해될 수 있을까? 만일 그렇다면, 그것이 표현하는 것은 무엇일까? 그리고 그것은 도대체 그의 동성애와 정확히 어떤 관계가 있을까?

그러한 질문을 제기하기 전에, 우리는 어떤 사람의 사상이 적절하게 그런 식으로 이해되는지를 물어볼 필요가 있다. 이 질문을 제기할 필요가 있는 까닭은 표현주의가 널리 퍼져서 관심을 작품의 품질로부터 작가의 성격으로 돌림으로써 또한 우리 문화에 만연된(우리 문화의 표현까지는 아니더라도) 개성에 대한 낭만적인 몰입을 부추기기 때문이다. 그것은 또한 시대적인 제약을 받는 접근법으로, 과거에는 종종 인상학physiognomy으로 불렸다. 그것은 18세기에 빙켈만J. J. Winckelmann에게서 발견된다. 그는 고대 조각상의 무표정한 대리석 얼굴을 그리스 영혼의 '고귀한 단순성과 조용한 위엄'의 표현으로 보았다. 또한 요한 카스퍼 라바터Johan Casper Lavater는 《인상학 소고Physiognomische Fragmente》(1775-78)에서 초상화 실루엣으로부터 성격을 해독해내려고 시도했다. 이 접근법은 훗날 게오르크 크리스토프 리히텐베르크에 의해 조롱받았다. 그는 라바터에 대한 재미있는 패러디를 통해 라바터의 추종자들이 괴테의 꽁지머리pigtail와 괴테의 《파우스트》를 구별하는 능력을 잃었다는 것을 보여주었다. 보다 앞선 사례는 조반니 바티스타 델라포르타G. B. della Porta의 《인간 인상학De Humana Physiognomia》(1586)이다. 그는 인간 유형과 특히 동물들을 비교하여 인상학의 과학을 발전시키고자 하였다. 그리하여 매부리코를 가진 사람은 고귀한 영혼으로, 양 같은 얼굴을 한 사람은 순한 것으로 보았다.

그러한 표현주의는 비트겐슈타인의 구미에 맞았을지도 모른다. 그가 한때 인상학적 기분에서 "인간의 몸은 인간 영혼을 가장 잘 보여주는 그림이다"[26]라고 썼다는 점을 볼 때 말이다. 보다 중요한 것은, 그러한 표현주의가 종종 현대 언어 연구와 한데 얽혀 발견된다는 점이다. 그리고 언어는 비트겐슈타인의 모든 연구의 핵심이다. 그리하여 조지 스타이너는 묻는다. "어떤 기준에서 성적 도착이 부정확한 말과 유사한가?" 그는 병적인 성적 충동과 강박적인 사적 언어의 추구 사이에 친연성이 있는지 여부를 묻는다. "현대 언어 이론(특히 초기 비트겐슈타인의) 속에는, 임의적인 반영mirroring으로서의 의사소통 개념 속에는, 동성애 요소가 있을 수도 있을까?"[27]

에로스와 언어는 모든 지점에서 섞인다. 성교intercourse와 담화discourse, 연결사copula와 성교copulation는 의사소통의 지배적인 사실의 하위분류이다. (…) 섹스는 심오하게 의미론적인 행위이다 (…) 말하는 것과 사랑을 하는 것은 뚜렷이 구별되는 이중적인 보편성을 공연하는 것이다. 두 소통 방식은 사회 진화뿐만 아니라 인간 생리학에도 일반적이다. 인간의 성생활과 언어는 상호 긴밀히 연결되어 발전해왔을 가능성이 크다. 그것들은 함께 자의식의 역사를 만들었다. (…) 우리는 오직 우리가 이름 붙일 수 있는 것만을 금지한다. (…) 정액의seminal 기능과 의미론적semantic 기능 (…) 그것들은 함께 존재의 문법을 구성한다. (…) 만일 교미가 대화로 도식화될 수 있다면, 자위는 독백의 소리에 대응되는 것처럼 보인다. (…) 언어 장애와, 성기능 및 배설 기능을 조절하는 신경 및 선 계통의 질병 사이의 복합적이고, 복잡한 관계들은 오래전부터 알려져 왔다 (…) 사정은 동시에 생리학적이면서 언어적 개념이다. 발기불능과 언어장애, 조루와 말더듬, 비자발적 사정과 꿈속에 나타나는 단어의 흐름word-river은 그 상호 관계가 인성의 핵심 문제로 이어지는 현상들이다. 정액, 배설물, 그리고 단어들은 소통의 산물들이다. 그것들은 피부 안쪽의 자아로부터 외부의 실재로 전파된다. (…) (남성과 여성의 언어 사이의) 차별의 근거들은 물론 대체로는 경제적이고 사회적이다. (…) 하지만 분명히 언어적 차이는 생리학적 근거 또는 정확히 말하면 생물학적인 것과 사회적인 것 사이의 중간 지대를 가리킨다. 언어적으로 프로그램된 개념화에 선행하여 그것을 발생시키는, 감각자료에 대한 생물학적으로 결정된 이해들이 존재하는가?[28]

이 글은 읽는 재미는 있지만, 여기서 말하는 것은 참일까? 그 문제에 대해 이 글이 정확히 말하는 것은 무엇일까?

이러한 접근법을 조롱하기는 쉽다. 대장염으로 고통을 겪고 있는 실재론자와 행복하게 외향적인 헤겔주의자의 사례를 들거나, 윈스턴 처칠이 정적政敵을 '양의 외피를 쓴 양'으로 묘사한 것을 상기시키면 된다. 스타이너의 명민한 담화가 자신은 너무나 교양이 있어서 노골적으로 언급하기는 곤란한 표현주의를 암시한다는 것, 즉 마치 그에 대한 대답은 명확하다는 듯 제기되었다가는 버려지는 자극적인 질문을 사용하여 암시한다는 것을 언급하기는 쉽다. 비록 스타이너의 논의가 반대를 주장하지만, 비트겐슈타인의 초기 작품이 어떠한 "임의적인 반영으로서의 의사소통 개념"을 포함하지 **않는다**는 것, 그리고 비트겐슈타인은 사적인 언어를 강박적으로 추구하기는커녕 단호하게 그와 같은 언어가 불가능하다는 것을 주장했다는 것을 언급하는 것은 심지어 중요할지도 모른다.

하지만 이제부터 나는 인상학이나 표현주의, 그리고 스타이너의 도발적이고 명민하게 제시된 언어와 번역에 대한 연구를 조롱하지는 않으려 한다. 차라리 나는 표현주의 및 인간의 언어와 그 내용을 그러한 언어를 사용하고 창조하는 개인의 ― 생리적·성심리적 등의 ― 환경으로 환원하려는 모든 시도에 대한 기본적 과학적 반대의 일부를 규명해보고자 한다.

우리는 인간의 표현을 좀 더 넓은 맥락 속에 두는 것으로 시작할 수 있다.

이 목적을 위해 나는 인간의 언어에 관한 뷜러의 유명한 연구인《언어 이론》에 의존하겠다. 뷜러[29]는 1922년부터 1938년까지 빈 대학교의 철학 및 심리학 교수였고, 그가 후기 비트겐슈타인의 철학에 영향을 미쳤을 가능성에 대해서는 3장과 4장에서 논의하였다. 그는 언어의 의사소통 기능을 다음의 세 요소로 분석했다. (1) **표현** 기능, 여기서 소통은 발화자의 내적 상태를 표현하는 데 기여한다. (2) **신호**, 자극, 또는 호소 기능, 여기서 소통은 청자가 어떤 반응을 하도록 자극하고 호소하는 데 기여한다. (3) **서술** 기능, 소통이 어떤 사태를 기술하는 것을 목적으로 하는 경우에 존재한다. 이 세 번째 수준에서 진리의 규제적regulative 관념, 즉 그것들이 사실에 부합하느냐에 따라 서술을 평가하는 것이 출현한다. 이들 첫 세 가지 기능은 각각이 그것의 선행하는 기능을 수반하는 한 분리 가능하다. 하지만 후속하는 기능(들)을 수반할 필요는 없다. 즉, 우리는 신호를 보내지 않고도 표현할 수 있고, 서술하지 않고도 표현하고 신호를 보낼 수 있다. 하지만 표현하지 않고는 신호를 보낼 수 없다. 또는 표현과 신호 없이 서술할 수 없다. 뷜러의 기능 외에 또 다른 기능이 나의 스승이자 뷜러의 빈 대학교 제자였던 칼 포퍼 경에 의해 덧붙여졌다. 바로 (4) **논증** 기능이다. 이어지는 내용은 그의 연구에 기초한 것이다. 논증적 기능에서, 서술적 진술들은 진리, 내용 및 진리가능성truthlikeliness라는 규제적 기준에 따라 평가된다. 그리고 논증들은 타당성에 의해 평가된다. 동일한 위계적 순서가 여기 적용된다. 우리는 서술, 신호, 표현 없이 논증할 수 없다.[30] 첫 두 기능은 물론 동물 언어에 적용된다. 하지만 뒤의 두 기능은 인간만의 특징일 수 있다. 비록 동물의 생활과 언어를 연구하는 일부 사람들은 동물의 의사소통의 한계에 관한 기존 관점을 수정하기를 희망하고 있지만 말이다.*

자신의 사상을 이해시키기 위한 장치로 뷜러는 다음과 같은 다이어그램을 고안했다.

---

* 카를 폰 프리슈가 연구한 꿀벌들이 한 예다.

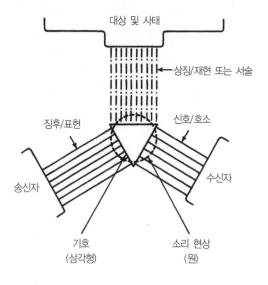

가운데의 삼각형은, 그 특징이 어떠하든, 언어적 기호를 가리킨다. 이 기호는 송신자 또는 발화자에 의해 스스로를 표현하기 위해 사용될 수 있다. 이 기호는 수신자 또는 청자에 의해, 화자가 의도했을 수도 있고 그렇지 않았을 수도 있는 신호 또는 호소로 받아들여질 수 있다. 그리고 같은 기호가 다시 ― 송신자, 수신자 또는 양쪽 모두에 의해 ― 수신자와 송신자 모두로부터 독립적인 어떤 객관적 사태를 상징하기 위해 사용될 수 있다.

이 분석은 명백히 현대 예술, 음악 및 시에도 ― 그리고 그에 관한 다양한 이론에도 ― 적용될 수 있다. 기호가 단지 언어뿐만 아니라 예술 작품도 포함한다고 해보자. 그러한 작품은 예술가 측의 어떤 (의식적이든 무의식적이든) 주관적 마음 상태 또는 의도를 표현하는 것일 수 있다. 그 예술 작품을 수용하거나 그에 반응하는 사람들은 그것을 송신자의 의도대로 (의식적이든 무의식적이든) 해독할 수도 있고 그렇지 못할 수도 있다. 그리고 예술 작품은 재현적인 것일 수도 있고, 그렇지 않을 수도 있다.

이것을 더 추적하지는 말고 뷜러의 설명을 염두에 두고 우리의 문제로 돌아가보자. 어떤 철학자의 이론들이 표현적인 수준으로 환원될 수 있을까? 철학자의 사상들은 물론 자기표현적이다. 우리가 하는 어떤 것도 자기표현적이라는 사소한 의미에서 말이다. (그리고 이 관찰은 표현주의의 설명력에 대해 처음부터 약간 회의적으로 만든다. 만일 표현이라는 게 우리가 하는 모든 것들의 특징이라면, 그것은 우리가 하는 어떤 특수한 것, 예컨대 예술 또는 철학의 특수한 특징을 설명할 희망이 거의 없다.) 하지만 문제는 그러한 사상이 (철학 및 예술에 관한 표현주의적 설명에서 주장하듯이) 표현적 수준으로 환원될 수 있느냐, 그것들이 궁극적으로 **유일한** 표현이냐 하는 점이다.

이 질문에 대한 대답은 논리적·물리적·생물학적 등 여러 가지 이유로 단호히 부정적이다. 나는 여기서 세 가지 이유 또는 논증을 인용할 것이다. 이 가운데 둘은 매우 짧고 나머지 하나는 꽤 길다.

첫 번째 논증은 표현주의가 우리가 생물학과 진화론에서 배운 모든 것과 꽤 모순된다는 것이다. 그것은 우리의 서술적 진술로부터 생물학적 기능을 제거하며, 따라서 기술이 인간 생활에서 수행하는 중요한 역할을 설명하지 않은 채 간과하고 있다. 인류가 진화해왔고 계속해서 살아갈 위험한 환경 속에서, 점검되지 않은 자기표현(즉 서술에 의해 점검되지 않은)은 생물학적으로 치명적이다.

두 번째 논증은 서술적 및 논증적 수준의 언어를 표현적 및 신호적 수준으로 환원하는 것은 어떤 경우든 불가능하다는 것이다. **서술적 및 논증적 언어 기능에 대한 어떠한 인과적·물리적 이론도 불가능하다.** 포퍼

는 이름 관계 — 단어의 서술적 사용의 가장 단순한 경우 — 가 인과적
으로 실현되지 않는다는 것을 보였다.[31] 즉, 어떠한 순수한 이름 짓기
의 인과적 모델도 인과적 연쇄 하나만으로 사물과 그 이름 사이의 관
계를 재현하거나 실현할 수 없다는 점에서 본질적으로 결함이 있다.
전체 물리적 상황에서 일부 **부분들**을 선택하고 이름 짓기 위해서는 차
라리 **해석**(그 자체로 인과적으로 실현될 수 없는)이 추가되어야 한다. 이
것으로부터 철학자의 이론이 참 또는 거짓을 의도하는 재현적·서술
적 진술들 및 타당하거나 부당함을 의도하는 논증들을 포함하는 한,
그러한 이론들은 표현적 수준으로 환원될 수 없다는 결론이 나온다.
이 논증은 원래 예술 및 철학에 대한 표현주의적 이론이 아니라 물리
주의 및 행동주의를 논박하기 위해 구성된 것이다. 하지만 그것은 후자
뿐만 아니라 전자에도 적용된다.

이 논증은 강력하고 일반적이다. 그리고 그것은 인간의 자아, 언어,
이론을 경제적이든 성심리학적이든 생리학적이든 유전적이든 또한
그 밖의 무엇이든, 그것이 발생한 조건들로 환원하려고 시도하는 철학
분파들(유물론, 기계론, 결정론, 표현주의 등)을 논박하기에 **충분하다**.

하지만 나는 또 다른 논증을 약속했다. 보다 이해하기 쉬울 뿐 아니
라, 특별히 흥미로운 사실을 드러내며 이론의 논리적·정보적 내용과
관계되리라 믿는 논증이다. 우리가 하나의 이론을 주장할 때, 우리는
또한 그것의 논리적 함축들, 즉 그로부터 도출되는 그 모든 진술들을
주장하는 것이다(그렇지 않다면 우리는 이것들이 완전히 실패로 끝날 때
취소해야 할 필요가 없을 것이다). 뿐만 아니라 이 이론을 우리가 또한
주장하거나 가정하는 다른 이론들과 결합한 것으로부터 귀결되는 추
가적 함축들까지도 주장하는 것이다. 하지만 이것은 어떤 이론의 정

보적 내용이 예측불가능한 중요한 진술들을 무한히 포함한다는 것을 의미한다. 그것은 또한 관념의 내용이 어떤 특정한 사람의 그 관념에 대한 생각과 전혀 동일하지 않다는 것을 분명히 한다. 왜냐하면 그 이론이 적용될 수 있는, 그 자체로 무한히 상이한, 무한히 많은 상황들이 있기 때문이다. 하지만 이들 가운데 많은 상황들은 이론이 주장될 때 상상조차 하지 못했을 뿐 아니라, 그것들은 또한 가용한 정보의 측면에서 문자 그대로 그 당시에는 상상 불가능한 것이기 때문이다. 예를 들어 뉴턴 이론의 정보적 내용의 일부는 아인슈타인의 이론과 양립불가능하다는 것이다. 하지만 이것은 아마도 뉴턴이 그의 이론을 제안하던 당시에는 상상될 수 없었던 것이다. 뉴턴의 이론을 궁극적으로 반증하는 것을 판정할 검증 환경 또는 프로그램도 당시에는 상상할 수 없었다. 왜냐하면 뉴턴 이론에 대한 그러한 관측 및 검증 가능성은 아인슈타인의 이론의 발명 이후에나 상상 가능하게 되었기 때문이다.*

이 놀라운 결과는 문자 그대로 "우리는 우리가 무슨 말을 하는지 전혀 알지 못한다"는 것을 의미한다.[32] 많은 역사적 사례가 증명해주듯, 심지어 이론의 발명자조차 그것을 완전히 이해하는 것은 불가능하다. 그리하여 슈뢰딩거는 보른이 해석을 내놓기 전에는 '슈뢰딩거 방정식'의 의미를 이해하지 못했다. 그리고 이 방정식의 내용 및 응용은 사실 아직도 논쟁 중인 문제다. 의식적이건 무의식적이건, 우리가 이론의 발명가 또는 발견자에 관해 알고 있는 것을 기초로 그러한 문제

---

* 지식의 성장은 원칙적으로 예측 불가능하다는 관련 문제가 있다. 다음 책들을 참조. Karl Popper, 《역사주의의 빈곤*Poverty of Historicism*》 (Boston: Beacon Press, 1957), Preface; *The Open Universe*, chapter 3.

들을 예상하는 것은 논리적으로 불가능하기 때문에, 그러한 이론을 '자기표현'으로 생각하는 것은 터무니없다.

이러한 결론을 발전시키면서, 우리는 표현주의적 설명이 세 가지 근본적인 방식으로 실패할 수밖에 없다는 것을 발견할 것이다. 첫째, 그 설명들은 개인에게 고정된 핵심이 있어서, 그의 작품과 사상이 그 핵심의 표현이라고 가정한다. 둘째, 그 설명들은 생산물의 객관적으로 불가해한 심층부분을 간과한다. 그리고 세 번째, 그 결과로 그 설명들은 ('이름 관계'를 포착할 수 없는 것과 마찬가지로) 인간과 그의 작품 사이의 관계의 본성을 포착할 수 없다. 결론적으로 표현주의는 개인적 자아의 본성, 지적 작품과 창조성의 본성, 그리고 그 둘 사이의 관계의 본성을 오해하고 있다. 그 결과 모든 것이 수동적이고 일방적이다.

우리는 이미 전체 논증이 달려 있는 두 번째 포인트, 즉 지적 생산물 또는 관념들의 객관적으로 불가해한 내용을 논의했다. 첫 번째와 세 번째를 차례로 살펴보자면, 인간의 자아는 의심할 여지 없이 부분적으로는 선천적 기질에서 비롯되는 반면, 또한 적어도 부분적으로는 이론들에 의해 작동한다. 이론들은 자아에 통합성, 개체성 및 지속성을 제공한다. 자아는 풍부하고 불가해하며, 이들 이론들이 이러한 특징들을 향유하는 정도만큼 성장한다.[33] 일단 우리가 기술적 언어를 습득하면, 우리는 주체가 될 뿐 아니라 자신에 대해 객체가 된다. 이 객체에 대해 우리는 성찰하고 비판하고 변화시킬 수 있다. 자기 초월은 인간 삶에도 친숙하고 지극히 중요한 특징이며, 대체로 반성적 비판과 자아를 통합하는 이론들의 검토 및 일부 그런 이론의 파괴와 그를 대체하는 새 이론의 창조를 통해 획득된다. 따라서 이미 언급한 이유들로 인해 우리가 다른 분야에서 자신들이 무엇을 말하는지 모르는 것과 마찬가지로. 우리는 자신을 완전히 알 수 없다. 왜냐하면 이 둘 모두는 서술적 언어 속에 닻을 내리고 있기 때문이다.

서술적 언어가 만들어낸 이 불가해한 자아와 불가해한 이론 사이의 관계는 그렇다면 어느 하나가 다른 것을 표현하는 관계일 리가 없다! 그러한 설명은 언어와 이론의 본성을 고려하지 못하며, 항상 변화하는 개인의 불꽃같은 성질도 고려하지 못한다. 즉 자신의 문화적 생산물을 포함한 문화 세계와 개인과의 능동적인 사이버네틱적인 관계 및 이 관계에 내재한 창조적이며 예측 불가능한 성격 속에서 표현되는 그 성질을 고려하지 못하는 것이다. 이 관계는 개인과 그의 작품 사이의 주고받는 관계이다. 그것은 의식적인 자기비판에 의해 증폭된 '피드백'에 의존한다. 그러한 피드백은, 진화론에서 명백히 알 수 있듯, 어떠한 성장 과정의 일부이다. 따라서 그것이 여기서 발견된다고 해서 전혀 놀랍지 않다.[34]

우리가 어떤 관념을 생산할 때, 즉 우리 자신이든, 세계의 본성이든, 인간 사회든, 또는 언어든 무엇에 관한 것이든, 기술적 언어로 구성된 이 관념은 그 자신의 객관적인 생명을 얻는다. 특히 그것이 쓰여지고 출간되어 타인들이 활용 가능할 때 더욱 그렇다. 그것은 탐구되지 않은, 때로는 **바라지도 않은** 잠재력, 발표하던 순간에 의도될 수도 있었고, 표현될 수도 있었던 것을 초월하는 잠재력을 가진다. 그러한 관념에 대한 우리의 이해가 전개되면서, 그것은 새로운 잠재력과 문제들을 그것에 도입함으로써 문자 그대로 우리가 거주하는 생태적 지위를 변화시킨다. 우리의 자아 개념과 외부 세계에 대한 우리의 이론들을 포함하는 문화 세계는, 따라서 어떤 측면에서 거미줄에 비교될 만한 객관적인 자연적 체외 생산물이다. 이러한 관념의 거미줄은 그것이 자신의 문제들을 발생시키고, 그 내용은 대체로 우리의 소망으로부터 독립하여, 어느 개인의 주관적 의식 속에서 실현되는 것과 별개로 존재한다는 의미에서 자율적이다.* 니체는 다음과 같이 깨달았다. "이러한 문제에 대해서 나는 내 나름대로 여러 가지 해답을 발견하기도 하고 또한 감히 그 해답을 시도해보기도 하였다. 나는 여러 시대, 여러 민족, 그리고 개개인의 등급을 구별해보았고, 나의 문제를 세목으로까지 전개시켜보았다. 나의 여러 대답에서 새로운 문제, 질문, 추측, 가능성들이 나타났고 마침내 나는 나 자신의 영역, 나 자신의 대지를 갖게 되었다. 아무도 그 존재를 예측치 못했던 은밀한 정원을, 가지가 무성하고 꽃이 만발한 하나의 숨겨진 별개의 세계를 갖게 되었다."[35]

이러한 배경에서, 세계와 사회와 개인과 우리 자신의 목적과 선호에 대한 우리 자신의 관념의 예상치 못한 영향은 — 우리가 그것들을 추구할 때, 우리가 그것들을 가지고 작업할 때, 우리가 그것들을 문제로 채택할 때 — 우리의 자아 개념과 우리의 본능적 삶에 근본적인 영향을 준다. 그 관념들은 우리의 낡은 자아 및 자아 개념을 표현하기는커녕, 그것들과 근본적으로 불화한다. 그것들은 우리의 자기표현에 **반하여 작동한다.**[36]

어떤 사람들은 물론 이러한 잠재력을 거의 활용하지 못한다. 하지만 이러한 문화 세계 — 그리고 기술적 및 논증적 수준의 언어 — 와 상호작용하고 거기에 기여하면서, 사람은 적어도 자기를 형성하고 자신의 출생 기원 및 조건, 유전자와 본능, 자기표현을 초월할 기회를 갖게 된다. 이러한 상호작용 속에서, 우리의 자아는 자신의 표현과 더

---

* 다른 종류의 사례로, 로그표 또는 가장 큰 쌍둥이 소수가 존재하는지의 문제를 들 수 있다.

붙어 끊임없이 초월된다.

지적 세계와의 교류에서 탁월한 과학자나 철학자와 같은 개인의 경우에, 우리는 그의 관념이 그를 표현한다기보다 그가 자신의 관념을 표현한다고 말하려는 유혹을 받을 수 있다. 어떤 사람들은 이런 종류의 사고를 극단적으로 끌고 간다. 예를 들어 나는 우리의 몸 전체, 심지어 척추의 만곡과 근육의 막까지 우리의 사고를 표현한다고 주장하는 미국의 아이다 롤프Ida Rolf 학교의 물리치료사를 떠올린다. 하지만 이것도 충분하지 않다. 비록 관념의 세계가 어떤 사람에게 미치는 영향이 — 비록 가장 독창적인 사람에게도 — 어떤 개인이 관념의 세계에 미치는 영향을 초과하지만, 표현의 전체 모델은 너무 수동적이다.

그러한 환원하려는 시도에 반대하는 많은 다른 논증들을 여기에 추가할 수 있다. 심령 및 그와 유사한 것들의 '영향들'에 관한 문학, 역사, 철학 분야의 느슨한 대중적 담론에서 일반적으로 무시되는 진지한 과학적 논증들 말이다. 물론 그러한 영향들은 존재한다. 하지만 앞서 제시한 이유들 때문에, 그것들이 일반적으로 작용한다고 주장하는 직접적인 방식으로 작용하는 것은 꽤 불가능하다.

***

언어, 사상, 문화에 관한 이러한 사실을 볼 때, 철학을 그 창시자의 개인적 정황들 및 개인의 정신병리학으로 환원하려는 계획을 진지하게 받아들이거나 단순히 표현의 측면에서 생각하는 것은 곤란하다. 우리는 '모든 것을 설명함으로써 아무것도 설명하지 못하는' 그러한 전기를 공허하고 비과학적인 것으로 치부해야 한다. 그러한 것은 보다 깊은 이해를 위한 탐구를 목적으로 한 전기가 아니다. 그것은 제작 매뉴얼에 따라 만든 전기이다.

하나의 철학을 이해하기 위해선, 우리는 철학의 내용과 함께, 그것이 나오게 된 배후에 있는 무수한 객관적 문제들을 연구해야 한다. 그리고 우리는 그 철학자의 개인적 정황에 부적절하게 시선을 빼앗겨선 안 된다. 그렇게 하지 않고, 표현주의적 프로그램을 따라가는 지식사가들이나 전기 작가들은 필적학(필적을 통해 성격을 연구하는 학문 — 옮긴이)자가 될 위험이 있다. 그들은 필기 연습용 책과의 편차 속에서 의미를 간파하고, 타인들이 휘갈겨 쓴 글을 보며 추측으로 가득 찬 해석 속에다 자기 자신의 개성을 수상쩍게 표현하거나 위장한다. 철학자의 개인적 정황들은 때로는 그가 작업하고 있는 문제들과 이론들의 관계망 속에서 중요한 역할을 할 수도 있다. 하지만 **때로는 그것들은 아무런 역할도 하지 않을 수 있다.**

개인적 정황들은 때로는 역할을 하지 않고, **때로는 역할을 한다.** 평이한 형태의 표현주의에 반대하는 논증에서, 나는 성생활이 결코 철학자 또는 과학자의 연구 내용을 형성하는 데 영향을 미치지 않는다고 주장하고 싶지는 않다. 왜냐하면 의심할 여지 없이 그런 일이 발생하는 경우가 때로 있기 때문이다.*

---

* 월터 카우프만은 칼 융의 경우에 이것이 사실이라고 주장했다 — 융 심리학의 일부 긍정적인 내용 및 특히 그의 *Answer to Job*의 주장은, 그 자신의 오이디푸스 갈등을 해결하지 못한 측면에서 가장 잘 이해된다. Walter Kaufmann, *Freud versus Adler and Jung*, vol. 3 of *Discovering the Mind* (New York: McGraw-Hill, 1980), esp. Part IV 참조.

III
동성애와 사상을 연결하려는 일부 시도

심리학적 성향의 지식사 혹은 전기의 도입부로서 마땅히 요구되는 이러한 검토를 마쳤으니, 이제 비트겐슈타인의 특수한 경우로 돌아갈 시간이다.

나는 비트겐슈타인의 사상 내용을 그의 동성애의 측면에서 설명하려는 하나의 흥미롭고 상세한 시도를 알고 있다. 그것은 워싱턴 대학교의 레비A. W. Levy 교수이다.[37]

"도덕 체계는 단지 감정의 수화다"라는 니체의 언급에 영감을 받아, 레비는 비트겐슈타인이 엥겔만에게 보낸 편지를 '길게 나 있는 핏자국처럼' 관통하는, 개인적 죄책감에 대한 깊은 의식을 상기시킨다. 자신을 지칭하기 위해 비트겐슈타인이 반복해서 사용하는 단어들은 음탕함Unanständigket, 나쁨Schlechtigkeit, 불결함Schweinerei, 천함Niedrigkeit, 비열함Gemeinheit 등이다. 자신이 처한 상황에 대해 비트겐슈타인은 이렇게 쓴다. **"특별한 사실을 극복할 수 없는 상황입니다."** 그것을 치료하는 유일한 방법은 자살이라고 그는 주장한다. 비트겐슈타인은 가끔 말한 대로 자신이 "저주받았다"고 확신했다.[38]

레비의 주장은 직설적이다. 비트겐슈타인의 윤리학에 대한 설명은 이 무거운 죄책감을 누그러뜨리기 위한 일종의 반동형성(사회적·도덕적으로 좋지 않은 욕구나 원망을 억제하기 위하여 이 욕구와는 반대 방향의 독단적 행동을 취하는 무의식적 행위 — 옮긴이)이다.* 일상생활에서와

---

* 비트겐슈타인의 윤리학에 대한 견해를 담은 정보는 다소 부족한 편이다. 여기에는 《논고》의 마지막 세 페이지, 〈윤리학에 관한 강의〉(1929-30), 그리고 노트들과 서신, 바이스

마찬가지로 그는 자신을 동성애 충동으로부터 보호할 환경을 찾아낸다. 그리하여 "그의 도덕 철학은 무의식적으로 자신을 그러한 경향이 불러올 것으로 예상되는 도덕적 비난으로부터 보호하기 위해 구성되었다." 그의 윤리 이론은 "오만하지만 죄의식에 사로잡힌 동성애자가, 명쾌하고 주의 깊게, 합리적 언어의 비난을 넘어선 곳에 ─ 다시 말해 동료 인간들의 도덕적 판단 위에 ─ 자신을 두려는 교묘한 전략이다." 이를 위해 비트겐슈타인은 단순히 도덕적 비판을 무의미하게 만드는 언어에 대한 설명을 창조하였다(왜냐하면 그것은 사실적인 것에 대한 진술을 넘어섰기 때문에).

비트겐슈타인은 윤리학으로부터 어떠한 사실적인 성격도, 또는 사실적 진술들로 환원될 수 있는 어떠한 것들도 날카롭게 배제함으로써 그렇게 했다. 예를 들어 목적을 위한 수단으로서의 가치판단, 또는 기준에 맞추는 것으로서의 가치판단은 윤리학과 관계가 없다. 왜냐하면 비트겐슈타인에 따르면 그것들은 사실적 진술들로 번역될 수 있기 때문이다. 같은 이유로 '취향 또는 성향'에 관한 진술들도 윤리학의 문제가 아니라고 비트겐슈타인은 반복해서 강조했다.[39] 마찬가지로, 비록 '선호'는 의미 있는 언어로 진술될 수 있지만 "선호된다는 사실은 동일하게 그 자체로 가치 있는 것이라고 주장할 근거가 없다."[40]

만과 슐리크와 나눈 대화, 《문화와 가치》로 출간된 단평 모음 속에 담겼던 짧은 단평들이 포함된다. (Wittgenstein, "Lecture on Ethics", *The Philosophical Review*, January 1965, pp. 3-12 참조.) 비트겐슈타인이 슐리크와 바이스만과 나눈 대화에 대해서는, 바이스만이 기록한 대화인 Friedrich Waismann, *Ludwig Wittgenstein and the Vienna Circle* (Oxford: Blackwell, 1979) 참조. 레비는 《문화와 가치》(레비가 처음 쓸 당시 미출간 상태였다)를 제외한 이 모든 정보를 참작했으며, 〈윤리학에 관한 강의〉에 주의를 집중한다.

간단히 말해서 개인적 취향, 성향, 선호는 윤리학의 문제가 아니다. 동성애자라는 '특별한 사실', 또는 이성애자라는, 또는 사회 다수로부터 선호되는 행위라는, 또는 그와 다른 행위라는 특별한 사태는 강제적인 도덕적 힘이 없으며, 취향과 성향의 문제에 관해서 죄책감을 느끼는 것은 불필요하다. 이것은 비트겐슈타인이 꽤 명시적으로 말한 것이다.

지금까지는 레비의 해석이 지지되는 것으로 보인다. 윤리에 대한 그러한 견해는 사실 죄책감을 느끼는 동성애자에게, 혹은 어떤 도착적 성향으로 죄책감을 느끼는 이성애자에게도 최소한 지적인 위안을 준다.

하지만 나는 레비의 해석이 통하지 않는다고 생각한다. 왜냐하면 비트겐슈타인의 사상에는 레비의 설명이 전혀 포착하지 못하는 것으로 보이는 또 다른 차원이 있기 때문이다. 비록 레비 자신도 물론 그것을 잘 알았고 거기에 맞추려고 열심히 노력했겠지만 말이다.

진정한 윤리적 판단, 즉 비트겐슈타인이 '절대적 가치' 판단이라고 부른 것은 사실적인 것을 초월하며, **초자연적**이다. 비트겐슈타인은 1929년 이렇게 썼다. "선한 것은 또한 신성하다. 이상하게 들릴지 모르지만, 그것이 나의 윤리학을 요약해준다. 오직 초자연적인 어떤 것만이 초자연적인 것을 표현할 수 있다."[41] 그가 말했듯 절대선은, 만일 그것이 기술할 수 있는 사태라면(사실은 기술할 수 없다), "**자신의 취향, 성향과 독립적으로** 모든 사람이 필연적으로 이루는 것, 또는 이루지 못한 것에 죄책감을 느껴야 하는 것"일 것이다.[42] 하지만 그러한 사태는 존재하지 않는다. "어떠한 사태도, 그 자체로, 내가 절대적 심판관의 강제력이라고 부르고자 하는 것을 가지지 않는다."[43]

여기는 우리는 비트겐슈타인 자신이 초자연적이고 절대적인 가치에 대해 이야기하는 것을 발견한다. 사람들은 초자연적인 것과, 그것의 특권인 절대적 가치에 대해 이야기하는 것을 전혀 단념하지 않는다. 비트겐슈타인의 설명에 따르면 그러한 이야기는 무의미한 것을 주장하는 것이다. **그리고 비트겐슈타인은 이것을 매우 잘 안다.** 게다가, 그 자신은 단념하지 않는다. 그것과는 꽤나 반대로 그는 이렇게 쓴다. "나의 모든 경향, 그리고 윤리학과 종교에 관해 쓰거나 말하려고 시도했던 모든 사람들의 경향은 언어의 한계에 충돌할 수밖에 없었다고 나는 믿는다."[44] 그러한 시도는 절망적이다. 그로부터 어떠한 지식도 나올 수 없기 때문이다. "그렇지만 윤리학은 인간의 정신 속에 있는 한 가지 경향의 기록이다. 개인적으로 난 그것을 마음 깊이 존중하지 않을 수 없으며, 절대로 그것을 조롱하지 않을 것이다."[45]

그러한 사람들은 어떠한 종류의 것을 표현하고자 하는 것인가? 비트겐슈타인은 세 가지 구체적인 개인적 사례를 제안한다. (1) 세계의 존재에 대한 경이, (2) 절대적으로 안전하다는 느낌의 체험, (3) 죄책감의 경험, 특히 신이 우리의 행동을 못마땅해한다는 것. 이러한 체험들을 언어로 표현하는 것은 **무언가를 가리키지만**, 무의미함으로 귀결된다고 비트겐슈타인은 말한다. 무의미함이야말로 바로 그 핵심이다. 왜냐하면 우리가 그러한 표현을 사용할 때, 우리는 사실적인 것을 넘어서려고, 의미 있는 언어를 넘어서려고, 그리고 절대적인 것, 초자연적인 것을 가리키려고 하기 때문이다.

이제 여기서 많은 심각한 문제들이 발생한다. 만일 사람들이 비트겐슈타인의 언어의 한계에 대한 이론에 따라 초자연적인 것에 대한 말을 단념하지 않는다면, 그들은 취향이나 성향의 문제에 대해 도덕적 판단을 단념할 것 같지 않다. 그리고 따라서 비트겐슈타인의 언어 및 윤리학에 대한 이론은 — 만일 스스로를 그러한 판단으로부터 보호 하려고 고안했다면 — 실패할 것이다.

레비는 이 문제를 피해 가려고 했다. 그는 초자연적인 것과 절대적 인 것에 관한 비트겐슈타인의 논의를 자신의 해석 속에서 도출하려고 했다. 비트겐슈타인의 세 가지 체험이 우리를 "비트겐슈타인의 도덕 적 우주 속에서 도덕적 악몽의 정중앙에" 위치시킨다고 주장함으로써 말이다. 그리하여 그는 세계의 존재에 대한 비트겐슈타인의 경이는 실제로는 자신의 '도덕적 기형'이 맹목적으로 주어진 것에 대한 도덕 적 공포라고 말한다. 그리고 절대적 안전성에 대한 그의 염려는 동성 애적 욕망을 추구하는 과정에서 노출된 신체적 위험으로부터뿐만 아 니라, 자신의 내부에서 날뛰는 거친 동성애적 욕망에 대한 두려움에 서 비롯된다. 세 번째 죄책감의 체험은 '명백히' 그의 삶이 처한 상황 의 결과이다.

하지만 비트겐슈타인의 논의는 단순히 레비식으로 해석되지 않는 다. 그렇게 해석된다 해도, 레비의 해석은 통하지 않는다.

첫째, 비트겐슈타인이 경이에 대해 말할 때, 그가 도덕적 공포를 뜻 했다는 증거가 없다. 비트겐슈타인은 은유 및 감정 표현을 포함하여 주의 깊게 단어를 골랐다. 게다가 도대체 왜 무언가가 존재하느냐를 묻는 저 의미심장하지만 당혹스런 질문은, 비록 다양한 방식으로 표 현되었지만, 독일어권 철학에서는 매우 친숙한 것으로서 최소한 셸링 까지 거슬러 올라간다. 카를 야스퍼스는 1920년대에 이 문제로 고민 을 했고, 결국 이 문제를 중점적으로 다룬 셸링에 관한 책을 출간했다 (1955). 이 질문은 또한 하이데거와 틸리히, 그리고 사르트르를 포함한 수많은 다른 작가들에서도 나타난다. 나는 비트겐슈타인이 셸링, 야스퍼스, 사르트르, 틸리히의 저작을 알았는지 알지 못한다. 다만 그는 하이데거에 대해서는 약간 알았고, 슐리크와 바이스만과의 토론에서 그에 대해 짧게 언급한 적이 있다.[46] 이들 논의의 어디서도 도덕적 공포에 대한 언급은 없다. 그리고 비록 비트겐슈타인이 이 논의에 새로운 뭔가를 추가하긴 했지만 — 즉, 그것의 무의미성에 관한 주장 — 그는 어느 곳에서도 자신이 이들 다른 작가들과 그토록 근본적으로 다른 어떤 것을 의도했다고 주장하지 않는다.

둘째, 비트겐슈타인이 절대적 안전의 느낌을 언급했을 때, 주관적이든 객관적이든 동성애의 위험을 염두에 두었다고 가정해야 할 이유가 없다. 그러한 안전함의 관념은 특별히 동성애와 관련해서가 아니라 기독교의 구원 및 영혼 불멸과 관련해서 가장 중요한 것이다. 그리고 그것은 또한 다른 맥락 속에서, 세계의 조건들로부터 해탈하기 위해 분투하는 불교에서도 나타난다. 비트겐슈타인이 이 체험을 언급했을 때, 그 자신이 염두에 두었다고 말한 것, 즉 **종교적** 체험 외의 어떤 것을 염두에 두었다고 가정해야 할 이유가 없다.

게다가 〈윤리학에 관한 강의Lecture on Ethics〉와 별도로, 레비의 해석에 상반되는 꽤 특별한 추가 증거가 있다. 1910년경 비트겐슈타인은 오스트리아 극작가 루트비히 안첸그루버의 연극 〈십자가 원판〉을 보고 깊은 감명을 받았다. 3막의 도입부에서, 등장인물 중 하나가 말한다. "당신이 2미터 아래 땅 속에 누워 있다 하더라도, 수천 번을 또다시 이것을 겪어야 한다 하더라도, 아무것도 당신에게 일어나지 않는다. 당신은 그 모든 것에 속해 있고, 모든 것은 당신에게 속해 있다. 아무것도 당신에게 일어나지 않는다. 그리고 너무도 경이로워 나는 주변의 모든 사람들에게 소리쳤다. 아무것도 당신들에게 일어나지 않는다. (…) 이제 기뻐하라, 기뻐하라 ─ 아무것도 당신에게 일어나지 않는다."[47] 비트겐슈타인은 이 생각에 큰 충격을 받았고, 훗날 맬컴에게 이로 인해 종교에 대한 태도를 바꾸었다고 말했다.

가장 중요한 반대는 비트겐슈타인의 세 번째 경험이 레비의 해석을 지지하지 않고 간단히 논박한다는 것이다. 왜냐하면 세 번째 경험은 명백히 **신의** 비난에 호소하고 있다. 그리고 비록 그의 이론이 신의 비난에 대한 논의를 무의미하게 만들었고, 심지어 그의 이론이 인간의 비난을 제거하는 데 성공했다 하더라도(우리가 보았듯 의심스럽지만), 비트겐슈타인의 언어 이론은 신의 비난을 제거하지 않았던 것이다.

왜냐하면 만일 비트겐슈타인이 자신의 행동에 대한 사람들의 비난을 비켜가기 위한 무의식적 요구로부터 언어 이론과 윤리학에 대한 설명을 만들어냈다면, 확실히 그의 무의식은 신의 심판까지 비켜가는 철학 또는 신학을 만들어낼 정도로 교묘했어야 한다! 이 두 번째 단계가 없다면, 그의 견해는 레비가 주장하는 "이론의 여지가 없는 권능에 대한 보호 장치"가 아니다.

레비는 자신의 주장이 문제의 소지가 있다는 점을 인정한다. 하지만 어떤 문제가 있는지를 인식하고 있는 것 같지는 않다. 우리는 (1) 비트겐슈타인이 죄의식을 느꼈다는 사실과 (2) 그의 언어 이론 및 윤리학에 대한 설명, (3) '사실적으로 무의미하지만' 그럼에도 불구하고 무시무시한 심판자로서 강력한 신의 이미지, (4) 비트겐슈타인이 공유하고 존중했던, 어떤 종류의 초월적 영역을 가리키려는 강한 인간적 욕망을 가지고 있다. (레비는 심지어 비트겐슈타인이 자신의 도덕적 부패에 관한 사실에서 최후의 심판과 신적인 재판관의 필요성까지 주장하기 위해

'죄 논리학적culpalogical 논증'과 같은 것을 생각했을지 모른다고 주장한다.)
우리는 분명히 비트겐슈타인의 윤리학이 그의 죄의식을 **누그러뜨리는**
기능을 한다고 믿도록 요구된다. 반면 그의 암시적 신학과 그의 '언어
의 한계에 충돌하는' 인간의 경향에 대한 설명은 — 그러한 설명에서
는 그것 역시 반동 형성의 일부이어야 한다 — 죄의식을 **심화시키고**
강화시키는 작용을 하는데도 말이다. 이 모든 것은 정신병리학의 한
형태로서 가능성의 영역 안에 있다. 하지만 그것이 전체적으로 경제
적이지 못하므로 그것을 믿을 이유가 없다. 그러한 가정들이 개별적
으로 그것들을 추천하는 어떤 것을 가지기에 앞서, 이 두 개의 이질적
인 유형을 통합하는, 비트겐슈타인의 정신병리학에 대한 보다 심도 깊
은 설명이 필요하다.

훨씬 더 말이 되고 복잡하지 않은 대안적 설명이 있다. 비트겐슈타
인의 윤리학에 대한 설명은 다소간 그의 언어 이론에 영향받았다. 그
것은 앞 절에서 설명된 의미에서, 사실 **언어 이론의 의도하지 않은 결과**
였다. 그리고 언어 이론은 그가 러셀 및 논리 실증주의자들과 공유했
던 사유의 연결망에 의해 영향받았다. 윤리학에 대해 이와 유사한 견
해가(비록 신학까지는 아니지만) 이성애자였던 카르납과 같은 다른 철
학자들에 의해 채택되었다. 비트겐슈타인은 윤리학에 대한 자신의 설
명이 그를 동료 인간들의 비난으로부터 자유롭게 만드는 데 가질 수
있었던 제한된 효과를 인지했을 수도 있다. 그리고 이것은 말하자면
이와 관련된 취향과 선호에 대한 그의 명시적인 언급을 설명할지도
모른다. 만일 그가 그러한 어떤 것을 인지했다면, 이것은 그에게 단지
매우 제한된 중요성을 가진 것이었을 수 있다. 왜냐하면 그의 죄의식
은 계속되었고, 그의 일생 동안 철학에 의해 효과적으로 제거되지 못

한 신의 징벌이라는 이미지와 결부되었기 때문이다.

비트겐슈타인의 동성애를 그의 철학과 연결시키려는 레비의 시도는 《논고》로 대표되는 그의 초기 저작과 〈윤리학에 관한 강의〉에 초점을 맞춘다. 나는 4장의 VII절에서 XI절까지 논의한 대로, 비트겐슈타인의 후기 철학에 기초하여 유사한 논증을 상상해낼 수 있었다. 여기서 비트겐슈타인은, 이해는 공유된 실천과 공통의 또는 공유된 삶의 형식에 뿌리박고 있으며, 그것 없이는 발생하지 않는다고 주장했다. 그리하여 하나의 실천에 참가하는 구성원들은 다른 실천에 관계된 사람들이 좋은지 나쁜지를 비판 또는 판단할 근거를 가지지 못한다. 우리가 동성애를 하나의 '삶의 형식'으로 간주한다면, 그러한 철학은 또한 효과적으로 동성애를 타인들의 도덕적 비판으로부터 보호할 수 있다. 비록 이제는 보호 우산이 꽤 다르게 만들어지지만 말이다.

만일 자신의 후기 철학의 이런 측면을 인지했다면, 그것은 비트겐슈타인 자신에게 호소력이 있었을 것이다. 하지만 다시 한 번 말하지만, 그러한 고려가 그가 자신의 입장을 구성하는 동기가 되었다는 주장은 받아들이기 힘들다. 여기에는 두 가지 이유가 있다. 첫째, 그는 내가 다른 곳에서 '비트겐슈타인적 문제의식'이라고 부른 그 자신이 놓여 있는 객관적 지적 문제 상황에 의해, 그러한 상대주의적 입장으로 강제되었다.[48] 동성애자도 아니고 어떤 심각한 도덕적 곤경에 빠지지도 않은 많은 다른 사람들은 이러한 지적 문제 상황에 의해 유사한 상대주의적 입장을 받아들이도록 강제되고 있음을 발견한다.

보다 중요한 것은 — 그리고 이것이 레비의 모든 논의가 간과하고 있는 비트겐슈타인에 관한 사실이다 — 모든 전기적 증거가 비트겐슈타인이 전혀 다른 사람들의 의견에 동기를 부여받거나 그것을 두려워하지 않았다는 것을 암시한다는 사실이다. 그는 반복적으로 일상적인 사회적 관습을 무시하는 처신을 보였고, 아주 고집 세고 독립적인 것처럼 보인다. 그는 자신의 노트에 이 문제에 대해 이렇게 표현했다. "다른 사람의 사례를 너의 길잡이로 삼지 말고, 자연을 길잡이로 삼으라."[49]

IV
영적 지도자 비트겐슈타인

그의 삶 대부분은 가장 가까운 친구들에게도 영원히 알려지지 않은 채로 남아 있을 것이다.

　　　　　　　　　　　　　　　　　　　　　　　　－파니아 파스칼

나는 비트겐슈타인의 동성애와 그의 사상을 연결하려는 다양한 시도에 대해 논박하거나 의구심을 던졌다. 이제 나는 동성애와, 그의 인간됨 및 그의 영향력 사이에서 내가 보는 중요한 관계를 설명하러 돌아가야 한다. 일부 사람은 이 관계를 예상하지 못했을 것이다.

이 관계는 비트겐슈타인이 비록 위대하게 독창적인 사상가가 아니었음에도 엄청난 영향력을 행사했고 계속해서 행사하고 있다는 사실과 관련된다. 만일 우리가 그의 사상만을 원한다면, 우리는 많은 다른 더 명쾌한 작가들을 찾아갈 수 있을 것이다. 그에게 영향받은 사람들, 특히 그와 가까웠던 사람들(문헌집행자 두 명과 로마 가톨릭으로 개종한 몇몇 가까운 제자들. 다른 가까운 제자들 몇몇은 영미인들이다)은 그를 마치 **영적 지도자**를 대하듯이, 세계영혼anima mundi을 대하듯이 했다. 마치 거의 초자연적 인물인 영혼의 안내자, 샤먼, 사제, 주술사, 신비적인 인물, 또는 물질 속에 간힌 영혼spiritus mercurialis인 듯이 말이다. **비트겐슈타인은 매혹적인 인물이었다**Wittgenstein fascinates.*

그리하여 존 니마이어 핀들레이는 비트겐슈타인의 이러한 분위기를 이렇게 표현했다.

마흔 살의 그는 신적이 아름다움을 가진 스무 살의 젊은이처럼 보였다. 케임브리지에서 그는 항상 중요한 인물이었다. (…) 이 세상에 속하지 않는 순결함 속에서 경외감을 자아냈다. (…) 신이 그를 받아들였다. (…) 거의 완전한 공허 속의 아름다운 금욕적인 방에는, 탁자 위에 놓인 나무로 만든 과일 그릇이 하나의 색조를 만들어내고 있었다. (…) 신은 지금까지 묘사되어온 것과 완전히 똑같았다. 그는 조각상에서 빠져나와 생명 속에 묶인 아폴로처럼 보였다. 또는 어쩌면 노르웨이의 신 발두르(태양의 신으로 잘생기고 현명하고 상냥했다 — 옮긴이)처럼 금발에 푸른 눈, 육체적인 것은 전혀 없는 아름다움을 지니고서, 단순히 고대 그리스의 네 가지 덕목(정의·절제·용기·지혜 — 옮긴이)의 기운을 뿜어내고 있었다. 여기에 매우 절묘한 친절함과 우아함이 더해져서 마치 겨울의 차가운 햇빛으로 목욕을 한 듯한 거리감이 느껴졌다. 비트겐슈타인 자신이 생각했던 것은 전혀 중요하지 않았다. 그가 알고 지내는 대부분의 철학자들이, **인간**으로서의 그

---

* 고대 fascinem의 은유적 의미가 '음경'이었음에 주목하라. 비트겐슈타인의 가까운 제자들만 이런 식으로 반응했던 게 아니었다. 온갖 종류의 사람들이 비트겐슈타인의 추종자임을 주장했고 그가 행했던 '종류'의 행위를 따라한다고 주장했다. 비록 그가 행했던 게 무엇이었는지에 대해서는 말할 수 없었지만 말이다.

들의 매우 위대한 탁월함에도 불구하고 혼돈과 어슴푸레한 빛 속에서 살았다는 점에서, 비트겐슈타인이 훨씬 우월했던 것이다. (…) 뭔가 철학적으로 성스러운, 비범한 공기가 그를 둘러싸고 있었다. 그것은 또한 매우 비인격적인 것, 거리감이 느껴지는 것이었다. 그는 철학적 태양이었다. 우리는 그의 햇빛 속으로 걸어 들어갔다. 하지만 우리는 태양에 의해 전혀 선택되지 못했다. (…) 그와 함께 마셨던 차는 꿀맛이 났다.[50]

우리의 목적을 위해, 비트겐슈타인에 대한 이러한 반응과 관련해서 세 가지가 중요하다. 첫째, 그러한 반응은 본능적 수준에서 작용했던 것처럼 보인다. 이것은 아주 오래된 것으로서, 개인적 훈련과는 무관하며 칼 융이 원형적이라고 불렀던 것이다. 둘째, 피타고라스적 전통 및 이러한 반응을 탐구하는 연금술 및 신비주의 저작에서, 그러한 샤먼적 인물은 **고통받는 사람**으로, '고통을 없애주는 고통받는 사람', '치유를 주재하는 상처받은 치유자'로 나타난다. 셋째, 이 같은 고대의 전통 및 저작에서 — 그리고 플라톤의 잃어버린 자웅동체의 신화에서처럼 다른 곳에서도 — 그러한 인물은 종종 **암수한몸**이다. 우리는 또한 종종 브라마와 시바, 아담, 바알, 미트라, 디오니소스와 아폴로 등으로 상징되는 신성한 양성보유자를 언급할 수 있다. 그리하여 자연의 두 위대한 힘으로 보이는 것들, 남성적인 것과 여성적인 것들은 하나의 존재로 결합된다.[51]

비트겐슈타인과 같은 인간이 그의 찬미자들이 그에게 투사한 그러한 특징과 힘을 가지려면, 동성애가 있을 필요가 있다. 그것이 추종자들에게 알려지거나 잠재의식적으로 감지되어야 한다. 하지만 의식적으로 인정되어서는 안 된다. **불규정성** indefiniteness**이 필수적이다.** 터부와 유혹은 함께 있어야 하며 둘 다 활용되어야 한다. 따라서 드루어리와 파스칼은 모두 이를 감지하고 기록했다. 성욕에 대한 비트겐슈타인의 거리 두기와 이질감(그리고 이로 인한 강렬한 고통)이 거기에 있어야 했다는 것을 말이다. 지금까지 그들은 사실을 이야기했다. 줄리언 벨Julian Bell이 1930년에 시로 썼듯이 말이다.

> 나는 루트비히가 불쌍해, 나는 동의하지 않거든,
> 그가 왜 그런 생각을 하는지 모두가 알 수 있어
> 그 금욕적인 생활 속에서
> 모두가 아는 보통의 즐거움을 피하려고 하는 까닭을.[52]

하지만 신비로움이 유지되기 위해서는, 동시에 그것이 이야기의 전부가 아니라는 잠재의식적인 의식이 요구된다.*

이런 불규정성은 또한 그러한 인물의 메시지 속에, 특히 도덕성의 문제와 가장 밀접히 연관된 측면에서 있어야 한다. 따라서 비트겐슈타인의 윤리학적 교리가 진술하기 매우 힘들다는 것, 그가 이 문제에 관해 말한 것은 무의미하지만… 매우 중요하다고 말했을 때, 그가 말한 것 또는 의도한 것에 대해 그렇게 많은 중요한 논쟁이 있다는 것은 놀랍지 않다. 비트겐슈타인이 피커에게 썼듯이 "내 책은 두 부분으로

---

* 내 동료인 시어도어 로작Theodore Roszak은 이 후기를 읽은 후 비트겐슈타인의 제자였던 아이리스 머독Iris Murdoch과의 흥미로운 연결을 지적했다. 그녀의 소설 중 하나인 *Nuns and Soldiers*은 '비트겐슈타인'이라는 이름으로 시작한다. 그리고 그에 대한 언급이 종종 그녀의 작품에서 튀어나온다. 머독의 소설에서 반복해서 등장하는 중요한 이미지는 감질나게 하는 분명히 드러나지 않는 마법사의 이미지다. 그는 자기 주위의 사람들의 삶을 바꾼다. 종종 희미하게 성적인 환상들과 이 인물을 감추는 난해함이 있다. 비트겐슈타인이 이런 이미지를 불러일으켰을까?

구성되어 있습니다. 한 부분은 여기에 있고 나머지 한 부분은 내가 쓰지 **않았던** 모든 것입니다. 그리고 정확하게 이 두 번째 부분이 중요한 것입니다."[53] 이것은 물론 윤리학에 관련된 것이다.

인격, 성정체성, 사상의 내용 등 모든 것이 불분명한 곳에서는 어떤 것이든 추정할 수 있다.* 그리하여, 비트겐슈타인은 **그의 친구 및 제자들로부터** 모든 접근을 거부했다. 그의 사상에 대한 해석들은 단호하고 심지어 가혹하게 거부되었다. 그리고 이와 유사하게, 간섭을 금하는 경고가 그의 성정체성에 대한 대부분의 접근과 해석을 미리 배제했다.

내 책 초판에 대한 반응을 설명하기 위해서는 이것으로 충분할 것 같다.† 그리하여 — 첫 번째 절에서 논의되었듯이 — 엄포와 은폐공

---

* 나는 비트겐슈타인에 대한 그러한 **구성**이 영국의 후기 제자들에게만 국한된다고 보지는 않는다. 유사한 과정이 빈에서도 빈학파 구성원들에게 작용했던 것으로 보인다. 그리하여 하인리히 나이더Heinrich Neider는 이렇게 썼다. "비트겐슈타인은 (…) 빈학파의 반쯤 신비적인 '수호성인'이다. (…) 나는 심지어 2년 후 프라하 철학자 모임에서 활발한 토론 중에 어떤 독일 참가자가 말한 것도 기억한다. '비트겐슈타인 씨는, 정말 실존하는 사람인가요, 아니면 내가 믿는 것처럼 빈학파가 자신들의 주장의 대변인으로 만들어낸 가공의 인물인가요?" Marie Neurath and Robert S. Cohen, *Otto Neurath: Empiricism and Sociology* (Dordrecht: D. Reidel, 1973), p. 47 참조. 무어에 대한 전기 p. 9에서 레비는 "비트겐슈타인의 추종자들은 철학의 내부에서 통하는 비교적 드문 '개인숭배' 사례를 제공할지 모른다"라고 주장했다. 비트겐슈타인의 '인격의 마법'과 '개인적 매혹'에 대해 쓴 핀들레이의 "My Encounters with Wittgenstein"를 참조하라.

† 물론 이것 외에 설명에 더 추가할 것이 있다. 어떤 위대한 사상가 또는 예술가도 추종자들에 의해 낭만화되는 경향이 있다. 몇 년에 한 번씩 규칙적으로, 일부 격분한 의사 또는 다른 이들이 베토벤 또는 슈베르트가 성병을 앓았다는 것을 부정하는 논문을 쓴다. Heuwell Tircuit, "Knocking the 'Great Immortals' Back to Earth", *Review*, August 9, 1981, p. 17 참조. 또한 다음 책들도 참조. Maynard Solomon, *Beethoven* (New York: Schirmer Books, 1977), p. 262; John Reed, *Schubert's Final Years* (London: Faber, 1972). 지적·예술적 노력에 대한 우리의 근본적 불신을 극복하기 위해 영웅적 노력이 행해지는 것처럼 보인다. 예술가가 보통 사람들처럼 유혹에 취약한 것이 아니라, 어떤 고상한

작, 투사, 순진함이 모두 설명되었다. 그리고 고통, 모욕, 그리고 충격도. 왜냐하면 이 말로 표현하기 어려운 사생활의 보호가 파기되고 비트겐슈타인의 성생활의 세부 사항들이 보고되었을 때 — 아무리 '중립적'이었다 하더라도 — 신비주의는 사라지고 말았기 때문이다. 그리고 '단지 섹스'만이 남았다.

그렇다면 나는 의아해진다. 비트겐슈타인 삶의 그러한 측면들이 탐구되는 것을 막으려는 열의가 다음과 같은 이유에서 비롯된 것은 아닐까? 즉, 무의식적 조심성과 요령을 통해* 그 남자의 힘과 호소력, 그리고 마법을 보존하기 위해 이 영역의 '말로 표현할 수 없음'을 안전하게 지키려는 이유에서 말이다.

역할을 해야만 하는 '보다 높은' 소명으로 영웅적 노력을 행함으로써 말이다. 여기서 동전의 뒷면은 모든 예술가들을 방탕아로 보는 경향이다.

* 나는 '무의식적' 조심성이라고 말했다. 그리고 의심할 여지 없이 그래야 한다. 만일 의식적이고 심사숙고한 것이라면, 그것은 비트겐슈타인의 사후 명성에 더 이익이 될 수 없었을 것이다. 왜냐하면 이러한 것들에 대해 침묵을 지킴으로써, 우리는 미국 학계에서 광범위하게 억압받는 동성애 및 동성애 혐오에 상처를 주는 일을 피하는 동시에 그들을 자극하고 그들에게 영향을 미칠 수 있었기 때문이다. 이렇게 해서 미국 예술 학계 전반에 걸친 비트겐슈타인의 예외적인 영향력이 나올 수 있었다. 이것은 놀랄 일도 아니다. 미국 어린이들은 미네소타 다면 인성 검사에 따라 수년간 교육을 받아왔다. 그것은 박물관에 가거나 책을 읽는 것을 축구나 빗자루 방문판매보다 선호하는 경우 '여성성 지수'가 높게 나오게 되어 있다. 그러한 상황에서 예술 분야의 많은 미국 교수들이 자신이 단지 동성애자일 뿐 아니라 완전한 퀴어일지도 모른다는, 꽤 뿌리 뽑기 힘든 두려움 속에서 생활한다는 것은 전혀 놀랍지 않다.

부록

비트겐슈타인 가문에 대해

다음의 짧은 설명은 비트겐슈타인 가문에 관해 알려진 것을 기록한 것이다. 이 책 처음에 언급했듯, 가문의 바깥에서는 널리 알려지지 않았지만, 그는 부분적으로 유대인이다.

1969년 내가 그의 유대계 배경을, 그의 생존한 가장 가까운 친구이자 가족의 친구였던 루돌프 코더에게 언급했을 때, 나는 비트겐슈타인을 유대인으로 생각하는 것은 터무니없는 일이라는 것을 확신했다. 비록 그의 친조모 파니 피크도어가 부분적으로 유대인이라는 것은 **가능**하지만 말이다. 사실 비트겐슈타인은 자신의 유대계 혈통을 숨기려고 꽤 많은 노력을 기울였다. 그는 영국에 사는 친척에게 어떤 경우에도 그의 혈통을 노출하지 말라고 간곡히 부탁했다. 그리고 그가 사망했을 때, 런던의《타임스》를 비롯한 몇몇 중요 부고 기사에서 독일의 왕족인 자인-비트겐슈타인Sayn-Wittgenstein 가문의 후손이라고 언급되었다. 그의 유일한 유대인 친구는 1차 대전 중 올뮈츠에서 군

복무 중 사귀었던 인테리어 장식자인 파울 엥겔만뿐이었던 것 같다.

비트겐슈타인이 사망한 이후에야, 예오리 헨리크 폰 브릭트의 전기적 설명이 나온 뒤로 거의 유대계 혈통을 언급하는 것이 보편화되었다. 현재 일반적인 설명은 그가 3/4 유대계라는 것이다. 이 설명은 거의 옳지만 결코 확실히 옳은 것은 아니다. 가족 내에서도 의견이 날카롭게 갈라졌다. 일부는 그의 친조부모 모두가 유대교에서 개종했다고 주장하는 반면, 다른 일부는 그의 조부인 헤르만 크리스티안 비트겐슈타인은 비유대인이며, 자인-비트겐슈타인 가문의 어떤 인물의 사생아였다고 주장한다.[1] 더욱 혼란스럽게도, 일부 자인-비트겐슈타인 사람들도 때로 루트비히 비트겐슈타인 가문과 관계가 있다고 암시했다. 빈의 비트겐슈타인 가문의 기원을 확인할 수 없었던 나치는 결국 뉘른베르크 법에 따라 그들을 'Mischlinge', 즉 유대 혈통이 섞였지만 유대인은 아니라고 분류했다. 그리하여 비트겐슈타인의 누이 헤르미네(미닝)처럼 2차 대전 기간 중 제국에 남아 있던 가족들의 재산과 인신은 화를 면할 수 있었다. 전쟁 기간 중 비트겐슈타인의 일부 조카들은 독일군에서, 다른 조카들은 미군에서 복무했다.

이 문제의 진실은 이런 것으로 보인다. 1935년에 빈 시립문서보관소에 보관된 가족 외부의 자료에 의해 가계도가 작성되었다. 나치가 나중에 활용한 이 설명에 따르면 헤르만 크리스티안 비트겐슈타인은 빌레펠트에 살던 유대인인 히르슈 비트겐슈타인이라는 사람의 아들이었다. 하지만 빌레펠트 기록에 대한 철저한 연구 끝에도 히르슈 비트겐슈타인과 헤르만 크리스티안 비트겐슈타인을 연결하는 증거가 나오지는 않았다. 사실 나치는 헤르만 크리스티안 비트겐슈타인의 후손들에게서 유대계 증거를 찾을 수 없었다. 비록 그의 아내는 분명히 유대인이었지만 카를 비트겐슈타인은 절반의 유대인이었고 그의 아내 또한 마찬가지였다.

하지만 전쟁 후 예루살렘에서 작성된 또 다른 가계도는 헤르만 크리스티안 비트겐슈타인이 코르바흐의 유대인인 모제스 마이어 비트겐슈타인의 아들이자 라스페와 코르바흐의 유대인이었던 모제스 마이어의 손자였다고 전한다. 비록 코르바흐의 유대 공동체의 기록은 1938년 11월 나치 친위대가 코르바흐의 유대교 회당을 불태웠을 때 파괴되었지만, 가족의 전통, 헤르미네 비트겐슈타인의 일기장에 있는 언급 등 중요한 사실들은 — 빈의 비트겐슈타인 가족들이 모제스 마이어와 그의 아내 브렌델 지몬의 초상화들을 소유하고 있다 — 이 가계도가 옳다는 것을 암시한다.

만일 그렇다면 비트겐슈타인은 사실 3/4 유대계였고, 가족의 성은 1808년 나폴레옹 법령이 유대인들이 성을 가질 것을 요구했을 때인 마이어 시절부터 비트겐슈타인으로 바뀐 것이다. 1830년대 중반 무렵 가족의 거의 모두가 개신교로 개종했다. 코르바흐와 빌레펠트, 베를린, 라이프치히, 그리고 빈에서의 마이어-비트겐슈타인 가문의 역사는, 18세기 말 유럽사에서의 첫 등장부터 오늘날까지, 탁월한 재능, 정력, 성공의 비범하고 복잡한 이야기이며 그 자체로 연구할 가치가 있다.[2]

주

1985년 개정판 서문

1) 이 책은 1973년 J. B. Lippincott Co., Philadelphia and New York에서 처음 출간
되었다. 다음 해에 Quartet Books Limited, London에서 아주 조금 수정된 영국판
이 출간되었다. 그리고 다음과 같이 번역 출간되었다. 이탈리아어판 *Wittgenstein:
Maestro di Scuola Elementare*, Armando Armando, Rome, 1975. 프랑스어판
Wittgenstein, une Vie, Editions Complexe, Presses Universitaires de France,
1978. 스페인어판 *Wittgenstein*, Eidciones Catedra, Madrid, 1982, 독일어판
Wittgenstein, ein Leben, Matthes & Seitz, Munich, 1983. 일본어판은 준비 중에
있다.

머리말

1) 비트겐슈타인의 사도클럽 가입 및 관계에 대해서는 Paul Levy, *Moore: G. E. Moore
and the Cambridge Apostles* (London: Weidenfeld & Nicolson, 1979). pp.
266-71 참조.
2) Norman Malcolm,《비트겐슈타인의 추억*Ludwig Wittgenstein: A Memoir*》(London:
Oxford University Press, 1966), p.39.
3) 2장, VII절 참조.

1. 마법의 양탄자

1) *Lectures and Conversations on Aesthetics, Psychology and Religious Belief*, compiled from notes taken by Yorick Smythies, Rush Rhees, and James Taylor, ed. Cyril Barrett (Berkeley: University of California Press, 1967), pp. 50-51.

2) Bertrand Russell, 《러셀 자서전*Autobiography*》 (London: George Allen and Unwin, 1968), vol. II, p. 136. 레너드 울프Leonard Woolf는 그 자신의 회상록 마지막 권에서 비트겐슈타인의 공격적으로 잔인한 성향을 언급하면서 러셀의 묘사를 반박한다. Leonard Woolf, *The Journey Not the Arrival Matters* (London: Hogarth Press, 1969), p. 48 참조.

3) Paul Engelmann, *Letters from Ludwig Wittgenstein, with a Memoir* (Oxford: Basil Blackwell, 1967), p. 57.

4) Vincent Brome, *Freud and His Early Circle* (New York: William Morrow and Company, Inc., 1968), p. 9.

5) Sigmund Freud, *Civilization and Its Discontents, or Two Short Accounts of Psycho-Analysis* (Penguin Books, 1962), 그리고 프로이트의 글들 중 많은 단락들을 참조하라. 또한 다음 책들도 참조. Ernest Jones, *The Life and Work of Sigmund Freud* (New York: Basic Books, 1953-57); Erik H. Erison, *Gandhi's Truth* (New York: W. W. Norton and Company, Inc., 1969).

6) Leo Tolstoy, "What I believe", in vol. II of *The Works of Leo Tolstoy* (London: Oxford University Press, 1933), pp. 526-27. 하지만 더 구체적으로는 《크로이처 소나타*Kreutzer Sonata*》와 그 후기에 드러난다.

7) Ludwig Hänsel, *Die Jugend und die leibliche Liebe: Sexualpädagogische Betrachtungen* (Innsbruck-Vienna-Munich: Tryolia Verlag, 1938), 1938년 1월 8일 자 빈 대교구 출판 허가를 받음.

8) Ludwig Hänsel, "Ludwig Wittgenstein (1889-1951)", in *Wissenschaft und Weltbild, Monatschrift fur alle Gebiete der Forschung*, vol. VIII, October 4, 1951, pp. 315-23, esp. p. 322 참조. "그가 교사였던 시절의 어느 밤, 그는 부름을 받았지만 그것을 거부했다는 느낌을 받았다."

9) 헤르미네가 1940년대 초에 쓴 "Excerpts from chapters V and VI of the Family

Recollections"에 인용됨. 다음 책에 수록됨. Berhard Leitner, *The Architecture of Ludwig Wittgenstein: A Documentation* (Halifax: The Press of the New Scotia College of Art and Design, 1973).

10) Parak, "Ludwig Wittgenstein Verhältnis zum Christentum", pp. 91-92.

11) Engelmann, *Letters from Wittgenstein*, p. 32.

12) Ludwig Wittgenstein, 《문화와 가치*Culture and Value*》, ed. G. H. von Wright (Chicago: University of Chicago Press, 1980), pp. 27e and 42e.

13) 비트겐슈타인이 혼자 있는 것을 싫어하고 심지어 두려워했다는 증거는 다음 책들을 참조. Kurt Wuchterl and Adolf Hübner, *Wittgenstein* (Hamburg: Rowohlt, 1979), p. 91; Wittgenstein, *Letters to Russell, Keynes and Moore*, p. 120.

2. 명제

1) Georg Herik von Wright, "Die Entstehung des Tractatus Logico-Philosophicus", in *Ludwig Wittgenstein, Briefe an Ludwig von Ficker (1914-20)* (Salzburg: Otto Müller, 1969), pp. 71-110.

2) Anthony Quinton, "Contemporary British Philosophy", in *A Critical History of Western Philosophy*, ed. D. J. O'Corner (Glencoe, Ill: The Free Press, 1964), p. 536. 피터 해커Peter Hacker가 같은 제안을 하였다. "Nets of Language", *Encounter*, April 1971, p. 85. 그리고 스티븐 툴민Stephen Toulmin도 유사한 제안을 하였다. "Ludwig Wittgenstein", *Encounter*, January 1969.

3) 다음 책에서 나의 논의를 참조. *The Retreat to Commitment*, 2nd edition (La Salle, Ill: Open Court, 1984), p. 72.

4) 다음 글에서 나의 논의를 참조. "Logical Strength and Demarcation", Appendix 2 of *The Retreat to Commitment*.

5) Wittgenstein, *Briefe an Ludwig von Ficker*, pp. 35-36. Quoted in English translation in Paul Engelmann, *Letters from Ludwig Wittgenstein, with a Memoir* (Oxford: Basil Blackwell, 1967), pp. 143-44.

6) 노이라트 연구의 세부 사항에 대해서는 다음 책에 실린 전기 자료를 참조. Marie

Neurath an Robert S. Cohen, eds. *Otto Neurath: Empiricism and Sociology* (Dordrecht: D. Reidel, 1973).

7) 다음 책과 비교하라. Gershon Weler, *Mautner's Critique of Language* (Cambridge: Cambridge University Press, 1970). 분명히 후기 비트겐슈타인의 사상은 마우트너의 생각과 일부 유사하다.

8) Hugo von Hofmannsthal, *Selected Plays and Libretti*, ed. Michael Hamburger (New York: Pantheon Books, 1963), p. xvii.

9) 앞의 책, p. 820.

10) 비트겐슈타인이 슐리크와 바이스만과 나눈 대화에 관해서는 Friedrich Waismann, *Wittgenstein and the Vienna Circle*, ed. Brian McGuinness (Oxford: Basil Blackwell, 1979) 참조.

11) 이러한 역사가 및 문학비평가 가운데 조지 스타이너George Steiner가 가장 유명할 것이다. 그의 *Language and Silence* (New York: Atheneum, 1970) 참조. 또한 다음 책들도 참조. Erich Heller, "L. Wittgenstein: Unphilosophical Notes", *Encounter*, September 1959; *The Disinherited Mind* (New York: Meridian, 1959).

12) 아우렐 콜나이Aurel Kolnai는 뛰어난 논문 "The Thematic Primacy of Moral Evil", *The Philosophical Quarterly*, January 1956에서 이 현상에 대해 특별히 연구했다.

13) 하이데거, 아도르노, 하버마스 및 그 추종자들과 종종 결부된 종류의 과장된 언어에 대한 빼어난 분석에 대해서는 칼 포퍼의 "Reason or Revolution", in *Archives européennes de sociologie* XI, 1970, pp. 252-62 참조. 또한 포퍼의 *Auf der Suche nach einer besseren Welt* (Munich: Piper Verlag, 1984), pp. 79-113도 참조.

14) 다음 책에서 인용. Frank Field, *The Last Days of Mankind: Karl Kraus and His Vienna* (London: Macmillan, 1967). 강조는 필자 표시.

15) Franz Rosenzweig, *Stern der Erlösung*, 다음 글에서 재인용함. "Das Porträt: Ludwig Wittgenstein zur 80. Wiederkehr seines Geburtstages", Österreichische Rundfunk Studio Tirol, 1969.

16) Alfred Tarski, "The Concept of Truth in Formalized Languages", in Tarski, *Logic, Semantics, Metamathematics* (Oxford, 1956), pp. 157ff.

17) 다음 글들을 참조. W. W. Bartley III, "Lewis Caroll's Unpublished Work, in

Symbolic Logic", *Abstracts* of the 4th International Congress for Logic, Methodology and Philosophy of Science, Bucharest, 1971, p. 416; "Lewis Carroll's Lost Book on Logic", *The Scientific American*, July 1972, pp. 38-46; "Lewis Carroll as logician", *The Times Literary Supplement*, 15 June 1973, pp. 665-66; *Lewis Carroll's Symbolic Logic* (New York: Clarkson N. Potter, Inc., 1977), pp. 32-33, 350-61. 또한 다음 글에서 나의 논의를 참조. "On Alleged Paradoxes of Pancritical Rationalism", Appendix 4 of *The Retreat to Commitment*.

18) G. E. M. Anscombe, An Introduction to Wittgenstein's Tractatus (London: Hutchison University Library, 1959).

19) Henry David Aiken, *The Age of Ideology* (New York: Mentor Books, 1956), p. 31.

20) Griffin, 앞의 책.

21) 비트겐슈타인은 1937년에서 1938년 사이에 괴델에 관해 강의를 하였다. Ludwig Wittgenstein, "Cause and Effect: Intuitive Awareness", *Philosophia*, vol. 6, nos. 3/4 (September-December 1976), esp. p. 429 참조. 또한 다음 책들도 참조. Wittgenstein, *Remarks on the Foundations of Mathematics* (1937-44), ed. G. H. von Wright, Rush Rhees, and G. E. M. Anscombe (Oxford: Basil Blackwell, 1967), pp. 50-54, 174, 176-177; A. W. Levi, "Wittgenstein as Dialectician", *The Journal of Philosophy*, vol. 61, no. 4 (February 13, 1964), pp. 127-39, esp. pp. 128, 132-36.

22) Kurt Gödel, "Über formal unentscheidedbare Sätze der Principia Mathematica und verwandter Systeme", *Monatshefte für Mathematik und Physik*, vol 38, 1931, pp. 173-98.

23) S. C. Kleene, "Recursive Predicates and Quantifiers", *Transactions of the American Mathematical Society*, vol. 53, 1943, pp. 41-73; Alonzo Church, "A note on the Entcheidungsproblem", Journal of Symbolic Logic, vol. 1, 1936, pp. 40-41, 101-2.

24) Engelmann, *Letters from Wittgenstein*, pp. 84-85.

3. 가늠할 수 없는 인물

1) 고 푹스 씨는 키르히베르크 암 벡셀의 영어 교사였던 루이제 하우스만Luise Hausmann
    여사에게 이러한 언급을 했다. 이 발언은 그녀의 원고 "Wittgenstein als Volksschul-
    lehrer"에 기록되어 있고, 그 요약본이 *Club Voltaire*, vol. Ⅳ (Hamburg: Rowhohlt
    Verlag, 1970), pp. 391-96에 나의 에세이 "Die österreichische Schulreform als
    die Wiege der modernen philosophie"의 부록으로 실려 있다.

2) Otto Weininger, 《성과 성격*Sex and Character*》 (London: William Heinemann,
    1906), p. 57.

3) 브라우어의 강의가 비트겐슈타인에게 끼친 영향에 대해서는 다음 글에서 카를 멩거
    Karl Menger의 설명을 참조. "Wittgenstein betreffende Seiten aus einem Buch
    über den Wiener Kreis", in *Wittgenstein, the Vienna Circle and Critical
    Rationalism: Preceedings of the 3rd International Wittgenstein Symposium*
    (Vienna: Hölder-Pichler-Tempsky, 1979), pp. 27-29.

4) Ludwig Wittgenstein, *Wörterbuch für Volksschulen* (Vienna: Hölder-Pichler-
    Tempsky, 1926). 1977년 같은 출판사에서 아돌프 휘프너Adolf Hübner, 베르너
    라인펠너Werner Leinfellner, 엘리자베트 라인펠너Elisabeth Leinfellner가 쓴 영
    독 머리말을 붙이고 비트겐슈타인 본인의 서문을 포함한 재판이 나왔다.

5) 다음에서 맥기니스B. F. McGuinness의 편집자 부록을 참조. Paul Engelmann,
    Letters from Ludwig Wittgenstein, with a Memoir (Oxford: Basil Blackwell,
    1967), p. 145. 또한 엥겔만 본인의 설명도 참조. 앞의 책, pp. 114-15.

6) George Pitcher, *The Philosophy of Wittgenstein* (Englewood Cliffs, N. J.:
    Prentice-Hall, 1964), p. 6.

7) Bruno Walter, *Theme and Variations: An Autobiography* (London: Hamish
    Hamilton, 1947) 참조.

8) 비트겐슈타인과 피커의 관계에 관한 이야기가 최근 상세하게 설명되었다. Ludwig
    Wittgenstein, *Briefe an Ludwig von Ficker* (Salzburg: Otto Müller, 1969) 참조..
    슈바프와 카를 비트겐슈타인에 관해서는 Robert Hessen, *Steel Titan* (New York:
    Oxford University Press, 1975) 참조.

9) *Wissenschaftliche Weltauffassung:6 Der Wiener Kreis* (Vienna: Arthur Wolf,

1929), p. 10. 이 선언문은 영어로 다시 출간되었다. *The Scientific Conception of the World* (Dordrecht: D. Reidel, 1973).

10) Karl Strack, *Geschite des dutschen Volksschulwesens* (Gütersloh: Bertelsmann, 1872), pp. 327-30 참조. 다음 책에서 재인용함. Charles A. Gulick, *Austria from Habsburg to Hitler* (Berkeley and Los Angeles: The University of California Press, 1948), vol. I, p. 546. 강조는 필자 표시.

11) Heinrich Gomperz, "Philosophy in Austria During the Last Sixty Years", *The Personalist*, 1936, pp. 307-11. 헤르바르트가 오스트리아 철학에 끼친 영향에 대해서는 또한 Barry Smith, "Wittgenstein and the Background of Austrian Philosophy", in *Wittgenstein and His Impact on Contemporary Thought: Proceedings of the Second International Wittgenstein Symposium* (Vienna: Hölder-Pichler-Tempsky, 1978) 참조.

12) J. F. Herbart, *Outlines of Educational Doctrine* (Macmillan, 1904), p. 165.

13) Karl Wittgenstein, "The Causes of the Development of Industry in America", Vienna, 저자에 의해 영어로 자비 인쇄 및 출판됨, 1898, p. 23.

14) 다음 책에서 재인용함. Bertrand Russell, 《러셀 자서전》 (London: Allen and Unwin, 1968), vol. II, pp. 166-67.

15) Engelmann, *Letters from Wittgenstein*, p. 38-39.

16) Ludwig Wittgenstein, 《논리철학논고*Tractatus Logico-Philosophicus*》, 피어스D. F. Pears와 맥기니스의 새 번역 (London: Routledge and Kegan Paul, 1961), proposition 6.421, 6.43.

17) Russell, 《러셀 자서전》, vol. II, pp. 167-68.

18) 앞의 책, p. 139.

19) Willibald Schneider, "100 Jahre Reichsvolksschulgesetz und Schulaufsicht im Schulbezirk Neunkirchen", in *Erziehung und Unterricht*, Vienna, May 1969, pp. 329-38.

20) Franz Scheibenrief, *Orts- und Hauschronik von Trattenbach* (Gemeindeamt Trattenbach: Im Selbstverlag und Kommissions Verlag; Druck: K. Mühlberger, Neunkirchen, 1934).

21) Robert Dottrens, *The New Education in Austria* (New York: The John Day Co., 1930), p. 58. 강조는 필자 표시.

22) Ludwig Wittgenstein, 《쪽지*Zettel*》, 2nd. edition (Oxford: Basil Blackwell, 1981), item 412.

23) 사전의 1977년 신판에 아돌프 휘프너가 쓴 머리말, p. XI에서 재인용함.

24) 앞의 책.

25) 이 편지 일부의 사진이 쿠르트 부흐테를Kurt Wuchterl과 아돌프 휘프너의 *Wittgenstein* (Hamburg: Rowohlt, 1979), p. 96에 실렸다. 또한 Michael Nedo and Michele Ranchetti, *Wittgenstein: Sein Leben in Bildern uand Texten* (Frankfurt, Suhrkamp Verlag, 1983), pp. 184-185도 참조.

26) 다음 책에서 부흐테를과 휘프너의 설명을 참조. *Wittgenstein*, pp. 93-4.

27) Ludwig Wittgenstein, 《문화와 가치》(Chicago: University of Chicago Press, 1980), pp. 1 and 11.

28) Wittgenstein, 《문화와 가치》, p. 19.

29) 앞의 책, p. 36.

30) 출처는 Josef Putré, "Meine Errinerungen", 다음 글에서 재인용함. Hargrove, "Wittgenstein, Bartley…", p. 457.

31) Bannister Fletcher, *A History of Architecture*, 17th ed. (New York: Scribners, 1961), pp. 1072ff. 또한 다음 책들도 참조. Heinrich Kulka, *Adolf Loos* (Vienna: Löcker, 1979), illustrations 39-41; Ludwig Münz and Gustav Künstler, *Der Architekt Adolf Loos* (Vienna and Munich: Anton Schroll, 1964).

32) Bernhard Leitner, *The Architecture of Ludwig Wittgenstein: A Documentation* (Halifax: The Press of the Nova Scotia College of Art and Design, 1973), p. 11.

33) Wittgenstein, 《문화와 가치》, pp. 37e-38e.

4. 언어게임

1) J. O. Wisdom, "Esotericism", *Philosophy*, October 1959, pp. 348-49.

2) Bertrand Russell, *My philosophical Development* (New York: Simon and

Schuster, 1959).

3) 앞의 책, pp. 214-16.

4) *The Philosophy of C. D. Broad*, ed. P. A. Schilpp (New York: Tudor, 1959), p. 61.

5) Wittgenstein, 《문화와 가치》, ed. G. H. von Wright (Chicago: University of Chicago Press, 1980), p. 21.

6) 문제의 서신과 트리니티 칼리지에 제출한 러셀의 공식 보고서는 《러셀 자서전》 (London: George Allen and Unwin, 1968), vol II에 실렸다.

7) Pania Pascal, "Wittgenstein: A Personal Memoir", in Rush Rhees, ed., *Ludwig Wittgenstein: Personal Recollections* (Totawa, N. J.: Rowman & Littlefield, 1981), pp. 26-62, 그리고 이 책의 후기 "On Wittgenstein and Homosexuality"에 서 스키너에 관한 내 짧은 논의 참조.

8) 내가 쓴 "Theory of Language and Philosophy of Science as Instruments of Educational Reform: Wittgenstein and Popper as Austrian School-teachers", in *Methodological and Historical Essays in the Natural and Social Sciences, Boston Studies in the Philosophy of Science*, vol. XIV (Dordrecht: D. Reidel, 1974) 참조. 내가 뷜러와 비트겐슈타인이 연관되어 있음이 틀림없다는 결론에 도달 한 이래, 몇몇 학자들도 유사한 결론에 이르렀다. 예를 들어 다음 글들을 참조. Stephen Toulmin, "Ludwig Wittgenstein", *Encounter*, 1969; "Ludwig Wittgenstein, Karl Bühler and Psycholinguistics", 동사판, 1968. 또한 다음 글도 참조. Bernard Kaplan, "Comments on S. Toulmin's 'Wittgenstein, Bühler and the Psychology of Language'", 동사판, 1969. 또한 스티븐 툴민과 앨런 재닉Alan Janik의 《비트겐 슈타인과 세기말 빈*Wittgenstein's Vienna*》에 대한 내 서평도 참조. *Philosophy of the Social Sciences*, March 1975. 많은 미국 대학교의 박사 과정 학생들이 현재 뷜러와 비트겐슈타인 사이의 관계에 관한 논문을 준비 중이다. 그리고 1984년 키르히베르크 에서 개최된 비트겐슈타인 심포지엄에서 뷜러의 사상에 관한 회의가 열렸다.

9) 뷜러의 삶과 저서에 대한 설명에 관해서는 *Karl Bühler: Die Uhren der Lebewesen und Fragmente aus dem Nachlass*, ed. Gustav Lebzeltern (Vienna: Hermann Böhlaus Nachf., Kommissionsverlag der Österreichischen Akademie der Wissenschaften,

1969) 참조. 또한 Robert E. Innis, *Karl Bühler: Semiotic Foundations of Language Theory* (New York: Plenum Press, 1982)도 참조.

10) Otto Glöckel, *Die Östereichische Schulreform* (Vienna: Wiener Volksbuchhandlung, 1923), p. 11.

11) Robert Dottrens, *The New Education in Austria* (New York: John Day, 1930), pp. ix and 202. 유사한 증언을 다음 글에서 찾을 수 있다. Richard Meister, "Teacher Training in Austria", *Harvard Educational Review* 8 (January 1938), pp. 112-21.

12) Paul Engelmann, *Letters from Paul Wittgenstein, with a Memoir* (Oxford: Basil Blackwell, 1967), p. 118 참조. 또한 다음 책에서 편집자인 브라이언 맥기니스의 언급도 참조. Friedrich Waismann, *Wittgenstein and the Vienna Circle* (Oxford: Basil Blackwell, 1967), p. 15*n*.

13) Wittgenstein, 《문화와 가치》, p. 23.

14) 하지만 프리드리히 바이스만이 쓴 비트겐슈타인의 후기 사상에 관한 반공식적 논문과 비교해보라. *The Principles of Linguistic Philosophy* (London: Macmillan, 1965), p. 104.

15) Wittgenstein, 《문화와 가치》, p. 37.

16) 핀들레이 J. N. Findlay 교수는 케임브리지 시절의 비트겐슈타인 회고록에서 비트겐슈타인의 '이미지 없는 사고'에 관한 토론이 뷜러 자신의 용어를 사용했다고 전한다. J. N. Findlay, "My Encounters with Wittgenstein", *Philosophical Forum*, vol IV, no. 2, 1972-73, p. 175 참조.

17) 이 문단의 몇몇 사례는 존 올턴 위즈덤의 대단히 흥미로운 토론에서 빌려왔다. "Esotericism", *Philosophy*, October 1959, p. 346ff. 또한 다음 글도 참조. J. J. C. Smart, "A Note on Categories", *British Journal for the Philosophy of Science*, 1953.

18) 이 문제에 관한 보다 심화된 논의는 다음 나의 책을 참조하라. *The Retreat to Commitment*, 2nd, revised edition (La Salle, Ill: Open Court, 1984). 또한 다음 나의 글들도 참조. "Non-Justificationism: Popper versus Wittgenstein", in *Epistemology and Philosophy of Science, Proceedings of the 7th International Wittgenstein*

Symposium (Vienna: Hölder-Pichler-Tempsky, 1983), pp. 255-61; "Group Chairman's Remarks" and "On the Differences Between Popperian and Wittgensteinian Approaches", *Proceedings of the 11th International Conference on the Unity of the Sciences* (New York: ICF Press, 1982).

19) Waismann, *Wittgenstein and the Vienna Circle*, pp. 11-14.

20) 다음에서 전해지는 문장이다. W. D. Hudson, *Ludwig Wittgenstein* (Richmond: John Knox Press, 1968), p. 67. 또한 다음 글도 참조. G. E. M. Anscombe, "What Wittgenstein Really Said", *The Tablet*, April 17, 1954.

21) Ernest Gellner, "Reply to Mr. MacIntyre", *Universities and Left Review*, Summer 1958.

22) Ludwig Wittgenstein, *Lectures and Conversations on Aesthetics, Psychology, and Religious Belief*, 요릭 스마이시스Yorick Smythies, 러시 리스, 제임스 테일러James Taylor가 기록한 노트에서 수집했고 시릴 배럿Cyril Barrett이 편집함 (Berkeley: University of California Press, 1967), p. 70.

23) Norman Malcolm, 《비트겐슈타인의 추억》 (London: Oxford University Press, 1966), pp. 70-71.

24) 그의 다음 글을 참조. "Bemerkungen über Frazers The Golden Bough", *Synthèse*, 1967, pp. 233-53; Rush Rhees, ed., *Remarks on Frazer's* Golden Bough (Retford: Brynmill, 1979); Wittgenstein, *Lectures and Conversations*. 또한 다음 글도 참조. Norman Rudich and Manfred Stassen, "Wittgenstein's Implied Anthropology: Remarks on Wittgenstein's Notes on Frazer", *History and Theory*, 1971, pp. 84-89.

25) Malcolm, 《비트겐슈타인의 추억》, p. 72.

26) Wittgenstein, *Lectures and Conversations*, p. 64.

27) 앞의 책, p. 56.

28) 앞의 책, p. 59.

29) 앞의 책, p. 58.

30) Wittgenstein, "Bemerkungen über Frazers The Golden Bough", p. 244. (강조는 필자 표시). 러시 리스는 이 에세이를 1979년 *Remarks on Frazer's* Golden Bough

로 재출간할 때 이 문단을 빠뜨렸다. 하지만 다음 책을 참조하라. C. G. Luckhardt, ed., *Wittgenstein: Sources and Perspectives* (London: Harvester, 1979), p. 72.

31) 교사로서의 비트겐슈타인에 대해서는 Peter Munz, "Transformation in Philosophy through the Teaching Methods of Wittgenstein and Popper", in *Proceedings of the 10th International Conference on the Unity of the Sciences* (New York: ICF Press, 1982), pp. 1235-62 참조.

1985년 후기

1) Ludwig Wittgenstein, 《문화와 가치》, ed. G. H. von Wright (Chicago: University of Chicago Press, 1980), p. 46e.

2) Norman Malcolm, 《비트겐슈타인의 추억》 (London: Oxford University Press, 1958), p. 39.

3) 앞의 책, p. 45.

4) Rush Rhees, ed., *Ludwig Wittgenstein: Personal Recollections* (Totowa, N. J.: Rowman & Littlefield, 1981)에 대한 데즈먼드 리Desmond Lee의 논평을 참조하라. *The Times Supplement*, January 15, 1982, p. 46. 아마 이들 부정 가운데 가장 우스운 것은 이언 해킹Ian Hacking의 것일 것이다. "The Uncommercial Traveller", *Times Higher Education Supplement*, April 8, 1983. 해킹은 비트겐슈타인이 '이성 애자가 아니었다'는 것을 인정하지만 그가 당시 동정이 틀림없었다고 암시한다. 해킹 에 대한 나의 답변을 참조하라. *Times Higher Educations Supplement*, April 29, 1983, p. 35.

5) 이 문제를 다룬 많은 책 가운데 다음 책들을 참조. Michael Holroyd, *Lytton Strachey*, 2 vols. (London: Heinemann, 1967); P. N. Furbank, *E. M. Foster: A Life* (New York: Harcourt Brace Jovanovich, 1978); E. M. Foster, *Maurice* (New York: W. W. Norton, 1971); Nigel Nicholson, *Portrait of a Marriage* (New York: Atheneum, 1973). 버지니아 울프의 the *Letters*와 the *Diaries*도 참조.

6) Professor I. C. Jarvie, review in *British Journal for the Philosophy of Science*, vol. 25, no. 2 (June 1974), pp. 195-98. 또한 다음 책들도 참조. *The Economist*, April

6, 1974, p. 107; *Review of metaphysics*, vol. 27, March 1974, pp. 601-2; *Times Literary Supplement*, August 17, 1973, pp. 953-54; *Los Angeles Times*, July 30, 1973; *The Christian Century*, December 19, 1973, p. 1255; *Philosophy and Phenomenological Research*, 1974, pp. 289-90; *Cross Currents*, Spring 1975, p. 84. 또한 다음 글들도 참조. N. Wendevogel, "Wittgenstein, Psychopompos", *Berlin Tagesspiegel*, November 1983; Peter Friedl, "Der Philosoph als Gärtner", *Nürnberger Nachrichten*, November 25, 1983; Eckhard Nordhofen, "Philosophie oder Leben", *Frankfurter Allgemeine Zeitung*, November 22, 1983; "Lieber Volksschullehrer als Professor", *Die Welt*, January 28, 1984; "Philosophen: Alles, was der Fall ist", *Der Spiegel*, January 9, 1984, pp. 142-51.

7) C. P. Snow. "Bounds of Possibility", *The Financial Times*, London, 11 April 1974, p. 32.

8) 내가 1974년 1월 11일과 1974년 2월 8일에 *The Times Literary Supplement*에 보낸 편지들과 앤스콤의 1974년 1월 18일 자 편지 참조.

9) *The Times Literary Supplement*. 편지들은 다음과 같다. 앤스콤, 1973년 11월 16일 과 1974년 1월 4일. 바틀리, 1974년 1월 11일과 1974년 2월 8일. 폰 하이에크, 1974 년 2월 8일. 드루어리와 이리나 스트릭랜드Irina Strickland, 1974년 2월 22일. 피터 존슨Peter Johnson, 1973년 12월 14일. 브라이언 맥기니스, 1974년 1월 18일. 루 돌프 코더, 1974년 2월 8일. 윌리엄 밀러William Miller, 1974년 1월 18일.

10) *Times Literary Supplement*, February 22, 1974. 드루어리의 에세이도 참조. "Some Notes on Conversations with Wittgenstein" and "Conversations with Wittgenstein" in Rhees, ed., *Ludwig Wittgenstein: Personal Recollections*, p. 135. 여기서 드루 어리의 요점은 정정되지 않고 넘어간다.

11) Rush Rhees, "Wittgenstein", in *The Human World*, February 1974, pp. 66-78. (같은 사안에 대한 존 스톤버러John Stonborough의 언급도 참조, pp. 78-85.) 수 많은 작가들이 — 이 문제를 조사하지 않고 — 맹목적으로 리스를 추종했다. 그리하 여 그라츠 대학교의 루돌프 할러Rudolf Haller 교수는 내 책에 대해 "이 글에는 증거 라고는 흔적도 남아 있지 않다"라고 썼다. 그의 서평 참조. *Conceptus*, vol. 11, 1977, pp. 422-24.

12) W. D. Hudson, *Wittgenstein and Religious Belief* (London: Macmillan, 1975), p. 102.

13) Ben-Ami Scharfstein, *The Philosophers: Their Lives and the Nature of Their Thought* (New York: Oxford University Press, 1980), p. 334.

14) Rhees and Stonborough in *The Human World*, February 1974, pp. 67 and 80.

15) Stonborough, in *The Human World*, February 1974, esp. pp. 79-82.

16) Wittgenstein, 《문화와 가치》, p. 20.

17) 내 책에 대한 스타이너의 단평은 다음 책들에 실렸다. *The New Yorker*, July 23, 1973, p. 77; *The Listener* (with Aonthony Quinton), March 28, 1974, pp. 399-401.

18) 그의 견해에 대한 설명은 Scharfstein, *The Philosophers* 참조. 스타이너는 *After Babel*, pp. 32-33에서와 같은 방식으로 주장하는 것으로 보인다. "언어는 아마도 겉으로 전달하는 것 이상으로 속으로 은폐한다. 사회 계급들, 인종적 게토들은 서로에게 이야기하기보다 서로를 빗대어 암시적으로 이야기한다."

19) Pascal, "Wittgenstein: A Personal Memoir", p. 26.

20) Wittgenstein, 《문화와 가치》, p. 23.

21) Drury's "Conversation with Wittgenstein", in Rhees, ed., *Ludwig Wittgenstein: Personal Recollections*, p. 151 참조.

22) 폰 브릭트가 쓴 비트겐슈타인의 《문화와 가치》 서문 참조.

23) '인식론적 표현주의'라는 용어는 칼 포퍼의 *Objective Knowledge* (Oxford: Oxford University Press, 1972), pp. 146-47에서 나왔다. 여기서의 내 논의는 나의 논문 "Ein schwieriger Mensch: Eine Porträtskizze von Sir Karl Popper", in Eckhard Nordhofen, ed., *Physiognomien: Philosophen des 20. Jahrhunderts in Portraits* (Königstein/Ts.: Athenäum, 1980), pp. 43-69에 기초한다. 표현주의에 대해서는 다음 책들을 참조. E. H. Gombrich, *The Sense of Order* (New York: Phaidon, 1979), pp. 42-44; *Meditations on a Hobby Horse* (New York: Phaidon, 1963), pp. 56-69 and 78-85. 내 논의는 상당 부분 곰브리치Gombrich의 연구에 의해 영감을 받았다. 또한 다음 책도 참조. Karl R. Popper, *Unended Quest* (London: Fontana, 1976), section 13 and 14.

24) J. O. Wisdom, *The Unconscious Origin of Berkeley's Philosophy* (London: 1953).

25) J. O. Wisdom, "What Was Hegel's Main Problem?", Royal Institute of Philosophy Lecture, London, February 2, 1962. 또한 위즈덤의 *Philosophy and Its Place in Our Culture* (New York: Gordon & Breach, 1975)도 참조. 이와 다소 유사한 접근에 대해서는 Morris Lazerowitz, *The Language of Philosophy: Freud and Wittgenstein* (Dordrecht: D. Reidel, 1977) 참조.

26) Ludwig Wittgenstein, 《철학적 탐구》, ed. G. E. M. Anscombe and Rush Rhees (Oxford: Basil Blackwell, 1967), p. 178.

27) Steiner, *After Babel*, pp. 39-40.

28) 앞의 책, p. 38-39, 43. 또한 스타이너의 *Extraterritorial*, esp. pp. 66-109도 참조.

29) Karl Bühler, *Sprachtheorie: Die Darstellungsfunktion der Sprache* (Leipzig, 1934; 2nd edition, Stuttgart: Gustav Fischer, 1965).

30) 다음 책들을 참조. Karl R. Popper, 《추측과 논박*Conjectures and Refutations*》 (London: Routledge and Kegan Paul, 1962), pp. 134 and 295; *Objective Knowledge* (London: Oxford University Press, 1972), pp. 41, 120, 160, and 235; *The Self and Its Brain* (New York: Springer, 1977), pp. 57-58. 또한 내 책 *Morality and Religion* (London: Macmillan, 1971)의 2장도 참조.

31) 포퍼는 이것을 "Language and the Body-Mind Problem" in 《추측과 논박》, pp. 293-98에서 보여주었다. 또한 그의 *The Open Universe: An Argument for Indeterminism*, vol. II of *Postscript to the Logic of Scientific Discovery*, ed. W. W. Bartley, III (Totowa, N. J.: Rowman & Littlefield, 1982), 특히 section 20-24, 그리고 세 개의 어젠다 "Indeterminism in Not Enough: An Afterword", "Scientific Reduction and the Essential Incompleteness of All Science", and "Further Remarks on Reduction 1981" 참조. 다음 글들에서 내 논의를 참조하라. "The philosophy of Karl Popper, Part II: Consciousness and Physics: Quantum Mechanics, Probability, Indeterminism, The Body-Mind Problem", in *Philosophia*, vol 7, July 1978, pp. 675-716; "On the Criticizability of Logic", in *Philosophy of the Social Sciences*, vol. 10, 1980, pp. 67-77.

32) Popper, *Unended Quest*, section 7.

33) 다음 책들을 참조. Popper, *The Self and its Brains*, chapter P4, esp. section 42; *Objective Knowledge*, pp. 146-50.

34) 나의 "Biology and Evolutionary Epistemology", in *Philosophia*, vol. 6, September-December 1976, pp. 463-94, esp. pp. 469-77 참조. 또한 나의 "Knowledge Is a Product Not Fully Known to Its Producer", in Kurt Leube and Albert Zlabinger, eds., *The Political Economy of Freedom* (Munich: International Carl Menger Library, Philosophia Verlag, 1985)도 참조.

35) Friedrich Nietzsche, 《도덕의 계보*On the Genealogy of Morals*》, Preface, section 3.

36) 좋은 예로 언윈이 쓴 *Sex and Culture* (London: Oxford University Press, 1934)의 유쾌한 머리말을 참조.

37) A. W. Levi, "The Biographical Sources of Wittgenstein's Ethics", *Telos*, vol. 38, Winter 1979, pp. 63-76. See also A. W. Levi, "Wittgenstein as Dialectician", The *Journal of Philosophy*, vol. 61, no. 4, February 13, 1964, pp. 127-39; Thomas Rudebush and William M. Berg, "On Wittgenstein and Ethics: A Reply to Levi", *Telos*, vol. 40. Summer 1979, pp. 150-60; Steven S. Schwarzschild, "Wittgenstein as Alienated Jew", *Telos*, vol. 40, Summer 1979, pp. 160-65; A. W. Levi, "Wittgenstein Once More: A Response to Criticism", *Telos*, vol. 40, Summer 1979, pp. 165-73.

38) G. H. von Wright, in Malcolm, 《비트겐슈타인의 추억》, p. 20.

39) Wittgenstein, "Lecture on Ethics", p. 7.

40) Waismann, *Ludwig Wittgenstein and the Vienna Circle*, p. 116.

41) Wittgenstein, 《문화와 가치》, p. 3e.

42) Wittgenstein, "Lecture on Ethics", p. 7. 강조는 필자 표시.

43) 앞의 책, p. 7.

44) 앞의 책, p. 11-12.

45) 앞의 책, p. 12.

46) Waismann, *Ludwig Wittgenstein and the Vienna Circle*, p. 68. 하지만 헨리 리로이

핀치Henry LeRoy Finch는 자신의 책 *Wittgenstein —the Later Philosophy* (New York: Humanities Press, 1977), p. 265에서 비트겐슈타인과 하이데거가 동일한 체험 또는 문제를 염두에 두고 있었다는 점을 부정한다.

47) Ludwig Anzengruber, Gesammelte Werke (Stuttgart, 1898), vol. 7, p. 279. 또한 노먼 맬컴의 설명을 참조하라. 《비트겐슈타인의 추억》, p. 70

48) 나의 다음 글들을 참조. "A Popperian Harvet", in Paul Levinson, ed., In Pursuit of Truth (New York: Humanities Press, 1982); "On the Differences between Popperian and Wittgensteinian Approaches", in *Proceedings of the 10th International Conference on the Unity of the Sciences* (New York, 1982).

49) Wittgenstein, 《문화와 가치》, p. 41e.

50) J. N. Findlay, "My Encounter with Wittgenstein", The Philosophical Forum, vol. 4, 1972-73, pp. 171-74.

51) 이와 관련한 엄청난 문헌들이 있다. 예를 들어 다음 책들을 참조하라. Francis A. Yates, *Giordano Bruno and the Hermetic Tradition* (London: Routledge & Kegan Paul, 1964); Heinrich Zimmer, *The King and the Corpse* (New York: Pantheon, 1948), esp. the discussion of Merlin, pp. 181-201, and Part II, on the Kalika Purana; David Stacton, *Kaliyuga* (London: Faber & Faber, 1965); H. G. Baynes, *Mythology of the Soul* (London: Methuen, 1949), pp. 186, 227, 240; C. G. Jung, *The Psychology of the Unconscious* (New York: Dodd, Mead, 1937), pp. 33-34, 299; C. G. Jung, *Symbols of Transformation* (Princeton: Princeton University Press, 1956), pp. 125-26, 160n, 221-22; C. G. Jung, *Mysterium Conjunctionis* (Princeton: Princeton University Press, 1963), *passim*; C. G. Jung, *Psychology and Alchemy* (London: Routledge & Kegan Paul, 1953), *passim*; C. G. Jung and C. Kerényi, *Essays on a Science of Mythology* (New York: Pantheon, 1949), pp. 74, 90, 93, 107, 128, 130, 132, 138, 148, 204; Edward Carpenter, *Intermediate Types among Primitive Folk* (New York: Arno Press, 1975), p. 71. 우리는 또한 이와 관련하여, 초기 기독교의 탕아 libertine 전통을 연구해야 한다. 이에 대한 이해는 마가의 '비밀복음'의 발견에 크게 도움을 받았다. 다음 책들을 참조. Morton Smith, *The Secret Gospel* (New York: Harper & Row,

1973), esp. pp. 17 and 115-38; Morton Smith, *Clement of Alexandria and a Secret Gospel of Mark* (Cambridge: Harvard University Press, 1973), pp. 254-63, 167-88 (esp. p. 185), and 217-29. 또한 그의 *Jesus the Magician* (New York: Harper & Row, 1978). 특히 훌륭한 책으로 John Boswell, *Christianity, Social Tolerance, and Homosexuality: Gay People in Western Europe from the Beginning of the Christian Era to the Fourteenth Century* (Chicago: University of Chicago Press, 1980) 참조.

52) 줄리언 벨의 장문의 드라이든풍 풍자시 "An Epistle on the Subject of the Ethical and Aesthetic Belief of Herr Ludwig Wittgenstein (Doctor of Philosophy) to Richard Braithwaite Esq. MA (Fellow of King's College)" 중에서. *The Venture*, February 1930에 처음 인쇄됨. 다음 책에서 인용함. T. E. B. Howarth, *Cambridge Between Two Wars* (London: Collins, 1978), pp. 71-72. 또한 다음 책도 참조. Stansky and William Abrahams, *Journey to the Frontier: Jullian Bell and John Cornford: Their lives and the 1930's* (London: Constable, 1966), pp. 60-61.

53) Ludwig Wittgenstein, *Briefe an Ludwig von Ficker* (Salzburg: Otto Müller, 1969), pp. 35-36.

부록. 비트겐슈타인의 가문에 대해

1) 비트겐슈타인 자신은 3/4 유대인이라는 의견이었다. 따라서 어쨌든 그는 1937년 1월에 영국 및 오스트리아의 사람들에게 했던 일련의 "고백"에서 그렇게 고백했다. Fania Pascal, "Wittgenstein: A Personal Memoir", in Rush Rhees, ed., *Ludwig Wittgenstein: Personal Recollections* (Totowa, N. J. Rowman & Littlefield, 1981), p. 48.

2) 친구 및 가족과의 대화를 제외한 위 설명에 대한 나의 자료는 다음과 같다. (a) Wiener Stadtarchiv Ahnentafel, 1935; (b) Jerusalem Ahnentafel, 1961; (c) Wittgenstein family Ahnentafel, required by Nazis, 1938, in possession of the family; (d) *Synagogen Buch der Jüdischen Gemeinde zu Bielefeld*, by J. Posner, Staatsarchiv Detmold and Stadtarchiv Bielefeld; (e) *Kirchenbücher der*

Neustädter Marienkirche, ev. A. B., in Ev. Landeskirchenamt Bielefeld; (f) gravestones in the Jewish Cemetery of Korbach; (g) *Ein- und Auswanderung Bielefeld 1763-1874*, Stadtarchiv Bielefeld; (h) list of inhabitants of Bielefeld in 1828, Stadtarchiv Bielefeld; (i) Lutheran Church records in Vienna; (j) "Aus der Geschichte der Juden in Waldeck: Jakob Wittgenstein", in *Zeitschrift für Geschichte, Literatur, Kunst und Bibliographie*, Preßburg, January-February 1935, vol. 56, pp. 4-8; (k) *Korbach, die Geschichte einer deutschen Stadt*, by W. Meddng, Korbach Stadtarchiv; (l) Gütersloh Liste, 1808.

참고문헌

비트겐슈타인이 쓴 책에 대한 이 가이드는 주로 영어권 독자를 위한 것이다. 비트겐슈타인은 자신의 연구를 대부분 독일어로 썼고, 그중 상당수는 처음에 독일어로 출간되거나 독영 대역본으로 출간되었다. 그의 저술 대부분은 원래의 집필 시기가 아닌 훨씬 나중에야 출간되었다. 다음 목록은 추정 집필 연도(어떤 언어든) 및 영어판의 출간 연도를 보여준다.

비트겐슈타인에 관한 광범위한 2차 문헌에 대한 가이드를 보려면 이 책의 주석 및 프랑수아 라푸앵트François H. Lapointe의 다음 책을 참조하라. *Ludwig Wittgenstein: A Comprehensive Bibliography* (Westpoint, Conn.: Greenwood Press, 1980).

비트겐슈타인에 관한 훌륭한 사진집으로는 마이클 니도Michael Nedo와 미켈레 란케티Michele Ranchetti가 쓴 다음 책이 있다. *Wittgenstein: Sein Leben in Bildern und Texten* (Frankfurt: Suhrkamp Verlag, 1983).

비트겐슈타인의 저작(대략적인 집필 시기순)

"On Logic, and How Not to Do It", review of P. Coffey, *The Science of Logic*. Published in the *Cambridge Review*, March 6, 1913. Reprinted in Eric Homberger, William Janeway, and Simon Schama, eds., *The Cambridge Mind* (Boston: Little, Brown, 1970), pp. 127-29.

Notebooks 1914-16. Edited by G. E. M. Anscombe and Georg Henrik von Wright. (Oxford: Basil Blackwell, 1961).

Prototractatus(1918). An early version of *Tractatus Logico-Philosophicus* (London: Routledge & Kegan Paul, 1971).

Tractatus Logico-Philosophicus (1918). (London: Routledge, 1923). New English translation by D. F. Pears and Brian F McGuinness (London: Routledge & Kegan Paul, 1961).

Wörterbuch für Volksschulen (1925). (Vienna: Hölder-Pichler-Tempsky, 1926). Reprinted by the same publishers in 1977, edited by Adolf Hübner and Werner and Elisabeth Leinfellner, with an Introduction in English and German by Hübner, and containing Wittgenstein's Preface, which had been omitted from the original edition.

"Some Remarks on Logical Form", *Proceedings of the Aristotelian Society, Supplementary Volume,* 1929.

"A Lecture on Ethics" (1929-30). *The Philosophical Review*, January 1965, pp 3-12.

Philosophical Remarks (1930). Edited by Rush Rhees. (Oxford: Basil Blackwell, 1975).

Remarks on Frazer's Golden Bough (1931 and later). Edited by Rush Rhees. (Retford, Nottinghamshire: The Brynmill Press,1979). Also published earlier in a slightly different form in *Synthèse*, 1967, pp. 233-45.

Philosophical Grammar (1932-34). Edited by Rush Rhees. (Oxford: Basil Blackwell, 1974).

"Letter to the Editor", *Mind,* 1933.

The Blue and Brown Books (1933-35). Edited by Rush Rhees. (Oxford: Basil Blackwell, 1958).

"Cause and Effect: Intuitive Awareness" (1937). Edited by Rush Rhees. *Philosophia*, vol. 6, nos 3/4, September-December 1976, pp. 391-445.

Remarks on the Foundations of Mathematics(1937-44). Edited by Georg Henrik von Wright, Rush Rhees, and G. E. M. Anscombe. (Oxford: Basil Blackwell, 1956).

Philosophical Investigations(1945 and 1947-49). Edited by G. E. M. Anscombe and Rush Rhees. (Oxford: Basil Blackwell, 1953).

Zettel (1945-58). Edited by G. E. M. Anscombe and Georg Henrik von Wright. (Oxford: Basil Blackwell, 1967).

Remarks on the Philosophy of Psychology(1946-49). Edited by G. E. M. Anscombe, Georg Henrik von Wright, and Heikki Nyman. (Oxford: Basil Blackwell, 1980). In two volumes.

Remarks on Colour (1950-51). Edited by G. E. M. Anscombe. (Oxford: Basil Blackwell, 1977).

On Certainty (1949-51). Edited by G. E. M. Anscombe and Georg Henrik von Wright. (Oxford: Basil Blackwell, 1969).

Culture and Value(1914-1951). Edited by Georg Henrik von Wright. (Oxford: Basil Blackwell, 1980).

Last Writings On the Philosophy of Psychology (1951). Edited by G. H. von Wright and Heikki Nyman (Oxford: Basil Blackwell, 1982).

비트겐슈타인의 강의(제자들이 필사한)

Wittgenstein's Lectures: Cambridge 1930-32. Compiled from notes taken by John King and Desmond Lee. Edited by Desmond Lee. (Totowa, N. J.: Rowman and Littlefield, 1980).

Wittgenstein's Lectures: Cambridge 1932-35. Compiled from notes taken by Alice Ambrose and Margaret Macdonald. Edited by Alice Ambrose. (Totowa, N. J.: Rowman and Littlefield, 1979).

Lectures & Conversations on Aesthetics, Psychology and Religious Belief (1938-46). From notes taken by Yorick Smythies, Rush Rhees, and James Taylor. Edited by Cyril Barrett. (Berkeley: University of California Press, 1967).

Wittgenstein's Lectures on the Foundations of Mathematics: Cambridge, 1939. From the notes of R. G. Bosanquet, Norman Malcolm, Rush Rhees, Yorick Smythies. Edited by Cora Diamond. (Hassocks, Suffolk: The Harvester Press, 1976).

비트겐슈타인의 편지

W. Eccles, "Some Letters of Wittgenstein, 1912-1939", *Hermathena,* Dublin, 1963, pp. 57-65.

Letters to Russell, Keynes and Moore(1912-48). Edited by Georg Henrik von Wright. (Oxford: Basil Blackwell, 1974).

Paul Engelmann, *Letters from Ludwig Wittgenstein with a Memoir* (Oxford: Basil Blackwell, 1967).

Briefe an Ludwig von Ficker (1914-20). Edited by Georg Henrik von Wright. (Salzburg: Otto Müller, 1969).

Letters to C. K. Ogden(1922-33). Edited by Georg Henrik von Wright. (Oxford and London: Basil Blackwell, and Routledge & Kegan Paul, 1973).

기타

"Notes for Lectures on 'Private Experience' and 'Sense Data'" (1934-46), edited by Rush Rhees, *Philosophical Review,* vol. 77, 1968, pp. 271-320.

Friedrich Waismann, *Ludwig Wittgenstein and the Vienna Circle.* Conversations 1929-32, recorded by Friedrich Waismann, edited by Brian McGuinness. (Oxford: Basil Blackwell, 1979).

도판 출처

1	Professor F. A. von Hayek.
2, 3, 6, 7, 9, 13, 17, 18	An anonymous friend of Wittgenstein; 2 and 3 are also printed by permission of the Kriegsarchiv, Vienna.
4, 11, 27, 28	Bildarchivd. Öst. Nationalbibliothek, Vienna.
5	Kriegsarchiv, Vienna.
8, 25, 26	Museen der Stadt Wien, Vienna.
10	Plan und Schriftenkammer der Stadt Wien, Vienna
12	Staatsgalerie, Munich.
14	Karl Gruber, Vienna.
15, 16, 21, 22, 23, 24	By the Author.
19	Armando Armando, Rome.
20	*The New York Review of Books.*

찾아보기

비트겐슈타인, 침묵의 시절 1919~1929

초판 1쇄 발행 ∣ 2014년 1월 29일

지은이 ∣ 윌리엄 바틀리 3세
옮긴이 ∣ 이윤
펴낸이 ∣ 이은성
펴낸곳 ∣ 필로소픽
편 집 ∣ 이상복
디자인 ∣ 백지선

주 소 ∣ 서울시 동작구 상도동 206 가동 1층
전 화 ∣ (02) 883-3495
팩 스 ∣ (02) 883-3496
이메일 ∣ philosophik@hanmail.net
등록번호 ∣ 제 379-2006-000010호

ISBN 978-89-98045-38-8 93100

필로소픽은 푸른커뮤니케이션의 출판브랜드입니다.

이 도서의 국립중앙도서관 출판시도서목록(CIP)은 서지정보유통지원시스템 홈페이지(seoji.nl.go.kr)와
국가자료공동목록시스템(www.nl.go.kr/kolisnet)에서 이용하실 수 있습니다. (CIP제어번호: CIP2014000651)